宗教と社会の戦後史

堀江宗正［編］

東京大学出版会

Post-War History of Religion and Society in Japan
Norichika HORIE, Editor
University of Tokyo Press, 2019
ISBN 978-4-13-010412-8

はじめに

堀江　宗正

宗教の政治的分断

戦後七〇年を過ぎ、日本社会は重大な転機を迎えている。アジア太平洋戦争の記憶を持つ高齢者は続々と他界している。戦後六〇年という「節目」には戦争体験の生の証言を収集する取り組みが盛んにおこなわれた。それに対して、この戦後七〇年という節目は、戦後に生まれた世代が七〇歳以上になり始めたことを意味する。社会の中枢を担っているのは戦争を知らない世代ばかりである。一方、従来の「戦争」の概念を超えた米国の「テロとの戦い」、北朝鮮の核をめぐる緊張状態などを契機として、不戦をうたった憲法九条を改正ないし、空文化しようとする動きが不断に続いている。国内外で主張を異にする民族や集団が対立しており、宗教がそこに少なからず関与している。国内に目を向ければ、いわゆる「ネット右翼」やレイシストや歴史修正主義者が目立ち、与野党を問わずリベラル派が後退し、報道の自由度が低下するなど、いわゆる「右傾化」が目立つ（塚田編著 2017）。

宗教はこのような情勢のなかで、どのような位置を占めているのだろうか。「右傾化」に反対する宗教勢力、たとえば二〇一五年の安保法制に反対する声は、真宗大谷派、浄土真宗本願寺派、立正佼成会、また一部の有志ではあるが創価学会関係者、日本カトリック司教団、日本基督教団など広範な宗教者から出されている(1)。逆に「右傾化」を支える宗教勢力が存在することも、最近になって意識されるようになった。たとえば安倍政権の閣僚のほとんどが名前を連ねる保守系の政治団体である日本会議は、神社本庁をはじめとする神道関係者や複数の仏教関係者、倫理団体等によって支えられている(2)。さらに、東日本大震災と東京電力による原発災害以後、社会において「宗教」の果たす役割に期待する声もある。「戦争」そのものについての語り、その記憶の継承も重要だが、現在の状況に至った「戦後」についての検討と反省が歴史的研究にとっての課題となりつつある。とくに「宗教と社会」の関係性が、どのような過程をたどって今日のようになったのかは、戦後七〇年を意識した出版物のなかでも類書があまりなく、徹底的に討議しなければならないテーマである。

戦後七〇年という時期区分の特異性――二重の時間性

本書は、二〇一五年六月一四日の「宗教と社会」学会学術大会で、編者がオーガナイズした「戦後七〇年の宗教と社会」と題するテーマセッションをもとにしている（発表者は上村岳生、中野毅、島薗進、小島毅、コメンテーターは黒住真）（堀江 2016）。後日、このテーマセッションは、いくつかの宗教系メディアで取り上げられ、編者はこのテーマへの関心の高さを実感した(3)。当時は書店でも「戦後七〇年」

関連本が多く出版され、フェアなども組まれていた。だが宗教に関わるものはほとんど見られなかった。(4)

宗教の戦後を総括するような論説を期待する読者は潜在的に多いのではないか。そのように考え、当日の発題者に加えて、必要な分野の専門家にも執筆を依頼し、出版の準備に取りかかった。それから三年以上が経過してようやく出版にこぎ着けることができた。この間の遅れはひとえに編者の努力不足によるが、その分、この「戦後七〇年」という時間を、歴史的研究の対象とするべき一つのまとまった時期としてとらえることができるようになった。

仮に「戦後」という言葉を使えなくなるときが来るとしたら、それは日本が他国との戦争に関与するときだろう。そのとき、「戦後」と呼ばれていた時代は「戦間期」と呼ばれるようになるかもしれない。そこまでいかないとしても、戦争の放棄と戦力・交戦権の否認を明示した日本国憲法第九条が改正ないし空文化したときには、今の時代は「戦前」なのではないか、という不安が社会に漂うことになるだろう。二〇一五年には集団的自衛権の行使を可能にするような複数の法律が一挙に制定された。また、一七年には北朝鮮の核問題と関連して先制攻撃が表だって論じられるようになった。不戦を誓った憲法下において、どうしてこのようなことが可能になったのだろうか。「戦後」が七〇年間続いてきたという歴史認識と並んで、七〇年間かけて実質的に突き崩されてきたという歴史認識も、今日では現実味を帯びている。

一九四五年の終戦から現在までを漠然ととらえるのではなく、「一九四五年から二〇一五年まで」を研究対象として限定することで、戦前回帰するようにも思える潮流と、それに抗って平和な戦後を続けようとする勢力とを可視化することができるように思える。「戦後社会の構築」から「戦前回帰」へ急に右傾化したのではなく、両者が常にせめぎ合ってきたと見るのである。有り体に言えばそれは進歩主義と伝統主義の相克である。だが、二つの特定の集団が常に激しく対峙してきたというわけではない。無党派層や中道や折衷の立場をとる人が増えるにつれて、「戦後」を生き続けるという時間感覚と、「戦前」を取り戻そうとする時間感覚の葛藤が見えにくくなった。このような状況で二重の時間性に気づくことは難しい。とりわけ、この時間を全体的に捉える機会の乏しい若者にそれを教えることは困難である。

だが「宗教」に注目すると、それが明瞭に見えてくる。先述のテーマセッションを通して、編者は、戦後社会において混在する二重の時間性の構成に「宗教」が少なからず大きな関わりを持っているという感触を持つに至った。ここに「宗教と社会」の戦後史を考える意義がある。たとえば一方では、戦前・戦中の宗教弾圧から解放され、被爆国日本から核なき世界平和を構築していこうと教団を超えて協力するような動きが続いている。他方では、国家神道的なものの再興を願って、元号法制定や国旗国歌法制定、国家神道と関連のある祝日の名前を変えた復活など、政治性や宗教性を多くの人々が意識しない領域で国民教化を進めようとする動きが続いている。このように「宗教」は現代の政治において対立する左右の陣営いずれとも関係を持っている。つまり、「宗教」を切り口として、戦後社会の二つの時間性が明確に見えてくるのではないかという見通しがある。

まとめると「二重の時間性」とは、互いに凌駕しようとせめぎ合いつつ並存する「戦後を更新しようとする時間性」と「戦前に回帰しようとする時間性」を指す。ここでの「時間性」とは、歴史が特定の理想的状態に向かっている、あるいは向かうべきだと考える際に前提とされる時間の流れ方であり、それを基準に出来事を意味づけ、また作り出すような型である。時間性を意識する度合いには個人差があり、これを意識している政治家・宗教家が運動や変化をプログラムし、意識していない大衆をそこに組み入れようとしてきた。政治的領域ではこの二つの時間性の対立が顕在化しやすいが、文化的領域では曖昧に重なり合っている。戦後の「宗教」はまず政治から切り離され、文化として自己を提示しながら、時に政治性を露出させるという形で、その間を浮動してきた。

本書の編集が一段落した二〇一八年末時点で見えてきたのは、戦後まれに見る長期政権となった安倍政権が、移民政策や対中ロ政策において右派の嫌う方向へと舵を取り、なお改憲を狙うものの右派が望むような形での第九条の改憲に至るかどうかは不透明だという状況である。とりわけ移民政策を経て、日本社会と宗教は、これからまた別の激変期を迎えるのではないかという予感がある。したがって、すでに述べた安保関連法の制定とそれに対する反対運動が宗教界からも出た二〇一五年は、戦後七〇年を経て二重の時間性が顕在化した象徴的な年であると言える。今後の動きについては、「未来」を主題的に扱った終章を読んでほしい。そこから、さらに必要に応じて「戦後七〇年」という時代が何であったかを扱った各章を振り返ることも有意義であろう。

本書の構成

本書は、序章のあと、「理論」「歴史」「教団」の三部からなる本論を経て、終章へと至る。序章では、宗教と社会が複雑に相互作用する戦後史を、いくつかの転機に触れながら略述する。第Ⅰ部の理論編では、宗教社会学の世俗化論、ポスト世俗論、公共宗教論などの理論を参照しながら、「宗教と社会」を読み解くための視座を提供する。宗教は果たして衰退しているのか、急に政治力を発揮しはじめたように見えるが、それをどうとらえればよいのか。このような目に見えやすい宗教の影響力をどう測り、どう論じるのかが理論編では取り扱われる。その際、「宗教と社会」というときの「社会」を、どの水準でとらえるかが問題となる。政治から社会を見るのか、経済から社会を見るのか、それとも文化から社会を見るのかという問題である。

本書は主に政治の側面から社会をとらえる。これは、政治史が、経済史や文化史より決定的だと見るからではない。第Ⅱ部の歴史編では、政治的側面から国家と宗教の関係を扱うが、これはもっぱら効率上の理由によるものである。近年、「宗教」と国家との相互作用が注目を集めていることから、それを手がかりに戦後史を振り返るという戦略である。「宗教」的なものが国家と関わると、「政教分離に反する」「宗教ではないから合憲だ」「信者であっても政治活動の権利はある」「国政への影響が大きすぎる」などという議論が起こる。そこでは「宗教」とは何か、どうあるべきかの判断自体が結論を左右する。この相互作用の場を国家神道、靖国神社、忠魂碑など、主に神道（的なもの）と関わりがある事象に求めて、そこから戦後日本の宗教と社会の歴史を記述することを試みる。

ついで、第III部の教団編では、神道以外の教団宗教として、キリスト教、仏教、新宗教を取り上げる。とはいえ、それぞれが複数の教団からなる極めて複雑な歴史を抱えた存在――宗教現象の束――であることは言うまでもない。それを教団の内と、その外である社会との関係から整理する形で理解することが試みられる。

終章は、ここまでの議論を踏まえて、それらに足りないものを補いながら、今後の日本の宗教と社会のゆくえを占う。そもそも「戦後」を理解するのに、終戦後に起きた出来事だけを扱うのでは不十分である。とくに復古的な動きを理解するためには終戦前の状況を参照しなければならない。このことは多くの執筆者が認識しており、適宜言及しているところである。しかし、第III部までは方法論的限定として戦後史にウェイトを置いて執筆するよう依頼した。終章では「戦後」を終戦前と現在以降の未来とでサンドイッチのように挟み、より大きな歴史的視野から考察しつつ、また経済や文化の側面をも考慮して、これまでの章の記述を補足し、相対化し、宗教と社会の未来を考える材料を提示したい。

各章の要約

ここから先では、各章の内容を簡潔に説明する。

序章「戦後七〇年の宗教をめぐる動き――いくつかの転機を経て」

序章では編者である堀江宗正が、戦後社会を流れる二重の時間性という着想にもとづき、戦後史をいくつかの転機から段階的に把握することを試みる。終戦か敗戦かという歴史認識の食い違い、再軍備を進める逆コースの始まり、国家神道の象徴的復興、靖国問題による国家神道の中心の転換、冷戦期における反共勢力としての宗教の位置づけ、戦後の教団による平和主義の変遷、ポスト冷戦期における一神教批判の台頭、オウム真理教事件と公明党の位置づけの変化などである。ここでは巻末の年表を参照することによって、細かい事実の説明を省き、大まかな見通しを立てることを目標とする。

第Ⅰ部「理論編――戦後宗教史を読むための視座」

第1章の上村岳生「近代の規範性と複合性――『世俗化』概念の再検討と丸山眞男の近代化論」は宗教社会学の理論を取り上げ、近代化と宗教の関係を再検討する。これは、戦後日本社会において宗教は世俗化したのか、という問いと関わってくる。世俗化論に対置されるのは宗教が復興してきているという見方である。上村は、具体的にはベラーの市民宗教概念とそれを批判的に継承するカサノヴァの公共宗教論の二つを取り上げ、その背景に「宗教と社会」の関係性の見方の相違があると見る。そしてこの二つの見方を、戦後日本における「宗教と社会」の関係性の理解につなげ、世俗化論的な近代観を超え、「複合的近代」という観点から宗教をとらえ返す。

第2章の伊達聖伸「政権与党と宗教団体――自民党と保守合同運動、公明党と創価学会の関係を通して」も、世俗化か宗教復興かという論争に切り込んでいく。そして、脱政治化によって国民の政治への関与が全体的に低下するなか、根強い運動を続ける教団の宗教票のウェイトが相対的に高まった結果、

「宗教復興」と見えるものが生じているという逆説的な見方を提示する。

第3章の中野毅「戦後宗教史と平和主義の変遷」は、戦前・戦中を復活させようとする「非公式の戦後世界」が、「公式の戦後世界」の背後に並行してあったが、近年は顕在化してきたという見方を提示する。宗教と平和主義の関係を三つの立場に整理し、それを軸に日本国家と宗教との関係の変化をたどる。

第II部「歴史編――国家と宗教の関係性」

ここまでの理論編においては、論者ごとに用語法や視角の違いはあるものの、世俗化と宗教復興の関係をどうとらえるかが論点となっている。歴史編では国家と宗教（国家神道）の関係を個別の事例に即して検討し、世俗化とみられるような戦後の状況のなかで、いかに国家が宗教の論理を生きながらえさせてきたかを見てゆく。

第4章の島薗進「国家神道復興運動の担い手――日本会議と神道政治連盟」は、形式的には戦後に解体されたことになっている国家神道が、実際には生き延びており、二〇〇〇年代に入って復興の動きが強まっているという見方を提示する。そして、このような変化がどうして生じているのかを、立憲主義の危機という視点から考察する。これは、公式の戦後世界と非公式の戦後世界の同時進行という中野の見方と軌を一にする。

第5章の小島毅「靖国神社についての語り――明治維新百五十年で変わりうるか」は、靖国神社における攘夷や「怨親差別」の歴史認識に注目し、日本古来の神道というよりは、朱子学的な要素が大きな役割を果たしていることを確認する。戦後社会に適応する過程では、盂蘭盆会を取り入れた「みたままつり」、世界中の戦争犠牲者を祀る鎮霊社の設置など、仏教的な怨親平等の面が強化されているように見える。だが怨親差別にもとづいてA級戦犯が合祀される。ところが支持者は、「死者に鞭打つ」中国文化とは異なるものだと中国仏教の怨親平等の論理で合祀を正当化しようとする。小島は、怨親平等の論理を徹底させるつもりであれば、井伊直弼や戊辰戦争の敗者も合祀すべきだろうとする。この問いかけから、合祀の基準の党派性が浮き彫りになる。

第6章の西村明「忠魂碑の戦後——宗教学者の違憲訴訟への関与から考える」は、中央ではなく地方において戦没者を英霊として顕彰する、いわば「ムラの靖国」である忠魂碑を取り上げる。戦後まもなく撤去、破壊されたものの、主権回復後に再建が進み、それによって地方行政との関わりが焦点となったのが箕面市忠魂碑訴訟である。このとき、宗教学者は、原告側証人としても被告側証人としても裁判の過程に関与した。被告側が、慰霊という行為は特定の宗教に属するものではなく、忠魂碑は無宗教のものだとするのに対し、原告側は宗教性を指摘するという構図である。ここで西村は、人口の急増する大都市郊外という文脈に置かれた忠魂碑をコミュニティの素朴な無宗教の慰霊施設とみなすことに無理があり、マイノリティ化する遺族たちと新住民の対立が背景にあると指摘する。さらに遺族の他界に伴い、もとの文脈から離れた意味づけがおこなわれるポスト近代的な状況が到来しつつあることを示す。

ここまでの歴史編では、世俗化か宗教復興かという理論編の論点は、両者の同時進行、特定集団による先鋭化という形で肉付けされる。日本国憲法の政教分離の原則は「宗教」概念の操作によって形骸化するおそれがある。さらにいったん「宗教」と分離したはずの行政が関与する公的祭祀は「宗教」であるはずがないという論理、いわば政教分離の原則こそが政教一致の実態を見えなくするというパラドックスを示す。これは、政治と神社との関わりには何の問題もないと突っぱねる側と、政教分離を問う側が、どうして平行線をたどるのかという謎を解く鍵となっているように思われる。

第III部「教団編——諸宗教の内と外」

このような状況の背景には、教団という形態をともなう宗教現象のみを限定的に「宗教」と呼ぶ傾向がある。教団と無関係の国家や公的行事が「宗教」であるはずがないという前提である。それに対して、「宗教」と呼ばれる諸教団は、戦後社会に適応することを通して、自らの普遍性を主張し、その存在意義を示そうと模索する。

第7章の小原克博「キリスト教と日本社会の間の葛藤と共鳴——宗教的マイノリティが担う平和主義」は、戦争協力への反省から平和主義を掲げるようになった日本のキリスト教を、正戦論を維持する国外のキリスト教と比較する。日本のキリスト教は多数派を形成しないがゆえに、米国のキリスト教のように戦争の正当化に関与せずにすみ、強い戦争否定が可能になったという見方である。一方、二〇〇一年の同時多発テロ以後、一神教は戦争を引き起こすという論調が国内で強まっている。これに対して、実際のキリスト教は平和主義だというのが、キリスト教徒にありがちな弁護であろう。しかし、犠牲を美化するあまり他者の自己犠牲を正当化するという「犠牲のシステム」を、近代国家とキリスト教は共有する、と小原は指摘する。

戦後の教団が唱える宗教の平和的性格と、歴史的にも教義的にも内包されている暴力的性格との乖離という問題は、オウム真理教事件を経験した仏教にも当てはまる。

第8章の川村覚文「戦後の仏教をめぐる言説と政治——近代性、ナルシシズム、コミュニケーション」によれば、仏教界は戦前には近代の超克を唱え、戦争協力をしてきた。ところが戦後になると、それは非本来的な逸脱だとし、一転して近代原理に近い平和主義こそが仏教本来の思想だったととらえ返した。また、「部落問題はない」と指導者が発言したことでかえって差別の歴史が顕在化し、差別問題への取り組みがなされたが、その際にも、そのような取り組みこそが仏教本来の姿なのだというナルシシズム的な主張が展開される。オウム真理教事件についても仏教本来の姿ではないと弁解する。そして、原発事故後は原発を物質的欲望の問題とし、仏教は物質文明を超えたものとする。

その時代に社会で正しいとされている価値観に寄り添い、あるいはすり寄り、実はそれを最初から理想として掲げていたと事後的に主張することで、「宗教」を正当化、または賛美する。その背景には、戦前・戦中の全体主義的体制のイメージを教団宗教に投影するような戦後社会の「宗教」へのまなざしがある。これは実際に全体主義的体質を内包する教団が戦後急成長を遂げたという事実にもとづいている。それに対して、世間を騒がせる「新興宗教」とは違い、自分たち既成宗教は本来平和的で民主的だったという歴史修正主義にも近い見方が流布される。

第9章の井上順孝「新興宗教から近代新宗教へ――新宗教イメージ形成の社会的背景と研究視点の変化」は、否定的な価値を帯びた「新興宗教」というカテゴリーから、「新宗教」という用語が使われるようになる研究動向をまとめ、それと社会との関係を論じる。編者の見たところ、井上は戦後の新宗教の展開を次の三段階に分けて見ている。(1)戦後の社会的混乱と宗教をめぐる法的状況の変化から新宗教が数多く生まれ、(2)高度経済成長期には血縁や地縁と離れた同志縁を提供することで巨大教団が生まれ、(3)伝統宗教との非連続性が目立つ新たなタイプの新宗教の発生に至る、と。

具体的にはグローバル化やメディアの発展など「社会」と呼ばれるものの形態それ自体の変化に応じて、新宗教に限らず、宗教全体が大きく変わりつつある。このような状況で、国家との関係が改めて問い直されつつあるのが、二〇一五年周辺の状況だと言うことができるだろう。

終章「宗教と社会の『戦後』の宿題――やり残してきたこととその未来」

終章は本書の結論に相当し、黒住真・島薗進・堀江宗正が座談会形式でこれまでに出てきた論点を洗い出し、集中的に討議する。とりわけ黒住は、近代を「社会的組織」「ゲノッセンシャフト(アソシエーション)」「中間集団」が国家に切り崩され、従属させられる過程ととらえ、その視点をこれまでの議論にかぶせる。「宗教と社会」の関係が主題だというが、「社会」とは何なのか。国家なのか、コミュニティなのか、利益追求型組織なのか、あるいは自発的な結社なのか。社会との相関において「宗教」をとらえるとするならば、まずこれらの社会的形態との関係そのものを問い直す必要がある。それを討議するなかで、自己犠牲を他者に強制するメカニズムが明らかになる。人々とともに苦しむ神的存在や宗教者を権力側は押さえつけると同時に、それを利用して人々に犠牲を強制してきたというメカニズムである。そして、環境問題、アジアとの関係、外国人との関係など近い未来に直面する社会的な課題において国家共同体を超える公共性を持ったスピリチュアリティの追求が課題になるという展望が開かれる。

右の要約から分かるように、本書は、相互につながりのない論文の寄せ集めではない。原稿が出るたびに執筆者同士で目を通し、コメントを交わした。したがって、お互いを意識しながら書かれたものである。編者は当初、戦後史の段階的把握のため、執筆者にはいくつかの転機を提示しながら記述するよう求めた。それがおのずから、何らかの関連をもたらすだろうと期待したためである。

次第に、世俗化と宗教復興、進歩主義と伝統主義、戦後的価値観の維持と戦前的価値観への回帰など、二つの異質なものが併存することが、多くの論文で問題となっていることに気がついた。論者らがそれぞれの分野で転機としたものを並べ、巻末の年表と往復しながら「二重の時間性」という観点から「宗教と社会の戦後史」の概略をまとめたのが序章である。そして、どうしてそうなったのかを日本史の大きな流れから考え、議論を重ね、今後の日本社会と宗教にとって、何が課題となるのかを提示したのが終章である。

こうした問題に関心のある読者が、「宗教」についてこれまで見聞きしてきたことを本書の記述に重ね合わせれば、きっと新たな見方に到達できるだろう。高齢化の進んだ現代社会の読者のなかには、自分自身の人生を重ねる感慨を味わえる人もいるだろう。そして、若い読者が本書を読むこと、とりわけ終章を手がかりとして今後の生き方を考えることが、戦後という時代の更新につながると希望したい。

（1）宗教情報センター「宗教界の戦後七〇年と安保関連法案に関する主な動き（関連年表）」（https://www.circam.jp/popup/detail/201501-12.html）二〇一九年二月一二日アクセス。

（2）日本会議ホームページの「役員名簿」による（http://www.nipponkaigi.org/about/yakuin）。二〇一九年二月一二日アクセス。

（3）仏教タイムス「『宗教と社会』学会テーマセッション　戦後宗教の平和主義を問う」二〇一五年六月一八日（http://www.bukkyo-times.co.jp/backnumber/pg458.html）。

（4）その後、次のような関連書籍が出ている。島田（2015）、クラウタウ（2016）、新教出版社編集部（2017）、山口（2018）を参照。

【文献】

堀江宗正 2016「戦後七〇年の宗教と社会」『宗教と社会』二二号、一四三—一五二頁。
クラウタウ、オリオン編 2016『戦後歴史学と日本仏教』法藏館。
島田裕巳 2015『戦後日本の宗教史——天皇制・祖先崇拝・新宗教』筑摩書房。
新教出版社編集部編 2017『戦後70年の神学と教会』新教出版社。
塚田穂高編著 2017『徹底検証　日本の右傾化』筑摩書房。
山口輝臣 2018『戦後史のなかの「国家神道」』山川出版社。

目　次

序章　戦後七〇年の宗教をめぐる動き

いくつかの転機を経て

堀江　宗正

1――いくつかの転機

本書は、宗教研究、歴史研究、思想研究に携わる執筆者が、それぞれの専門から戦後七〇年の過程を段階的に記述し、「宗教と社会」の現状認識につなげるというアプローチをとる。具体的にどのような「段階」を辿って現在に至ったかの記述は、分野ごとに、またテーマごとに違いが生じる。執筆者には各自の問題意識にしたがって自由に書きつつも、転機や段階の明確化を必須条件とするようお願いした。これは論集にありがちな寄せ集めの状態に陥らないための工夫である。

この序章では本論に入る前に、各執筆者の戦後史のとらえ方を総合的に踏まえて、「宗教と社会の戦後史」におけるいくつかの大きな転機を示しておきたい。各章の議論はそれ自体で独立している。設定する観点によっては見えてくる転機も異なってくる。ここでは多くの論者が共通してあげた重要な転機に加えて、「はじめに」で述べた戦後史を流れる二重の時間性という観点から見えてくる転機も取り上げたい。

なお本書の巻末には戦後七〇年の宗教と社会をとらえるための年表を掲載している。この年表は、既存の年表や書籍を参照し、かつ本書に収められた論文も参照しながら組み立てたものである。さらに可能な限り当時の新聞記事にあたって記述を確認した。この序章では、読者に適宜この年表を参照してもらうこととし、細かい記述や注を省く。それよりも大きな流れをどうとらえるか、何が重要な転機となって現代のような状況に至ったのかを考えてゆきたい。

2——社会構造の変化から見た戦後宗教史

筆者はすでに別の書籍において、戦後宗教史を、産業構造の変化と絡めて、三段階、あるいは三層に分けて記述している（堀江 2018a）。まず人口が増大する戦後復興期には、生産に関わる行事、村落や家族を結びつける神道祭祀や葬式仏教が重要になり、以後それらが日本宗教の基層であり続ける（一九四五年から現代まで）。次に都市化が進む高度経済成長期には、組織的な新宗教が台頭すると同時に合理主義的な無宗教者も増加し、両者の対立は激しさを増す。少なくとも一九九五年のオウム真理教事件までは様々な新宗教団体が新たに興っている（一九五五年から二〇〇〇年まで）。一九七三年のオイルショック後は、物質的でない心の豊かさを求める人が持続的に増える。オカルト・ブーム、新新宗教の台頭があり、オウム事件を経た二〇〇〇年代以後は、個人主義的なスピリチュアリティの探究が本格化する。七三年以後は第三次産業従事者が上昇し続け、二〇〇〇年以後は非正規労働者が増加する。女性の就業人口も七〇年代から増加し続ける。変化する職場環境に適応できる柔軟な人材がより多く求められる時期である（一九七三年から現代）。さらに付け加えれば、二〇一一年の東日本大震災後は、地方の人口減少が顕著となり、伝統宗教にもかげりが出るが、一部の寺社に多数の非信徒が集中する個人主義的な伝統回帰が始まる。本書のいくつかの箇所で問題となる戦前回帰の動きも、よりどころを欲する個人がポピュリズム的な保守政治家の言動を熱狂的に支持するという、新しい時代に即した特徴を持っている。

本書は「宗教と社会の戦後史」をテーマとするが、その場合の「社会」とは、右に概略を示した産業形態や人口動態からとらえられる社会構造ではない。具体的な結社や教団や政党や国家からとらえられる「社会」に注目したい。終章では、共同体（Gemeinschaft）と利益社会（Gesellschaft）という従来からある類型に対し、いわゆる中間集団に当たる結社・協同体（Genossenschaft）の成熟とその国家による抑圧という観点から、日本宗教史を見ようという提案が示される。近代を解放と抑圧、進歩主義と伝統主義という二項から理解しつつ、その間で展開する動的なものとして「宗教」をとらえる。そのダイナミズムは本論と終章で確認することとして、この序章ではその枠組み、戦後日本の「宗教」の展開を規定する二重の時間性に注目し、それが顕著となる様々な転機を記述する。

3──終戦か敗戦か

終戦と占領は戦後の出発点であり、言うまでもなく日本史上の重大な転機である。この「終戦」は無条件降伏なのだから、実際のところは「敗戦」と呼ぶべきである。しかし、国体護持を条件とする降伏反対派を抑えるために天皇の「聖断」という形をとったこと、また結果的に天皇制が温存されたことから、あたかも日本が主体的に「終戦」させたかのような歴史認識が成立する余地が生まれた。したがって、この「敗戦＝終戦」は、本書が問題とする戦後史における二重の時間性の始まりである。一般的には「敗戦」前の体制は失効し、新たな国に生まれ変わったという歴史認識が受け入れられている。それに対して、天皇制とともに「終戦」前の体制は続いている、その意味で負けたとは言えないという歴史認識が「終戦」という言葉に埋め込まれている。もっとも「終戦」という言葉は歴史学においても、一般社会においてもニュートラルな意味で使われているように思われる。そのため、本書でも多くの執筆者によって用いられている。だが、この言葉が「敗戦」を隠蔽するレトリックとなりうることには注意しておきたい（白井 2013）。天皇の帝国臣民に向けた玉音放送があった八月一五日を「終戦」記念日とするという慣行も、実は一四日のポツダム宣言受諾や九月二日の降伏文書への調印を目立なくする効果、つまり「敗戦」を目立たなくする効果があるのである。

一九四五年の一〇月以降の短期間に、「自由の指令（人権指令）」が出て自由を抑圧する制度が廃止される。「神道指令」が出て国家による神道の保護などが禁止され、宗教団体法が廃止され、「宗教法人令」が施行される。その結果、一九四六年には、弾圧されていた教団が再建されたり、または新たなものとして生まれたりする。この時期の世論調査で、日本人の七六・五％が信仰を持っていると答えている。今から見れば信じられない数字であるが、この割合がわずか一〇年ほどで三割台にまで落ち込む。

4——逆コースの戦後政治

日本国憲法によって、信教の自由、政教分離が確立し、戦後の宗教と社会の法的体制が集中的に定まった。しかし、そのすぐあとに、最近のいわゆる「右傾化」にもつながるような「逆コース」が始まる。これは、狭く言えば戦後の軍の解体に逆行する「再軍備」を指すが、ここでは大きくとらえて、戦前の憲法や教育や宗教のあり方に回帰しようとする動きを指すことにする。問題は、軍隊を持つ「普通の国家」に復するだけでなく非民主化や国家神道復権の動きが伴うことである。

この逆コースをめぐる認識は、筆者にとって「二重の時間性」という着想の大きなヒントとなっている。つまり、戦後における民主化や信教の自由という近代市民社会の形成と、それに相反する「逆コース」、あるいは「右傾化」、戦前回帰の動きとが同時に進行し、戦後という歴史的時間が二重構造を持ったまま進行しているということである。それは前節に示したように、「敗戦＝終戦」の時点から始まっている。

「逆コース」は読売新聞の造語である。終戦からまだ三年しか経っていない一九四八年の時点で、米国は日本の占領政策を、非軍事化・民主化政策から「反共の防壁とする」（ロイヤル陸軍長官）方針に転換する。表向きは「経済復興」に重点を移しながら、のちに首相となる岸信介などの戦犯を釈放した。五〇年五月にはマッカーサーが共産党非合法化を示唆し、六月には苛烈な朝鮮戦争が起き、七月には新聞社から共産党員と同調者を追放する「レッドパージ」が本格化する。八月に警察予備隊が創設され、一〇月には文部省が国旗・君が代をすすめる通達を出す。翌五一年のサンフランシスコ講和会議、講和条約調印、旧日米安保条約調印、五二年の条約発効で、日本は米軍駐留という条件で独立し、保安隊が発足する（自衛隊発足は五四年）。五五年の保守合同による自由民主党結成で、この逆コースの動きはひとまず完成する。

早くも翌年に自民党は靖国神社法草案要綱をまとめ、経済白書には「もはや戦後ではない」という言葉が出て論争となる。戦後ではないという言葉は、第一義的には経済面など人々の暮らしの復興を指すだろう。しかし逆コースの文脈に置き換え、また靖国神社の国営化の動きがすぐに始まったことも考え合わせると、「戦後」という特殊な占領期間から終戦前への復興の態勢が整ったという意味にも解釈できる。そして、その印象を打ち消すのが「経済復興」であった。

つまり逆コースとは、⑴米国主導による日本の再軍備、⑵反共産主義、言論統制、ナショナリズム強化などの非民主化、⑶経済成長による戦前回帰の印象の緩和とまとめられる。この三つの要素は今日に至るまで、日本政治の通奏低音として響いている。その後の六〇年安保闘争も所得倍増計画で収束した。

第二次安倍政権は、あたかもこの歴史を繰り返すかのように、⑴安保法制、⑵特定秘密保護法、テロ等準備罪・共謀罪に関する法律など国民の反対意見の多い法案を通しながらも、⑶アベノミクスという経済政策を掲げて選挙に勝ち続け、長期政権を築いた。

中野論文も、戦後すぐに伝統宗教が中心となって共産主義や新宗教に対抗して戦前回帰を目指す「非公式の戦後世界」が立ち上がったと指摘する。島薗論文は、戦後も国家神道は温存されており、それが立憲主義のなし崩しとともに復活してきたと見る。

5——国家神道の象徴的復興

国家神道を象徴的に復興する動きは、祝日の制定や国旗・国歌の復活などに見られる。明治天皇の誕生日である一一月三日の明治節は、その日に日本国憲法が公布されたため、一九四八年に文化の日として温存された。暦の支配は、国家による時間の支配である。この一一月三日という同じ日に、表向きは「敗戦」後の近代社会の礎である日本国憲法の公布が祝われるが、その裏側には「終戦」前の体制を始めた明治天皇の誕生日が隠されており、二重構造をなしている。

このとき二月一一日の紀元節は廃止された。これは神武天皇即位の日という神話的な根拠を持ち、国家神道と軍国思想の高まりとともに重要性を増した祝日である。したがって廃止は当然だろう。だがその復活の声が上がる。それに対して、一九五八年には歴史学者を中心とする紀元節問題懇談会が復活への反対を表明する。六六年には日本学術会議が建国記念日を二月一一日とするのは不適当だと報告した。しかし、六七年に紀元節は建国記念の日として復活する。祝日から少し離れるが、七九年に元号法が制定される。元号に法的根拠を与えるという名目だが、国民主権原則に反するという意見も出た。やや離れて九六年には、明治天皇が汽船明治丸で東北・北海道巡幸から帰朝したことにちなんで、七月二〇日が海の日に制定される。通常は意識されないが、元日は四方拝、春分の日は春季皇霊祭、秋分の日は秋季皇霊祭、勤労感謝の日は新嘗祭に対応し、すべて国家神道の儀礼と結びついている(1)。

日の丸・君が代の復活も息が長い「逆コース」をたどってきた。どちらもGHQによる占領が始まると禁止されたが、一九四九年にマッカーサーが日章旗の使用を許可すると、五〇年には文部省が国旗・君が代をすすめる通達を出す。それからしばらくは動きがないが、八九年の昭和天皇崩御ののち大喪の礼の前に、文部省が国旗と国歌を入学式・卒業式で指導するべきだと規定し、九〇年には義務化した。九一年には小学校社会科教科書に「日の丸」が国旗、「君が代」が国歌と明記された。九九年には日の丸・君が代を国旗・国歌とする法律が可決される。翌年、森首相は神道政治連盟国会議員懇談会で「日本はまさに天皇を中心とした神の国」だと発言した。二〇〇二年には卒業・入学式での君が代斉唱と日の丸掲揚実施率が全国平均で九九・九%を超え、過去最高となる。〇四年には東京都教育委員会が、卒業式で「日の丸・君が代」についての通達に従わなかった都立校教職員を処分している。一一年には大阪府議会が公立学校教職員に国歌斉唱時の起立を義務づける全国初の条例案を可決した。さらに戦後七〇年の二〇一五年に、国立大学の入学式・卒業式での国旗掲揚・国歌斉唱を文科大臣が要請するに至る。

こうした一連の動きからは、国旗・国歌にこだわる政治家、それをバックアップする政治団体、宗教団体の、七〇年にわたる世代を超えた執念を感じる。いったんはGHQによって禁止され、法律にも制定されていなかった国旗・国歌の扱いが「正常化」したと関係者は喜んでいるかもしれない。だが、一般の国民には何をされているのか理解しにくいだろう。ある種の「宗教復興」だと言えなくもない動きだが、祝日の意味や国旗・国歌への情熱を理解しない国民の、いわば「世俗化」が、その効果を押し下げている。

教育をめぐる問題でも、じわじわと逆コースが進んだ。終戦後、国定教科書が廃止され、教科書検定制度が導入されるが、一九五五年には偏向教科書キャンペーンで検定が強化される。五八年には文部省が小中学校の「道徳」の授業の実施要綱を通達する。六五年には家永三郎が教科書検定を違憲とし、民事訴訟を起こす。八二年には中国「侵略」を「進出」と書き換えさせた教科書検定が報道され、中国が抗議する。八六年に「日本を守る国民会議」の日本史教科書に中国、韓国から批判の声が上がる。八八年には自民党が高校英語教科書の日本軍の残虐さの記述を非難する。一九九〇年代には、後述するように保守系の政治家も含んだ戦争への謝罪・反省が進む。それに対する反動から、「自虐史観」（日本の負の側面を強調する歴史観）を克服しようとする「新しい歴史教科書をつくる会」主導の中学歴史教科書が出され、二〇〇一年の検定に合格している。〇六年に高校地理歴史・公民科で、沖縄集団自決に日本軍の強制があったとする記述に修正意見が付され、その撤回を求める議会決議が沖縄各地で起こる。この年には戦後初めて教育基本法が改正され、道徳教育・愛国心教育が明記される。前述の「つくる会」

から分裂した「教科書改善の会」の育鵬社刊の中学歴史・公民教科書は、二〇一一年の検定に合格した。また、家永裁判の続いていた一九六七年に教育課程審議会と神社本庁が神話教育を提言し、七〇年の小学校社会科教科書に取り入れられる。このときには強い批判が起こった。ところが、二〇〇六年の教育基本法改正後、〇八年の新学習指導要領に愛国心強化のため小学校国語での神話の導入が明記され、二〇一〇年に全ての教科書に登場したときには、ほとんど問題視されることがなかった。

こうして教科書をめぐる出来事をつないでゆくと、戦後数十年にわたる文部省および文科省の目指す方向性が明らかになる。つまり、教科書検定を通じて、日本軍の残虐さを歴史から削除し、侵略を正当化する一方で、道徳教育や神話教育を通じて愛国心を高めようというものである。そこには古き良き戦前へ回帰しようとする世代を超えた国家官僚の意思が感じられる。

6——靖国問題と国家神道の中心の転換

宗教に関する逆コース、つまり戦前回帰で大きな問題となったのが、戦死者を英霊として祀る靖国神社への政治家による特別な配慮と、A級戦犯合祀後の首相・閣僚による参拝の問題である。追悼施設についてはは小島論文と西村論文で扱われるので、ここでは詳しく紹介しない。小島論文によれば、靖国のとらえ方は戦後ずっと同じだったわけではない。当初は柳田国男の進言に従い、民俗行事としての「みたままつり」を取り入れて神社の延命を図った。一九六五年には、世界中の戦争犠牲者を祀る鎮霊社を設置し、戦争肯定でないことを示そうとした。にもかかわらず、宮司の交代で七八年に「昭和殉難者」（いわゆるA級戦犯を含む）が合祀される。そして八五年、中曽根首相による首相としては戦後初の公式参拝で、靖国と政治家の関係が国際問題になった。この二つは大きな転機と言えるだろう。

一方、筆者は「根強い逆コース」の図式は、靖国にも当てはまると考える。逆コースは戦後初期から国家神道の復活と結びついていた。自民党が結党した一九五五年には自衛隊基地内の神社（天照皇大神宮と靖国神社）が問題となっている。翌年には自民党が「靖国神社法草案要綱」をまとめている。日本の再軍備と平行して靖国を法的に特別な神社として復権させることは、急務とも言える政治課題だったのである。各地で請願運動が起こり、遺族が健在のうちは草の根の広がりを持っていた。だが、靖国神社国家護持法案は、何度も出されては廃案となっている。七〇年代から自民党の法律制定へのこだわりが突出し、首相の参拝も始まる。それはA級戦犯合祀発覚で弱まるどころか、国外からの批判にあらがうかのように、執拗に試みられる。中曽根首相は靖国神社だけでなく、正月の伊勢神宮参拝も恒例化させた。国家神道の立場からはこちらの方が重要だろう。二〇〇〇年には国会議員、閣僚、首相の靖国神社参拝が積極的におこなわれ、「靖国問題」が国内外で広く認知される。二〇一〇年の民主党政権下で、首相も閣僚も終戦記念日に靖国を参拝しない年が三〇年ぶりに来る。しかし、一三年には安倍政権下で、閣僚三人ほか議員一〇二名が終戦記念日に靖国を参拝し、一四年には安倍首相も参拝した。翌一五年には米議会調査局が安倍首相の靖国参拝を批判し、一七年の終戦記念日には首相と全閣僚が参拝を見送っている。[2]本来ならA級戦犯を合祀する靖国神社のあり方には、中国や韓国だけでなく米国こそが強く反対するはずである。この謎を解く鍵は、靖国の地位復権が、もともと米国主導での日本の再軍備と連動していたという点にある。靖国神社の今日のあり方は米国政府による黙認に依存しているのである。

強調するべきは、A級戦犯合祀の問題が発覚してからは天皇が靖国を参拝していないことである。その代わりに、首相や閣僚や自民党などの議員が熱心に参拝するようになった。昭和天皇、そして天皇明仁は靖国神社を参拝していないが、次期天皇もこのまま参拝はしないと予想される。このことについて、二〇一八年に靖国神社宮司が内部の会議において、天皇は戦地ばかりで慰霊せず、靖国へ参拝するべきだと発言したことがスクープされた(3)。この発言は天皇批判と受け取れるものであり、宮司は辞任をした。天皇の退位は靖国神社に大きな変化をもたらす可能性がある。一六年には徳川家出身の宮司が賊軍合祀を示唆して退任していた。その後、天皇の退位を示唆するビデオメッセージがあり、亀井静香・石原慎太郎など九〇人の政財界人が靖国への「賊軍」戦没者の合祀を求める。前述の通り、一七年には全閣僚が終戦記念日の参拝を差し控えている。先の天皇批判は、A級戦犯合祀を見直す可能性が関係者から示されたのに宮司が怒るなかで出たとされる。

このように今後は予想できないものの二〇一五年までの動きに限定するなら、A級戦犯合祀発覚は大きな転換点だった。というのも、これを機に天皇が参拝をしなくなり、逆に保守派の政治家が盛んに参拝するようになったからである。

戦前の軍国主義の拡大は、天皇の大権と定められた統帥権が文官の軍事への介入を妨げたために起こった。ポツダム宣言は、日本の軍国主義の放棄と民主化を要求するもので、戦後の天皇制の存続は、統帥権を含む統治権の放棄によって可能となった。主権はあくまで国民にあり、天皇は主権者たる国民の統合の象徴だと位置づけられた。天皇明仁は戦争犠牲者や自然災害の被災者のみならず、公害や差別などで国家の犠牲になった人々を慰霊、また慰問してきた。それを通じて平和や平安を祈ることが、国民主権となった戦後社会の象徴としての務めにふさわしいということを、その行動によって示してきた。国民犠牲者となった国民を慰める天皇と、国家のために国民が犠牲となることを顕彰する靖国神社に参拝する政治家たちとでは、犠牲をめぐる態度に著しい違いがある。極言すれば、靖国参拝をしない平和憲法下の象徴天皇制の天皇は、もはや国民より国家を上位に置くような「国家神道」の中心とは言えない。

靖国参拝を断行する保守的政治家たちを中心とする新たな国家神道は、報道や論争、他国からの批判を通じて社会的に顕在化した。そのことが、戦わない平和国家という戦後の名声を脅かし、戦時中の悪を突きつけ続ける中国や韓国への敵意に重きを置く排外的ナショナリズムの覚醒をうながす。これは、かつて戦った米国を敵視するナショナリズムでもなければ、当時最大の脅威であるソ連を敵視するナショナリズムでもない。ただ日本人の優越感を損なうことへの反発から来ており、韓国や中国がのちに著しい経済成長を遂げると、ますます激しさを増すのである。そして、この排外的ナショナリズムにとって、天皇崇拝はもはや不可欠の要素ではない。

靖国参拝を断行する政治家は、天皇の代わりに戦死者を英霊としてたたえる儀礼的パフォーマンスによって、この新たな国家神道を支持する人々の間で権威を高めた。そして、これに賛成するか反対するかで、日本の宗教界は二つに割れた。また、それが他の様々な政治的問題（たとえば原発政策など）への態度の色分けにまで影響を与えるようになったのである。

7——反共と宗教

「はじめに」の冒頭でも述べたように、現代日本の宗教界は左右の陣営にきれいに分かれているように見える。その端緒としては靖国問題が大きいが、もっと大きな国際政治の影響も見逃せない。

冷戦期には政治だけでなく宗教界においても、反宗教的な思想を持つ共産主義への対決姿勢が明確に見られた。とくに創価学会と日本共産党の対立は激しかった。対立を経て一九七四年に相互不可侵・共存に合意、七五年には創共協定を結び、共産党も信教の自由を擁護する決議を出している。しかし、組織の表だった関係修復とは別に、唯物論的世界観と宗教的教養の思想上の対立は容易に解消しにくい。世界的に見ても共産主義圏では宗教が抑圧される傾向がある。各地にネットワークを持つカトリックは古くから共産主義を批判している。日本で反共を強く打ち出している教団としては世界基督教統一神霊協会（略称は統一教会、現在は世界平和統一家庭連合）がある。六八年に国際勝共連合を立ち上げ、名誉会長には戦前からの右翼指導者でA級戦犯の笹川良一を迎え、自民党タカ派との人脈を築いている。この時期の反共姿勢は他にも生長の家などが目立つが、潜在的に反共の立場をとるのは、これらの教団に限らない。たとえば、物質的価値を偏重する近代文明を宗教者が批判するなどというときには、唯物論的立場への批判も含まれるだろう。新宗教のなかで創価学会に次ぐ信者数を誇る立正佼成会の場合、表向きは特定の政党を支持しないという立場をとっているが、ライバル団体である創価学会が支持する公明党と距離をとり、また左派とも距離をとると、その立場はおのずから保守的になる。それは自公連立以前であれば、自民党に傾くことを意味する。

前述のように米国は、日本を「反共の防壁とする」ために米国主導で再軍備を進める「逆コース」の政策をとった。戦後これを推し進めてきたのが親米保守の立場をとる自民党である。宗教は、米ソ対立の冷戦構造において、共産主義者の唯物論と対峙して精神的価値を守ろうとすると、おのずから保守の立場に組み入れられるのである。

それでは冷戦終了後、日本の政治と宗教は「逆コース」をやめたのだろうか。後述するように短期的には平和主義が強化される。しかし、長期的に見ると米国に由来する逆コースへの圧力は途切れることがなかった。湾岸戦争が始まると、国際平和の名の下におこなわれる米国主導の戦争に日本は協力するよう迫られる。その図式は、二〇〇一年の同時多発テロ後のアフガニスタン戦争、二〇〇三年以降のイラク戦争においても継続した。そして、ついに二〇一五年の安保法制（平和安全法制）の成立によって、法解釈次第では他国での戦闘活動に関与することができるようになった。「世界の警察官」や「テロとの戦い」といった米国のスローガンに、日本は追随する格好をとりながら海外派遣の既成事実を重ね、海外で軍事行動ができるように法制化を進めてきた。これは終戦前の「日本を取り戻す」ために再軍備と憲法改正を目指す逆コースの延長線上にある。

8——戦後の平和主義と宗教

それに対して、米国が日本に導入した平和主義と自由主義とを完成しようとする「戦後」を徹底させる動きもあったはずである。平和主義についての理論的考察は、第三章の中野論文に詳細を譲るとして、ここでは年表に記載した事項を列挙しておこう。一九四六年に日本基督教団は戦争責任を反省・懺悔・悔改し、四七年に全日本宗教平和会議が「宗教平和宣言」を採択している。四八年には日本宗教連盟（以後「日宗連」）がA級戦犯処刑執行に対して平和祈願をおこなう。もともと政府指導下にあった日本戦時宗教報国会が、終戦後すぐに文部大臣を会長とする「日本宗教会」に改称し、それが改組して設立されたのが日宗連である。処刑執行に対する平和祈願は、戦後占領政策によって導入された平和主義との矛盾を批判するものだと見ることができる。戦犯擁護ではないかという疑いも生じうるが、平和への「祈り」という言葉で国家を超える平和主義の価値を提示することは戦時中では考えられないものとして評価できる。

この時期に、信教の自由が保障され、終戦前に弾圧を受けていた宗教団体が宗教法人として息を吹き返す。つまり、宗教界の建て直しは、戦後社会の平和主義と自由主義という理念によって可能となったものであり、戦後の宗教団体はおのずからそれらの理念を共有していたと言える。

その後、様々な宗教団体が冷戦期の核軍拡競争に対して、一致して反対の姿勢を示す。一九五四年にはビキニ水爆実験がおこなわれ、新日本宗教団体連合会（以後「新宗連」）が「原子力の武器利用とその実験反対に関する決議」を採択している。六〇年の日米安保保障条約改定に対しても、平和運動に力を入れていた様々な宗教者から反対の声が上がった。六一年には日宗連が「核兵器反対声明」を発表、六二年には日本宗教者平和協議会が結成され、クリスマス島核実験に反対声明を出している。このような動きは、七〇年に京都でおこなわれた第一回世界宗教者平和会議へと結実する。つまり、戦後日本の宗教団体は冷戦下における反核運動を通じて、平和主義という共通の価値観を盛んに表明してきたのである。

こうした超宗教・超宗派の平和主義ネットワークが、靖国神社国家護持の動きや、政治家の靖国神社参拝に反対する勢力の基盤となる。話はさかのぼるが一九五九年に、収集された身元不明の遺骨（軍人以外を含む）を納骨する千鳥ヶ淵戦没者墓苑が国によって創建されていた。これが靖国神社に代わる特定の宗教宗派にかかわりない慰霊施設として注目されるようになる。六三年には日宗連・新宗連などが墓苑での戦没者合同慰霊ならびに平和祈願式典に参加している。

とはいえ、今日と比較すると、多くの宗教団体は保守の枠にとどまっていた。一九六〇年の日米安保条約強行採決後の六月二日、読売新聞（一九六〇年六月三日朝刊、二頁）によれば、立正佼成会、ＰＬ教団らの代表たちが岸首相との朝食会に参加し、「共産勢力と戦うためにがんばって下さい」と激励し、首相は「神の声」だとご機嫌になったと書かれている。言うまでもなく、二〇一五年の安保法制に立正佼成会は反対声明を出している。この時期でも、一九六三年には庭野日敬開祖が核兵器禁止宗教者平和使節団としてローマ教皇と会見し、平和提唱文を渡している。また、大本は原水爆実験禁止など平和運動を推進してきたが、六二年に「平和運動は宗教人の限界を超えた左翼政治運動だ」と宣言し、六九年には「日本の安全を守るためには、安保体制を継続するほかに方法はない」と声明を発表した（朝日新聞、一九六九年八月八日朝刊、二頁）。右派組織として知られる日本会議の源流の一つである「日本を守る会」は七四年に愛国心の高揚、国旗・国歌法制化、偏向教育の排除を首相に訴えているが、この時点では神道系だけでなく、日本キリスト教協議会や伝統仏教諸派もメンバーとなっている（読売新聞、一九七四年五月五日朝刊、二頁）。これらのことから、日本の教団は被爆国として反核の立場に立つことはあっても、冷戦下の政治状況では反共の立場をとり、相対的に親米保守の側に立っていたことが分かる。

保守的な平和主義を基調として融和してきた戦後日本の宗教教団は、一九七〇年前後に靖国神社の非宗教法人化と国営化をめぐって二つに分裂した。靖国神社国家護持法案に対して、六七年には全日本仏教会（以後「全日仏」）が反対、六八年には新宗連が反対、六九年に全日仏・新宗連・キリスト教関連団体などが反対の声明を出している。このような動きのなかで、世界救世教が六七年に、また佛所護念会教団が七二年にそれぞれ新宗連を脱退している。早くから伊勢神宮と靖国神社の非宗教法人化を唱えていた生長の家は、五七年の時点で新宗連を脱退している。言うまでもないが、神社本庁は日本遺族会とともにこの靖国関連の法案の推進者である。

冷戦終焉は、戦後日本社会の二重の時間性を、長期的には左右の対立として顕在化させてゆく。しかし、直後の一九九〇年代に起こったのは、平和主義の強化である。まず戦争に関する反省と謝罪が一気に進む。自民党政権のもとでも九二年から九三年にかけて、従軍慰安婦問題に関する反省と謝罪が進んでいる。九二年には天皇明仁が訪中し、戦争への反省を表明する。九三年には三八年間続いた自民党を与党とする五五年体制に終止符が打たれ、公明党を含む非自民の連立政権が誕生する。細川首相は過去の侵略行為、植民地支配に対し、深い反省とお詫びを表明する。自社さきがけ政権においては戦後五〇年衆院決議がおこなわれ、村山首相は九五年に村山談話を発表し、被爆国として核不拡散と軍縮を進めることが犠牲者の「御霊を鎮める」と述べる[4]。冷戦終結から戦後五〇年という画期に向けての政治的混乱において、政治家は野合を繰り広げてきたと揶揄されることが多い。しかし今日から見れば、保守とリベラルがときに協調し、慰霊・鎮魂と反省・謝罪を繰り返し、戦後平和主義の強化をポスト冷戦の国家的使命として自認していた希有な時代であった。

各教団の戦争責任に対する反省もこの時期に進んだ。戦争への反省については、仏教は川村論文、キリスト教は小原論文を参照してほしい。だが、いずれも「本来~教は平和的だ」という認識が、戦争協力への責任の自覚を妨げてきたと見る。キリスト教の平和主義は仏教より早く、また鮮明である。だが小原論文は、諸外国のキリスト教は必ずしも平和的ではなく、日本の場合は少数派だから平和的になれたのだと指摘する。逆に仏教教団の反省表明が遅れたのは、戦前から多数派で指導的立場にあったからということになる。

他方、戦後の世俗社会は「宗教」は自由でも平和でもなく、教祖独裁の反「社会」(=戦後社会)的存在だと見がちである。実際、巻末年表に見られるように、教団の反社会的な違法行為は枚挙にいとまがない。また、一九四八年に文部省は宗教団体を公職追放の枠外としており、多くの教団では戦時中の指導者も残り、非民主的な世襲制や上意下達の組織が温存されている。ところが教団は自らを政府の統制や弾圧を受けた被害者だととらえる。社会に対しては、自由主義と平和主義を堅持する「戦後」的存在だとアピールする。各教団に「戦後」的外面と「戦中」的内面が、二重の時間性のもとに並存していたと見た方がよい。そして、指導者の世代交代が進み、「時流」が反省ムードに傾いて、やっと過去の指導者の責任を反省することが可能となったのだろう。

神社本庁の場合、戦後憲法の自由主義や平和主義には真っ向から反対しており、戦争責任への反省、謝罪も表明されない。その代わりに、次節で見る一神教批判が平和な神道イメージを流布し、好戦的な側面を覆い隠すのである。

9――一神教批判の台頭

バブル経済の余韻が残っていた冷戦終結直後の時代には、平和憲法を堅持し続け、経済的繁栄を築いた日本の使命感がしばしば強調された。いわば「九条ナショナリズム」に左右の陣営が同意できた時代である。それと国内外の戦争犠牲者を等しく慰霊し、鎮魂するような宗教性、あるいは教団宗教の利己主義を超えた「公共性のスピリチュアリティ」（終章参照）が結びついていたと言える。本章が注意を払ってきた二重の時間性や左右の対立は、年表をひもとけばこの時期にも続いているはずなのだが、表面的には目立たない。そのバランスがややナショナリズム的な方向に傾いて生まれたのが、一神教批判という特異な言説である。

米ソの冷戦構造が崩壊すると、国外では旧ユーゴ紛争など、民族紛争・宗教対立が激化する。二〇〇一年の九・一一同時多発テロ以後は、アフガニスタン戦争、イラク戦争、ＩＳ（イスラミック・ステート）の台頭、ヨーロッパでの突発的なテロと、今日に至るまで終わりの見えない対テロ戦争が続いている。このような時代を背景に、ユダヤ教、キリスト教、イスラームなどの一神教は、自分たちの神しか認めず宗教対立を引き起こしてきたという俗説が定着してゆく（言うまでもなくこれらの宗教は同一の神を信奉している）。それに対して、日本の多神教は異なる文化や宗教に対して寛容であるという主張がなされる。また、一神教は神が人間に自然を支配させるという教義を持つので環境破壊を進めてきたが、日本のアニミズムは自然に神的なものを認めて崇拝するので、環境問題解決の主導原理にふさわしいとも主張される。この場合、多神教は神道および神仏習合、アニミズムは神道および仏教の本覚思想などが引き合いに出されることが多い。一神教批判の結論は、多神教とアニミズムを精神的原理とする日本が、宗教対立や環境破壊の進む世界を救うというものである。こうした考えは、梅原猛、安田喜憲、山折哲雄らによって主張されてきた（梅原 1995 など）。また、二〇〇九年には当時民主党幹事長だった小沢一郎が全日仏会長との会談後にこう述べた。「キリスト教もイスラム教も非常に排他的だ。その点、仏教は非常に心の広い度量の大きい宗教、哲学だ(5)」。

ここでは、こうした言説の検討に紙幅を割くことは避ける。筆者はすでに別の場所で、一神教批判のうち多神教優位論を取り上げ、それが戦前の和辻哲郎の風土論の焼き直しであること、和辻よりも文明・文化を単純化していること、実際の日本史を見れば宗教対立の例は数多くあり、最新の世界価値観調査では、いわゆる一神教信者が多い国の人々よりも日本人の方が他宗教や他民族に対して不寛容であることを指摘した（堀江 2018b 本書の小原論文も参照）。キリシタン・キリスト教徒を弾圧してきた日本史の文脈で見れば、一神教批判そのものが他宗教への敵対的態度の新たな事例である。また黒住真は、近代日本の宗教と社会は、その集権性・上位性において一神教的だと指摘している（黒住 2014）。

同様に、日本や東アジアのアニミズムや森の思想が地球環境問題を解決するという言説も、事実に根ざしているとは言えない。環境史の分野では、日本史を通じて何度か徹底的な森林破壊が起こったことが知られている（終章参照）。近代以降は数多くの公害が生み出され、その被害を受けた人々やそれを支援する市民運動が、この時代においてもその深刻さを訴えていたはずである。さらに、二〇一一年の原子力発電所の事故を経てなお、日本政府は放射性廃棄物を生み出す原発を使い続け、輸出さえしようとしている。

平和主義と環境主義は、政治的には左派的な思想として位置づけられる。戦前・戦中の日本は、環境を破壊しながら開発を進め、国力を高めることを追求し、国外に資源を求め、ついには外国を植民地化し、また列強と戦争を始めた。したがって、それとは正反対の平和主義と環境主義は戦後社会にふさわしい新しい価値観と言える。ところが、一神教批判は、この新しい価値観を実は日本人は古くから持っていたと歴史を歪曲し、日本人が地球を救うという、ある種の終末論的なナショナリズムを展開した。

さらに二〇〇〇年代にはパワースポット・ブームが起きて、神社人気が高まる。森に囲まれ、自然の気が充満する神社、自然を愛し、他の宗教や民族に寛容な神道という、一見して戦前の「国家神道」とは異なる神道イメージが定着しつつある(6)。しかし、それはしばしば他国や他民族に対する優越感とともに語られる。国土を愛し、西洋に対抗して、アジアを一律に語る思想は、戦前・戦中の国家神道にも含まれていた。ポスト冷戦の一神教批判は、平和主義と環境主義という戦後的あるいは左派的な価値観を掲げながら、日本人であることに優越感を持たせるため、先に見た「逆コース」の右傾化傾向を補強してきたと見ることもできよう。

10――三・一一後の左傾化?

しかし、平和主義および環境主義は、逆コースの右傾化路線と正反対の思想内容を持つ。環境破壊の極めつけとも言える原発事故と原発推進、そして積極的平和主義を掲げつつ海外での武力行使を可能とした安倍政権成立後は、寛容で自然を愛好する日本人というイメージに揺らぎが生じている。

逆にこうした自己像を持つからこそ、原発推進政策に反対し、集団的自衛権行使や対テロ戦争に反対する、という人々も出てくる。実際、多くの宗教団体、宗教指導者が、「いのちを守れ」というスローガンのもと、脱原発、反原発、平和主義の姿勢を表明している。さらに、若者から中年世代で自給自足のヒッピー的価値観が再評価されている。彼らは、反経済主義、自然志向の生命主義の立場をとり、そして愛国心があるからこそ、国を荒廃させ、戦争に向かわせる政権に反対する（堀江 2013）。少なくとも逆コースの戦前回帰とは異質な動き、どちらかと言えば左傾化とも言える動きが、東日本大震災と福島第一原子力発電所事故の後に広がっている。それが、宗教関係者の間でも、教団に所属しないスピリチュアルな個人の間でも見られる。[7] 三・一一後の左傾化を可能にした要因は三つあると筆者は見ている。第一に左派イメージが、階級闘争や暴力革命から「いのち」の擁護に重きを置く「新しい社会運動」へ変化していた。第二に冷戦終結で宗教者の反共スタンスが弱まった。第三に社会が物質的でない心の豊かさを求めるようになり、それに応えるべき宗教が、原発や経済成長を至上とする政府を支持することが難しくなった。

また、阪神・淡路大震災、東日本大震災、原発事故と大きな災害を経るごとに、被災者を支援しようとする動きが大きくなり、宗教者の間でも大きなうねりとなった。それは「無縁社会」において孤立する人々を支援する様々な社会福祉活動とも連動している。その背景には災害だけでなく、新自由主義の台頭と経済格差の拡大もある。宗教者の社会貢献活動は、超宗教・超宗派的なものであれば、政教分離原則に抵触せずに行政と連携できるという考えが出てきており、「公共宗教」の様相を呈している（稲場 2011）。

一神教批判と多神教優位論とアニミズム再評価は、確かに日本を特別視するナショナリズムを内包し、すでに指摘したように史実とも異なり、学問的評価には値しない。しかし、平和と他者や自然へのやさしさという価値、「いのちを守れ」という主張そのものは、これまでに見た「左派的」とも言えるような政治活動や社会活動を導いた可能性がある。平和と自然を愛好する宗教性を持つ日本人という自負を、実態を糊塗するための自意識にとどめず、実際に具体化しようとすれば自ずと右派から左派に近づく。だが、平和と環境は、左右に関係なく、戦後史の範囲を超えて、今後の世界において守るべき価値である。ここに左右の分断をつなぐ橋を架ける足がかりがある。戦後長い時間をかけて醸成してきた平和主義と、公害や原発災害を契機として醸成された環境運動に宗教者が分断を超えて合流し、戦争に向かおうとする政治的な動きや、環境を軽視する成長至上主義にブレーキをかける。このような構図は今後ますます強まるのではないか。それは、我々が戦後七〇年かけて求めてきた価値が何なのかを再確認する契機でもある。

11――オウム真理教事件と公明党の位置づけの変化

一九九五年のオウム真理教事件は日本の戦後宗教史にとってもっとも重大な事件である。時がたつにつれ、それが「新宗教」と呼ばれてきた戦後の大衆的宗教運動の一つの終わりであったことが明らかになってきた。その後、人々を引きつける新しい宗教運動の急成長という現象は見られない。既存の新宗教団体の信者数も、特に先祖供養を特徴とする教団で著しい減少が見られる。先祖供養の後退は、イエや家族の重要性が人々の間で下がったことを意味する。したがって、新宗教の衰退があるとすれば、オウム事件による宗教嫌いだけでなく、大きな社会変動、つまりイエや家族からの離脱も背景にあると考えなければならない（なお、オウム自体は家族との絆を否定する面を持ち、信者家族と対立した）。

イエから自立した個人が宗教団体に属さずにスピリチュアリティを探求するという現象は、一九七三年の第一次オイルショックとほぼ同時期のオカルト・ブームから始まる。それは、精神世界、ニューエイジ、癒しブームなどと名前を変えつつ社会に浸透し、二〇〇〇年以降はスピリチュアル・ブームにつながる。このスピリチュアリティ探求の動きは今日も続いているが、とくに二〇一一年の東日本大震災後は、伝統宗教への個人主義的な回帰が始まる。先述のパワースポット・ブームをきっかけとする神道への関心にとどまらない動きもある。近年では伝統仏教の僧侶らが主催する非信徒を対象とするイベントに一時的・個人的に関与する人々が目立ってきた(8)。

オウム真理教事件の余波のなかでも、宗教と国家の関係という視点から見て重要なのは、宗教法人法改正、破防法適用の議論、オウム対策のための新法の影響である。これらは創価学会・公明党への批判のために政治利用された。オウム事件の前後、「四月会」（信教と精神性の尊厳と自由を確立する各界懇話会）が結成され、創価学会の祭政一致を強く批判するようになる。これには立正佼成会をはじめとする幅広い教団が賛同し、後に首相となる安倍晋三も加わっていた。宗教法人法の改正による国家の宗教管理の強化は、創価学会のみならず多くの教団が警戒していた。それにもかかわらず、政教分離というもう一つの戦後的価値の擁護という名目で創価学会批判が始まり、これに多くの教団が賛成したというのは、この時期の混乱した状況を物語る。

ところが、一九九九年に自民党と公明党が連立を組むと、公明党の政治的位置づけが一変する。公明党が自民党と連立政権を組んだことは、教団の社会的地位が高まったと解釈することもできる。逆に、創価学会という最大の教団が国家に屈したと解釈することもできる。一方、安倍晋三らに利用された他の教団は裏切られる形となった。立正佼成会をはじめ、多くの教団が連立政権は政教分離に反すると批判し、自民党から離れ、相対的に民主党などに接近し、一部は自民党と関係修復を図りつつ、次第に影響力を低下させた。

同時多発テロ後の米国の対テロ戦争が激化すると、それへの協力の是非、自衛隊の海外派遣の是非が問題となる。観念的には、世界は戦争し続けているが日本人だけが平和的だという認識のもと、一神教批判が定着していた。だが実は、日本は米国とともに戦うことができるよう再軍備路線を着々と歩んでいた。そして、戦後七〇年目の二〇一五年に、ついに自衛隊の海外での武力行使を容認する安保法制が成立する。平和主義を掲げていた創価学会を背景に持つはずの公明党がこれを支持し、神道系以外の主な教団は反対に回る。こうして、宗教界の左右への分断が完成した。

冷戦が終われば、「反共の防壁」という日本の役割はなくなり、再軍備＝逆コースへの圧力は弱まるはずだった。実際、一九九〇年代に、日本社会と宗教界は過去の戦争への反省と謝罪に踏み込み、左右の区別なく平和主義の価値を自明のものとし、平和国家としての日本の使命を自覚し、その使命感に高揚していたはずである。それがどのようにして、今日のような分断に至ったのか。

この序章では、戦後社会を構成していた二重の時間性が顕在化しただけで、戦前に回帰しようとする動きは連綿と続いてきたことを指摘した。一方の時間を歩んできた者は、他方の時間の存在に気がつかなかったかもしれない。戦後史が最初から二重の時間性に引き裂かれていたことに気づいた今、我々が進むべきは、その構造と過程の解明である。それが最終的に目指すのは、引き裂かれてきた我々が戦後七〇年をかけて求めてきた価値の再確認となるだろう。

(1) ここでの記述および「国家神道」という言葉の使用に関しては、島薗(2010)を参照。
(2) しかし、首相は就任以来、終戦記念日に玉串料を奉納し続けている。
(3) NEWSポストセブン「『陛下は靖国を潰そうとしてる』靖国神社トップが『皇室批判』」(二〇一八年九月三〇日)(https://www.news-postseven.com/archives/20180930_771685.html)二〇一九年二月一四日アクセス。
(4) 村山内閣総理大臣談話「戦後五〇周年の終戦記念日にあたって(いわゆる村山談話)」(外務省、一九九五年)(https://www.mofa.go.jp/mofaj/press/danwa/07/dmu_0815.html)二〇一九年二月一四日アクセス。
(5) 朝日新聞「政治家の宗教発言、問われる慎重さ　民主・小沢氏『キリスト教は排他的』」二〇〇九年一一月八日朝刊、三頁。
(6) Horie(2017). 日本語版は堀江宗正「パワースポットの作り方――ニューエイジ的スピリチュアリティから神道的スピリチュアリティへ」(https://www.academia.edu/35983640)。
(7) 教団に所属せずに個人的にスピリチュアリティを探求する人々の間で右傾化が進んでいるという議論もある。しかし、筆者の調査(堀江 2013)によれば、愛国心を持ちつつ、政府を批判する人々は少なくない。
(8) 本節のここまでの記述の詳細については、堀江(2018)を参照。

【文献】

稲場圭信 2011『利他主義と宗教』弘文堂。

黒住真 2014「日本における一神教・多神教――理性をもってより神に向かいつづける信仰へ」『福音と世界』二〇一四年三月号、三七―四三頁。
堀江宗正 2013「脱／反原発運動のスピリチュアリティ――アンケートとインタビューから浮かび上がる生命主義」『現代宗教2013』秋山書店、七八―一一二頁。
Horie, Norichika 2017 "The Making of Power Spots: From New Age Spirituality to Shinto Spirituality," Jørn Borup and Marianne Qvortrup Fibiger, eds., *Eastspirit: Transnational Spirituality and Religious Circulation in East and West*, Brill, August, pp. 192-217.
堀江宗正 2018a「変わり続ける宗教／無宗教」堀江宗正編『現代日本の宗教事情（いま宗教に向きあう　国内編Ⅰ）』岩波書店。
堀江宗正 2018b「日本人は他宗教に寛容なのか」堀江宗正編『現代日本の宗教事情（いま宗教に向きあう　国内編Ⅰ）』岩波書店。
堀江宗正編 2018『現代日本の宗教事情（いま宗教に向きあう　国内編Ⅰ）』岩波書店。
島薗進 2010『国家神道と日本人』岩波書店。
白井聡 2013『永続敗戦論――戦後日本の核心』太田出版。
梅原猛 1995『森の思想が人類を救う』小学館。

I 理論編

戦後宗教史を読むための視座

1章 近代の規範性と複合性
「世俗化」概念の再検討と丸山眞男の近代化論

上村　岳生

1——はじめに

「世俗化」と「世俗主義」

戦後日本の「宗教と社会」の関係性について考えるなら、近代とは何かという問題を避けて通ることは出来ないだろう。なぜなら、本書を貫くテーマである「戦後日本」の社会とは、伝統的社会とは異なった性質を持つ近代社会のことだからである。M・ヴェーバーが近代化を「脱魔術化（Entzauberung）」と関連づけて論じて以来、近代化の進展が宗教の社会的重要性を低下させていくという見方は広く受け入れられてきた。ヴェーバーが分析した西洋社会の経験を「世俗化」という普遍的な過程とみなし、宗教と近代的諸制度は相反し、前者は後者によって規制されるべきだと考える立場が「世俗主義」である

（アサド 2006）。例えば社会学者の富永健一は、戦後日本の「新新宗教」の興隆を否定的に捉え、「文化的近代化は戦後半世紀を経た現在、未だにまったく実現されていない」という（富永 1998: 90）。これは、宗教に対する「世俗主義」的な立場を典型的に示すものだといえる。

しかし現在、「世俗化」という概念は根本的に見直しを迫られている。今日、宗教の「復活」や「活性化」といわれる現象は、世界の至るところに見出すことができる。だが、こうした現象は必ずしも肯定的に受け止められているわけではない。宗教に対する反動や拒否反応もまた、アクチュアルな問題となっている（第2章の伊達論文、第4章の島薗論文を参照）。宗教の衰退という予測が説得力を失ったことで、「宗教と社会」の関係性についての議論の関心は、「世俗化」から「共存」へと移行しつつあるようにみえる。本章ではまず、世俗と宗教の「共存」という問題を理論的に再検討するために、R・N・ベラーの「市民宗教（civil religion）」と、J・カサノヴァの「公共宗教（public religion）」という概念を比較的に考察する（第2節）。

日本の課題としての近代化

次に、戦後日本において、「宗教と社会」の関係がどのように論じられてきたのかを考える。敗戦後、国家神道的な諸制度は「封建的」なものとして解体され、神道指令によって政教分離の原則にもとづく社会制度の再編が目指された[1]。当時より多くの学者や思想家たちによって戦後日本のあるべき姿が模索されてきた。第3節では、そのような「戦後知識人」を代表する一人である丸山眞男の社会思想をとりあげ、日本の戦後期における「世俗化」の意味について考えてみたい。丸山は「公私の分離」、「主体性の確立」という観点から日本の近代化の道筋を示そうとした。丸山の議論は広範な影響力を及ぼしたが、それゆえ様々な批判も受けた。丸山はしばしば「近代主義者」(2)と称されるが、この呼称には西洋中心主義と「世俗主義」的傾向に対する批判的な意味が含まれている。しかし、丸山の宗教観に注目してみれば、そのような評価は一面的であることがわかる。丸山の宗教に対する態度はアンビヴァレントであり、それは丸山があくまで日本の近代化の独自性を意識していたことに由来する。また丸山に対してなされた批判にも興味深い歴史的変化がある。そこには、戦後日本における「近代」のイメージの変化が反映されているようにもみえる。

ベラー、カサノヴァ、丸山の議論の共通点は、近代化を単なる社会の合理化・複雑化とみなさず、民主主義が具体化していく「規範的プロジェクト」として理解しているところにある。そしてその「規範性」を宗教と接続しようとする点において、「世俗化」を規範化する「世俗主義」の立場から三人を区別することができる。また今日では、「規範的プロジェクト」としての近代理解も「世俗主義」と同様、「転機」を迎えている。この「転機」をもたらした新たな状況が宗教にとって持つ意味を考察することで、本章のまとめとしたい。

2——近代的宗教のモデル——「市民宗教」と「公共宗教」

市民宗教——紐帯と批判の原理

近代化によって宗教は衰退する、あるいは周縁化するという想定は、二〇世紀後半までは社会科学者の間で広く共有されていたといえる。この意味での「世俗化」論を代表する理論家であるB・ウィルソンによれば、近代化とは社会が合理的な諸原理によって存続可能なものとなっていく普遍的な過程である。社会が近代化によって、「共同体」から「契約社会」へと変化するにつれ、国家は宗教的正当化を必要としなくなり、自然科学は世界についての宗教的解釈を無意味化する。このようにして、宗教は近代化によって必然的に社会的重要性を失っていくのだという（ウィルソン 2002）。

またT・ルックマンは、ミクロな観点から宗教の近代化を論じた（ルックマン 1976）。近代社会における宗教は私的なものに変形し、その活動範囲は私的領域に限定されていく。この「私事化」という過程から生まれる「新たな宗教意識」を、ルックマンは「見えない宗教」と呼んだ。ルックマンは宗教が最終的に消滅すると考えたわけではないが、宗教が政治や経済のような公的領域と無関係なものになる、という見解をウィルソンと共有している。

だが今日、宗教が近代化によって弱体化し、社会的重要性を失っていくという見方は誤りであったことが明らかとなりつつある。近年盛んになってきている宗教の社会的役割についての議論のなかで、近代的諸原理と親和的な宗教のモデルを提示する理論が再評価されるようになっている。そのような理論の代表的なものとして、ベラーの「市民宗教」論と、カサノヴァの「公共宗教」論を挙げることができる[3]。本節では、「理論的前提」と「規範的立場」の違いに注目しながら両者を比較し、その違いを際立たせてみたい。

まずベラーの「市民宗教」論からみていこう。「市民宗教」という言葉はルソーに由来する[4]。ベラーはこの言葉を、アメリカ国民の大多数に共有された「宗教的指向性」を指すものとして再解釈した。「市民宗教」が意味するのは、「国教」のように支配的な一つの宗教によって社会が覆われているということではない。アメリカ社会が議論の対象であることからもわかるが、「市民宗教」の場所は公的領域と私的領域が分化した上で、信仰の多様性が許容されている近代社会である。ベラーが指摘するのは、公約数的に全体が共有し、国民のアイデンティティや連帯の基盤となる「宗教的要素」の必要性である。

個人の宗教的信仰、礼拝、結社には厳格に私的な問題と考えられていても、同時にアメリカ人の大多数が共有している宗教的指向性にはいくらかの共通の要素がある。それはアメリカの制度の発展において決定的な役割を果たしたし、今も政治の領域を含めたアメリカ生活の全ての枠組みに宗教的次元を付与している（ベラー 1973: 348）。

ベラーは、「あらゆる社会は、それが世俗的なものであっても、ある種の共有された宗教（common

religion）を持つ」（Bellah 2006: 14）という想定を一貫して持ち続けた。公的領域と私的領域が分化した近代社会といえども、その統合は「宗教的要素」によって支えられているはずだというのである（ベラー 1973: 341）。さもなければ、社会は解体の危機にさらされるだろうとベラーは考える。

また、「市民宗教」は社会統合の問題に関わるだけではない。アメリカの公的行事において重要な意味を持つ「忠誠の誓い（Pledge of Allegiance）」のなかに「神のもと（under God）」という言葉がある。これはベラーによれば、「人民の意志」よりも「高い基準」の存在を指し示している例である。このような意味で、「市民宗教」という概念は、国家と国民を超越し、裁定する「批判の原理」を含むものでもある。「市民宗教」が社会的な「紐帯の原理」としてだけでなく、「批判の原理」としても想定されていたことは重要である。この原理を見失えば、「市民宗教」は危険なものに変質するという[5]（ベラー 1973: 370）。「批判の原理」こそ、「市民宗教」を単なるナショナリズムから区別するものなのである。

公共宗教——宗教の脱私事化

「市民宗教」によって示されたのは、近代社会においても積極的な役割を果たす宗教のモデルである。この構想を、カサノヴァは批判的に継承しようとした[6]。カサノヴァは「市民宗教」がかつてアメリカ社会において存在し、機能していた可能性を認める。しかしカサノヴァによれば、ベラーは社会の高度な「構造的分化」を過小評価しており、その「市民宗教」というモデルは「時代遅れ」になっているのだという。

近代化の本質を「構造的分化」として捉えるカサノヴァは、近代社会がその統合を「宗教的要素」に負っている、というベラーの前提を批判する。近代社会は「構造的分化」が進展し、政治や経済のような公的領域がシステムとして高度に自律化している。そのような社会は宗教の「統合力」を必要としないし、それを求めてもならないとされる。

一方で、ウィルソンのいうような「契約社会」化としての近代化論は一面的すぎるとカサノヴァは考える。カサノヴァは、従来の「世俗化」論を整理し、「構造的分化」、「宗教の衰退」、「宗教の私事化」を区別することを提唱する。[7] 社会の「構造的分化」は不可逆的かつ一般的な過程として進行するが、その際、宗教の「衰退」や「私事化」が必然的に起こるわけではない。カサノヴァは、スペイン、ポーランド、ブラジルにおいてカトリックが民主化に貢献した事例、アメリカの福音主義とカトリックによる政治介入の事例の考察から、次のような結論を導き出した。すなわち、構造的に分化した社会においても、政治や経済のような公的領域と積極的に関わることのできる宗教の形態がある、ということである。カサノヴァの議論は、宗教の衰退を唱えるウィルソン的な「世俗化」論だけでなく、宗教が私的な事柄になるというルックマン的な「私事化」論に対する反論を意図しているのである。

私が近代宗教の「脱私事化」とよぶのは、宗教が私的領域のなかに割り当てられた場所を放棄して、論争や討議による正当化や、境界線の引きなおしなど、進行中のプロセスに参加するため、市民社会の未分化な公的領域に入っていく、そのプロセスのことである（カサノヴァ 1997: 87-88）。

「脱私事化」の意味を正確に捉えるには、カサノヴァが宗教と社会が関わる場(arena)を次の三つの次元において考えていることを踏まえる必要がある。すなわち、「国家(state)」、「政治社会(political society)」、「市民社会(civil society)」である。「国家」における宗教とは、国教のような形で社会統合の機能を果たす宗教のことである。ベラーのいう「市民宗教」も広義ではその一形態といえるだろう。また「政治社会」における宗教とは、政治的な権力闘争に参入する宗教のことである(例えば近世ヨーロッパのカトリックとプロテスタント)。歴史的には、いずれも実際に存在した宗教の「公的」形態である。しかし、それらは「構造的分化」が高度に進展した今日の社会における宗教のあり方としてはふさわしくないとされる。

カサノヴァのいう「公共宗教」とは、宗教が「国家」(社会統合)や「政治社会」(権力闘争)を指向せず、「市民社会」という公共的討論の場、いわゆる公共圏(public space)におけるアクターとなることを意味している。したがって、公共圏を成立させている自由民主主義(liberal democracy)の理念の受容が、近代においても存続可能な宗教、すなわち「公共宗教(public religion)」の条件となるのである。

規範的なパースペクティヴから近代を見るとき、宗教が、プライバシーの権利の不可侵性と良心の自由という原則の神聖さを受け入れる場合にのみ、宗教は公的領域にはいっていって、公的形態をとることを許されるのである(カサノヴァ 1997: 77)。

「市民宗教」と「公共宗教」の相違点

ここまでの議論をまとめてみよう。ベラーは、近代社会がその統合と秩序の維持を達成するには抽象的な原理だけでは不十分であると考えている。社会システムは、市民が具体的な「象徴」を共有することで意味的に正当化される必要がある。そのような意味で、近代においても「宗教的要素」は民主主義の不可欠の基盤であり、その基盤がなければ、社会は解体の危機にさらされるのだという。一方でカサノヴァは、ベラーの「市民宗教」概念を批判して次のように述べる。

近代社会がそのような市民宗教を「必要としている」という機能主義的な根拠に基づいて、市民宗教の存在を想定するのは、理論的には支持できないし、規範的には望ましくない（カサノヴァ 1997: 82）。

カサノヴァは、社会の「構造的分化」という社会学的前提を受け入れ、「宗教的要素」は近代社会の統合にとってもはや必要不可欠なものではないと考えている。「公共宗教」も「私事化」などと同様、あくまで宗教がとりうる「歴史的オプション」の一つなのである。

このように、「公共宗教」という概念は決して価値中立的なものではない。そこには宗教が「近代の根本的な諸価値や諸原則の妥当性」を受容しなければならないという「規範的」主張が含まれている。つまり、宗教が「公共宗教」として「市民社会」で活動するためには、その条件として自由民主主義的価値（リベラリズム）の受容とそれに基づく自己変容が求められており、それは宗教と世俗を非対称的な関係に位置づけるものだということもできる。この点については、T・アサドが鋭く指摘している（アサド 2006: 239–246）。「公共宗教」は既存の社会秩序そのものに干渉することはできないのである。

このような「市民宗教」と「公共宗教」の相違は、理論的前提と規範的立場の違いにも由来するといえる。すなわち、ベラーの「市民宗教」概念には、宗教の社会統合機能を重視する機能主義的な理論枠組みが根底にあり、共同体への帰属意識を重視する共和主義的な政治思想と親和的である。一方でカサノヴァの「公共宗教」論は、社会の「構造的分化」と文化多元主義的状況を前提とする。宗教はあくまで自由民主主義的な原則に基づく公共圏という枠組みのなかで他の社会領域と関わっていくべきものとされるのである。

3——丸山眞男における近代化と宗教

日本の近代化の特殊性

「市民宗教」と「公共宗教」は、基本的に西欧の文脈を前提とした概念であった。したがって、西洋に由来する宗教のモデルが非西洋の文脈においてどこまで妥当性を持つかという問いが生じる。丸山眞男は、このような問題意識から日本の近代化を論じた思想家の一人である。丸山は戦後日本社会を批判的に見ているが、彼の関心はあくまで日本の近代化の契機を探究することにある。そしてあまり注目されていないことだが、特に後期の丸山の議論のなかで宗教は極めて重要な位置を占めている。本節では、丸山の議論を近代化と宗教の関係という視点から整理し、日本の文脈における「宗教と社会」の問題がどのようなものとして立ちあがってくるのかをみてみたい。

丸山によれば、近代の西洋社会では政治と宗教が分離したうえで、両者が「相克」している[8]。だが戦前の日本ではこのような分離が徹底せず、権力と精神が融合した「国体」という「非宗教的宗教」（丸山 1961: 31）によって「日本ファシズム」が生み出されてしまった。これが丸山のよく知られた分析である。この主張だけをみれば、問題化されているのは日本の近代化の「不徹底さ」であるようにみえる。だが以下の文が示すように、丸山は近代化というものを社会的・文化的な変容過程が絡みあう「複合的」なものとして捉えている。問題となっているのは、日本の近代化の「不徹底さ」というより、「型の違い」なのである。

もし secularization（世俗化）を近代化（modernization）と同視するなら、日本は世界史上稀なほど早く近代化しているといえる。しかし近代化についていうと、普遍者へのコミットメントを伝統としてもって近代化するのと、そうでない近代化とがあり、その型の違いが近代化の内容を規定する。日本の近代化は後者である（丸山 2000: 128）。

ここで言及されている「普遍者[9]（超越的絶対者ともいわれる）」とは、「政治的価値から独立した価値基準」のことであり、それは「精神の自由の究極的根拠」であるともされている。その例として挙げられるのは、キリスト教の「神のものとカイゼルのものの二元的緊張」や、仏教の「沙門不敬王者」論である（丸山 2000: 128）。単なる「世俗化」としての近代化は、「必然的に自由への道を約束するわけではない」（丸山 2000: 130）。この「普遍者」によって、政治権力からの自由は原理的に根拠づけられるのである。

「普遍者」との関わりをもたない政治権力は自己超越の契機を持たず、肥大化・堕落の危険性をはらむものになる。ここに丸山は、日本の近代化に特有の問題を見出す。「日本のナショナリズムのウルトラ化は、この普遍的契機が喪失していった結果である」（丸山 2000: 247）。民主主義の基盤となるべき「精神の自由」はその本質上、強制としてではなく、土着の文化的文脈における日本人のメンタリティの自己変革としてしか生まれないだろう。そのためには「普遍者」が外部から持ち込まれるのではなく、内発的に自覚されなければならないのである。

アンビヴァレントな宗教観

丸山の主張の要点はこうである。「政治的権力」と「精神的権威」が融合した「非宗教的宗教」としての「国体」を克服するためには、日本の文化的文脈のなかから「普遍者」の自覚が形成されることが必要である。その自覚が聖と俗の緊張関係（世俗内的超越）を生み出し、個人の主体性が確立されるはずである。

このように考える丸山にとって、宗教とは消え去るべき過去の遺物ではない。親鸞や道元を「思想家」とよび、「儒仏神などの非ヨーロッパ思想を一括して伝統思想とよぶ」（丸山 1961: 9）という言い方からみてとれるように、丸山にとって宗教と「思想」は重なりあっている。そして、「どの世界でも宗教は一切の思想の原型である。それはわれわれに抽象ということを教え、世界の意味づけを与えてくれる原型である」（丸山 2000: 26）。近代社会の諸特徴は宗教に由来するのであり、その意味で、丸山にとって宗教は近代化に本質的に関わるものなのである。

歴史的には、〈良心の自由、学問の自由、思想の自由〉の観念は信仰の自由から発したし、いかなる権力も侵すべからざる領域としての自由の保障のうえに、国家と社会との二元的区別も、自発的結社の発想も根づく。政治的価値と全く異なった次元、異なった価値基準に立つ自発的集団の原型は信仰共同体である（丸山 2000: 127）。

このような近代社会の諸特徴が成立するために、「普遍者へのコミットメント」が不可欠なのである。したがって、内発性を重視するのであれば当然、宗教による日本人の意識の変革が期待されるべきであろう。丸山が荻生徂徠や親鸞、道元の思想のなかに「普遍者へのコミットメント」を見出そうとした目的もそこにあったはずである。(10) しかし実際のところ丸山は、現実の日本の宗教に対してはほとんど何の希望も見いだすことができなかったようである。神道(11)はもとより、仏教(12)、儒教(13)、キリスト教(14)に関しても、丸山の肯定的な言及を見つけることは難しい。

政治的・世俗的価値から超越した次元こそ、丸山が考える宗教の本質であり意義であった。例えば社会秩序の安定化や伝統的文化・生活の再生産といった宗教の機能は、丸山にとって重要ではなかったようにみえる。平安期以降の王法と仏法の癒着を厳しく非難するように、既成秩序を正当化するような宗教は、彼にとっては望ましくないものなのであった(15)。現実の日本の宗教は、丸山には堕落したものとしか映らなかったようである。

民主主義と個人の主体性の原理を内発的に生み出すことを主張する一方、それを可能にするはずの現実の日本の宗教にポテンシャルを見出すことができない。このようなアポリアが丸山の議論のなかに存在している。

近代の転機

丸山の宗教に対するアンビヴァレントな見方は、「国体」という「非宗教的宗教」の特殊性を強く意識していたことにも関係があるだろう。さらにいえば、その根底には模範的な宗教と近代化のイメージがある。すなわち、プロテスタンティズムが「普遍者へのコミットメント」を通じて近代化を可能にしたという、ヴェーバー的な「脱魔術化」のシナリオである。

すでにみたように、丸山は日本的伝統に近代的諸原理を接ぎ木すればいいと考えるような素朴近代主義者ではない。しかし近代化の「型の違い」は問われても、近代それ自体の普遍性は疑われていない。だからこそ、丸山は日本の近代の「ユニークな性格」（丸山 1961: 6）を問題化することができた。

政治的・世俗的価値を相対化し批判する原理として、宗教がもつ超越的な契機に重要な意義を認める点においては、丸山とベラーは極めて近いところにいる。だが、ベラーの「市民宗教」という概念には、社会統合という重要な要素があった。丸山のいうような内発的な「普遍者」の自覚は、近代社会の統合原理の説明として十分とはいえない。なぜ丸山は社会統合の問題を等閑視したのか。おそらくそれは、日本の「民族的同質性（homogeneity）」が自明視されていたことに由来する。丸山はアメリカと日本を対比して、次のように述べている。

同質性が原始のままに続くのではなく、高度の伝統文化の下に維持されたことが日本文化の特質である。その反対の極としてアメリカを考える。そこには移民が不断に流入し、人種的同質性もなく、国家も人為的である。そこでアメリカ人という identity を保証するものは、国家と憲法しかない（丸山 2000: 13）。

このような国民の「同質性」という前提があるからこそ、「内発的」な近代化という構想も成り立つのである。しかし、一九九〇年代以降、国民国家とその原理としてのナショナリズムが批判的に論じられるようになった。この丸山の「同質性」の想定に対しても、厳しい批判が加えられた（酒井 1996, 中野 2001）。だが逆にいえば、日本社会の「同質性」は、九〇年代までは丸山の論敵にとっても自明のことだったということもできる。だとすれば、「同質性」の想定に対する批判の出現は、何か新しい事態を反映しているとみることはできないだろうか。

ここで視点を転じ、丸山に対してなされてきた批判を振り返ってみると、興味深いことがみえてくる。清水正之は、様々な丸山批判を時期ごとに分類し、「誰が」「何を」批判したのかを、次のようにまとめている（清水 2014: 400-401）。

戦　後：共産党や左派が、「近代主義」を批判
六〇年代：新左翼や吉本隆明が、「啓蒙的立場の欺瞞性」を批判
七〇年代：ポストモダニズム的立場が、「虚妄の主体性」を批判
九〇年代：ポストコロニアル的立場が、「国民国家への固執」を批判

戦後を通じて批判対象であり続けたことは、丸山の思想的影響の大きさを示していると同時に、その批判内容の変遷は、清水が言う通り、「戦後思想の変わり目の、メルクマール」を見事に表しているといえる。とりわけ、国民国家に批判的まなざしが向けられるようになった新たな事態は、戦後日本のみならず、グローバルな規模での「宗教と社会」の関係性における「転機」でもあると考えることができる。

4——複合的近代のなかの宗教

「世俗化」論の終焉

近代の諸制度は国民国家と不可分なかたちで形成されてきた。しかし今日では、グローバル化によって国民国家という制度は変容を余儀なくされている。U・ベックは、宗教と国民国家の結びつきを近代特有の現象であるとし、グローバル化の時代における宗教の新たな展望を描いている。ベックによれば、様々な宗教的実践を国家という枠組みで議論することが無意味になりつつある。ヨーロッパのムスリムの例が示すように、宗教が地理的文脈、伝統文化的文脈に規定される度合いはますます低くなっているからである。複数の宗教が共存し、宗教と世俗的なものが互いに排除することなく複合的に混在するようになっていく過程として、「世俗化」を捉えなおす必要があるのだとベックはいう（ベック 2011: 57-59）。それまで宗教の社会的役割を議論する上で自明の前提であった国家と社会の同一視、そして「世俗化」概念の一義性は、疑わしいものになっているのである。

このような状況を反映し、「公共宗教を論じなおす」という論文でカサノヴァは自らの「公共宗教」論に大幅な修正を施すことになった。そこでカサノヴァが挙げる「公共宗教」論の問題は、次の三点である。①西洋中心主義、②公共宗教の場所を「市民社会」に限定したこと、③ナショナルな枠組み、である。そしてこれに対応する形で、次のような次元において「公共宗教」を語りなおすべきだとしている。①西洋の文脈を超えた「世俗化」の再考、②「市民社会」に限定されない公共宗教、③トランスナショナルなものとしての宗教、である。「公共宗教」論の諸前提を根幹から問い直す大胆な自己批判であるといえる。また、第2節でみたような、かつてのベラー批判の根拠を自ら覆すような発言もしている。「厳格な教会と国家の分離は、デモクラシーにとって十分条件でもないし必要条件でもない」(カサノヴァ 2011: 357)。「構造分化」という根拠により「市民宗教」に対してなされた「時代遅れ」という批判の理論的根拠が、「時代遅れ」となってしまったのである[16]。

このような新しい傾向は、戦後日本の文脈における「宗教と社会」の関係性を考える上でどのような意味を持つのだろうか。九〇年代以降の国民国家批判を、戦後思想史における一つの「メルクマール」として清水が指摘していたことはすでに紹介した。吉見俊哉も同様に、一九九〇年代に戦後日本社会にとっての大きな転機があったとし、次のように述べている。

(日本という)歴史的主体は、決して所与ではなく……歴史的に想像され、構築され、膨大な文化的、法的、社会的制度を通じて自明化されてきたものである。……だが九十年代以降、この前提が、それを批判や擁護するのよりももっと圧倒的な力の作用によって突き崩されていった。少なくとも、それまで支配的だった国民国家の域外で歴史の動向が決まる状況が急激に広がった(吉見 2009: 220-221)。

「歴史的主体」としての国民国家という枠組みの自明性が揺らいできていることで、「宗教と社会」や

「宗教と近代化」に関わる問題設定の枠組みについても再考が促されている。例えば、次のような根本的問題が改めて顕在化してきている。宗教が関わる「社会」(「近代社会」あるいは「世俗社会」)とは何か。政治システムなのか、民族共同体なのか、グローバルな公共圏なのか。

近代の複合性と日本の非軸性

ベックによれば、従来の「世俗化」論には二つの想定があった。すなわち、近代化は一元的な「普遍的過程」であるということ。そして「世俗化」は近代化と不可分に結びついた不可逆的なプロセスであるということ、である。しかしこのような想定に基づく「世俗化」論は、「二十一世紀初頭に見られた宗教の回帰現象」によって「破綻」した(ベック 2011: 33)。「世俗化」としての近代化という西洋の体験は普遍的過程ではなく、特殊な道であったという見解が支持されるようになってきている[17]。

かつて近代を「未完のプロジェクト」として擁護したハーバーマスでさえ、今では啓蒙と「世俗主義」の限界を公然と認め、近代社会において宗教が持つ独自の存在意義について積極的に発言している[18]。

一九八九/九〇年の時代を画する転換以降、宗教的な信仰の伝統と宗教的な信仰共同体は、それまではほとんど誰も予想していなかったような政治的意義を獲得するに至った(ハーバーマス 2014: 133)。

ここでハーバーマスのいう宗教の「政治的意義」には、冒頭で言及した「宗教の復活」現象のネガテイヴな側面も含まれているだろう。しかし少なくとも、従来の近代化論では把握できない、宗教の新たな「政治的意義」が生じつつあることは確かである。

このような状況を理論的に把握するための概念として、S・N・アイゼンシュタットの「複合的近代(multiple modernity)」という用語が改めて注目されている[19]。従来、普遍的過程である近代化という土台の上にあるものとして、宗教の変化ないし消滅が語られてきた。しかしアイゼンシュタットは、近代と前近代を対立的なものとみなさず、互いに影響を与えつつ共存している、とみる。また、近代化が普遍的かつ不可逆的な過程であるという想定が近代の「規範性」を支えていたのだとすれば、「複合的近代」という主張には、近代化を「規範的プロジェクト」とみなすような立場への批判も含まれている。

日本研究者としても著名なアイゼンシュタットは、丸山のいうような超越的・普遍的契機を欠いているところに「日本の歴史的経験のもっとも重要な特徴」(アイゼンシュタット 2004: 19-20) を見出している。このことはベラーによっても指摘されている[20] (Bellah 2011: 654-655)。しかしアイゼンシュタットはベラーや丸山のような社会進化論的前提を支持しない。超越的・普遍的契機の欠如は、必ずしも社会的進化における後進性や、規範的未熟さを意味しているわけではない。近代との遭遇において、「様々な社会と文明は、様々な反応の型・社会変動・近代的文明の様式を発展させる」。したがって「近代の普及がほぼ全世界において実現したとしても、それは唯一の文明やイデオロギー的・制度的反応のパターンを生み出すわけではない」(Eisenstadt 2003: 454-455) のである。

このようなアイゼンシュタットの議論は、これからの「宗教と社会」の関係性を考える上で重要な意義を持つように思われる。近代化に「型の違い」があることを指摘した丸山の分析は、近代的諸制度と宗教が対等に共存する「複合的近代」の見方に通じるものがある。だが、特定の「型」(日本的近代化)が望ましくないという「規範的」主張は、その根拠や前提を改めて問い直す必要があるだろう。近代化とは失敗／成功という二者択一の問題なのではなく、本質的に「複合的」な過程なのだという見方は、宗教の役割を世俗的な国民国家の枠内で考える従来の近代化論から宗教を解放する。宗教に新たな「政治的意義」があるとすれば、それは近代の「普遍性」と「世俗性」の自明性を相対化し、問い直していくポテンシャルを宗教がどう発揮していくかにかかっているといえる。

(1) 「政教分離」の概念については中野毅(2003: 140-142)も参照。
(2) 「近代主義は、「近代主義」的傾向なるものを批判しようとする人々によって外部からつけられた他称である」(日高 1964: 7)。
(3) 藤本龍児はベラーとカサノヴァを対比的に論じ、「市民宗教」の意義を再評価している(藤本 2014)。
(4) 伊達聖伸は「市民宗教」概念にフランス型(ルソー)とアメリカ型(ベラー)があることを論じている(伊達 2009)。
(5) ベラーが「市民宗教」を論じた背景にベトナム戦争反対の意図があったというのは、興味深い事実である(Bellah 2006: 14)。
(6) 「『市民宗教』の概念は、国家あるいは社会共同体のレベルから、市民社会のレベルに移って、定式化しなおされねばならない」(カサノヴァ 1997: 82)。
(7) K・ドベラーレも世俗化の多元性を指摘した宗教学者の一人である(ドベラーレ 1992)。しかしカサノヴァはドベラーレもウィルソンとともに、宗教の衰退を自明視する「世俗化神話」の「古い信者」であると批判している（カサノヴァ 1997: 20）。
（8）ヨーロッパにおいては、権力と道徳の即自的統一が分化し、「その両者の相克が近代国家思想を貫流して来た」（丸山 1964: 410）。
（9）丸山の思想における「普遍者」の重要性については、田中久文も指摘している。「戦後の丸山は、主体性というものが、じつは主体性を超えた超越的なもの・普遍的なものとの関わりによってしか成り立たないことに気づき、その方向で思索を深めることになった」（田中 2009: 256）。
（10）「普遍者に自己をコミット」した思想家として丸山が挙げているのは、親鸞・道元・伊藤仁斎・荻生徂徠・福沢諭吉・内村鑑三である（丸山 2000: 19）。
（11）「神道は国家神道としても、また共同体の民俗信仰としても、はじめから世俗的権力と緊張関係に立たず、むしろ本質的にそれと癒着しているから俗権と教権との相克ということ自体が問題になる余地がない」（丸山 1998: 75）。
（12）「仏教は……俗権に対抗して人々の忠誠を争奪する可能性も現実性もほとんど失ってしまった」（丸山 1998: 75–76）。
（13）「天皇制自体がもともと『原理』的な統合でないところへ、近代日本では官僚化と世間化を通じて、『天』の思想のような伝統的な超越的契機をもふり落して行ったので、これにたいする反逆も、内側から対抗象徴としてのイデオロギーを成熟せしめることがきわめて困難となった」（丸山 1998: 132）。
（14）「ヨーロッパで抵抗権思想が元来キリスト教から発生し、それと不可分の関係で発展して来たことを考えれば、日本の近代キリスト教において、自由民権運動程度の漠然たる抵抗権思想さえも姿を消していることは、やはり大きな問題といわねばならない」（丸山 1998: 95）。

(15) これは島薗進のいう「近代主義的な宗教観と手を携えた鎌倉新仏教優越史観」（島薗 2013: 137）と関係があるかもしれない。

(16) ベラーが提起した社会統合の問題は、今でもアクチュアリティを失ってはいない。宗教あるいは文化的伝統と切り離された世俗的な制度だけで市民の連帯を創出・維持できるのか。このような近代社会の統合問題について ハーバーマスは、「開かれた問い」にしておくことを提案している（ハーバーマス 2014: 127)。

(17) 「結局のところ争われているのは、普遍主義が取り返しのつかないところまで多元化してしまったということと、近代性が多様であるということ、つまりすべての普遍主義と近代性は特殊なものであるということを認めるかどうか、ということなのである」（カサノヴァ 2011: 369-370)。

(18) 「文化的・社会的な合理化の進展は、われわれの社会的・人格的な共同生活の次元に底知れぬ破壊を引き起こしたが、宗教的伝承はそれらの共同生活の次元を、忘却から守るのである」（ハーバーマス 2014: 7)。

(19) この概念は、ハーバーマスやカサノヴァも肯定的に言及している。またP・L・バーガーは最近の著作のなかで一章を使って詳細に検討している（Berger 2014: 68-78)。

(20) アイゼンシュタットとベラーは「普遍的契機」のことを「軸的（axial)」と表現する。

【文献】


アサド、T 2006『世俗の形成』（中村圭志訳）みすず書房。

ベック、U 2011『〈私〉だけの神』（鈴木直訳）岩波書店。

ベラー、R・N 1973『社会変革と宗教倫理』（河合秀和訳）未來社。

Bellah, R. N. 2006 *The Robert Bellah Reader* (ed., S. M. Tipton), Duke Uni. Press.

Bellah, R. N. 2011 *Religion in human evolution*, Harvard Uni. Press.

Berger, P. L. 2014 *The Many Altars of Modernity*, De Gruyter.
カサノヴァ、J 1997『近代世界の公共宗教』（津城寛文訳）玉川大学出版部。
カサノヴァ、J 2011「公共宗教を論じ直す」（藤本龍児訳）磯前順一・山本達也編『宗教概念の彼方へ』法藏館。
伊達聖伸 2009「デュルケムと市民宗教」『東北宗教学』5。
ドベラーレ、K 1992『宗教のダイナミックス――世俗化の宗教社会学』（ヤン・スィンゲドー、石井研士訳）ヨルダン社。
Eisenstadt, S. N. 2003 *Comparative Civilizations & Multiple Modernities 1*, Brill.
アイゼンシュタット、S・N 2004『日本 比較文明論的考察1』（梅津順一・柏岡富英訳）岩波書店。
藤本龍児 2014「二つの世俗主義」島薗進・磯前順一編『宗教と公共空間』東京大学出版会。
ハーバーマス、J 2014『自然主義と宗教の間』（庄司信ほか訳）法政大学出版局。
日高六郎 1964「戦後の『近代主義』」日高六郎編『現代日本思想大系34 近代主義』筑摩書房。
ルックマン、T 1976『見えない宗教』（ヤン・スィンゲドー、赤池憲昭訳）ヨルダン社。
丸山真男 1961『日本の思想』岩波書店。
丸山真男 1964『現代政治の思想と行動』〔増補版〕未來社。
丸山眞男 1998『忠誠と反逆』筑摩書房。
丸山眞男 2000『丸山眞男講義録 第六冊』東京大学出版会。
中野毅 2003『戦後日本の宗教と政治』大明堂。
中野敏男 2001『大塚久雄と丸山眞男』青土社。
酒井直樹 1996『死産される日本語・日本人』新曜社。
島薗進 2013『日本仏教の社会倫理』岩波書店。

清水正之 2014『日本思想全史』筑摩書房。
田中久文 2009『丸山眞男を読みなおす』講談社。
富永健一 1998『マックス・ヴェーバーとアジアの近代化』講談社。
ウィルソン、B 2002『宗教の社会学』（中野毅・栗原淑江訳）法政大学出版局。
吉見俊哉 2009『ポスト戦後社会』岩波書店。

2章 政権与党と宗教団体
自民党と保守合同運動、公明党と創価学会の関係を通して

伊達　聖伸

1——はじめに

二〇一五年六月、神道政治連盟（以下、神政連）は結成四五周年の記念式典を開いた。式典には国会議員や神社関係者など四五〇人が出席、安倍晋三内閣総理大臣は次のような祝辞を寄せた。「皇室を中心に五穀豊穣を祈り、秋には助け合いながら収穫するのが日本の姿。鎮守の森に自然と頭を下げて手を合わせ、畏れから謙虚な心を育んできた日本の精神を大切にしていきたい」（『神社新報』二〇一五年六月一五日）。

二〇一四年一一月、公明党が結成五〇周年を迎えたのに際し、山口那津男代表は次のように述べた。「国民の期待を担い、庶民の中から誕生した公明党は、以来五〇年、福祉、教育、環境、平和などの分

野で実績と信頼を積み重ね、国政の責任ある一翼を担う政党へと発展を遂げました。現在の公明党の躍動は、結成時の誓いをそのまま体現していると自負しています」(『公明新聞』二〇一四年一一月一七日)。

一方は宗教法人である神社本庁の政治団体の式典に招かれた首相の発言、他方は宗教団体である創価学会を支持母体とする政党の代表が党の歴史の節目に述べた言葉だから、完全に同列には並べられないかもしれない。ただ、二つの記事のうち、どちらがより「宗教的」な調子を伝えているだろうか。そしてその答えは、多くの国民の実感とは食い違う部分があるのではないか。というのも、創価学会と公明党の密接な関係は昔からよく知られてきたのに対し、神社本庁と自民党の関係は必ずしもそうではないと思われるからだ。

もっとも、最後の点はニュアンスが必要かもしれない。二〇一六年に入って、日本会議に関する書籍が多く刊行され、メディアが取りあげる機会も増えてきたからである[1]。日本会議が神道系や仏教系の宗派や新宗教などの指導者に支えられて大きな政治的影響力を行使していること、なかでも神政連という神社本庁を母体とする政治団体が果たしている役割は、その意味では少しずつ認知されつつあるのかもしれない。

いずれにせよ、ここまでのくだりから指摘しておきたいのは、当事者は政党と宗教の密接な関係をあまり強調しないことである。右に引用した公明党の山口代表の声明においても、たしかに同党が「池田大作創価学会会長(当時)の発意により結成」された点には触れているが、全体的には「大衆福祉」の「立党精神」が強調され、ある時期までの公明党が明確な宗教政党であったことへの言及は、おそらく意図的に避けられている。

日本会議についても、「宗教団体を注意深く隠そうとする統率と自制」が見られるとの指摘がある（上杉 2003: 49）。「一水会」元顧問の鈴木邦男氏も、日本会議には「いろんな宗教があつまっているけど、宗教色は一切出さないでしょう」とインタビューに答えている（成澤編 2016: 201）。

この点は、政党と宗教が協力関係を結ぶことが、戦後日本社会からどう見られているかに関係している。宗教団体が特定の政党を支援すること自体は違憲ではないが、なるべくそれを表沙汰にしないのはなぜなのか。また、創価学会と公明党の関係はしばしば問題視されてきたのに対し、神政連や日本会議と自民党の関係が近年まであまり社会的に目立ってこなかったのはなぜなのか。最近の動向は、いわゆる世界的な宗教復興（あるいは「ポスト・セキュラー」）の波に日本も巻き込まれているということなのか。

本章は、これらの問いを念頭に、神政連を重要な一角とする保守合同運動と自民党、そして創価学会と公明党の関係を題材として、戦後日本における宗教と世俗の関係を問い直そうとするものである。宗教団体と政党の関係は、神政連や日本会議と自民党、創価学会と公明党の関係にかぎるものではないが、本章がこれら二組に焦点を合わせるのは、自民党と公明党が現在政権与党にあることが大きな理由である。両党の関係を宗教的な背景を含めて検討することを通して、戦後日本の世俗的な政教体制が持続するなかで、宗教団体と政党の関係に変化が生じていることを浮かびあがらせたい(2)。

2―戦後日本における「宗教」の位置

戦後日本における政党と宗教団体の関係を考えるには、その前提として、国家と宗教の制度的な関係(政教体制)、宗教に対する社会の視線や人びとの態度(世俗化した社会における宗教の位置)、そして神道は宗教かという問題(西洋近代的な「宗教」概念と日本の文脈)を押さえておくと、多少なりとも見通しがよくなる。「政教体制」とは、政治と宗教のさまざまな関係のなかでも特に制度化されたものを指す。戦後日本は、国家が特定の宗教団体を国教としたり優遇したりすることが禁じられている点において、世俗的な政教体制であると言える。「世俗化」の概念をめぐっては宗教社会学で多くの議論がなされてきたが、ここでは宗教が人びとの社会的・個人的生活を規律する力を次第に失い、人びとが宗教から離れていく事象を指す。

一、日本国憲法(一九四六年)によって信教の自由が保障され、宗教団体、とりわけ新宗教の社会活動、さらには政治活動を繰り広げる空間が大きく切り開かれた。日本では、政治権力が宗教よりも上位にあるという政教体制が少なくとも江戸時代の初期には確立し、宗教は政治に従属し、政治によって管理されるという体制が長く続いてきた。大日本帝国憲法(一八八九年)でも、信教の自由は条件付きで保障されたが(二八条)、よく知られているように、戦前の日本ではしばしば政治権力による宗教弾圧が行なわれた。

この文脈において信教の自由が確立されたことは、宗教が政治権力の統制を逃れて自由な活動を展開するようになったことを含意する。ヨーロッパでは、戦後の近代化と連動して教会出席率が後退するなどの世俗化の現象が見られたが、日本の戦後の復興と産業化において、宗教（とりわけ新宗教）はしばしば大きな活力を示した。このような宗教は、世俗化した社会の価値と大きく矛盾することは少なく、むしろ適合的であった。

二、しかし、戦後日本の近代化のなかで宗教の活力が発揮されたのは物事のあくまで一面で、社会全体の趨勢としてはむしろ世俗化が進み、宗教は周辺化された。複数の世論調査の結果によれば、「信仰を持っている」「宗教は大切」という回答は減少しており、その一方で宗教団体への批判的な態度は増大している（石井 2007）。標準的な日本人にとっては「無宗教」を自称することが一般的である。

もちろん、世俗的な政教体制下の世俗化した社会と言っても、（A）実際には宗教の社会的な役割が広く認められ、その自由と多元性が尊重される社会、（B）宗教を蛇蝎のごとく嫌う社会、（C）宗教に適度な（あるいは過度な）距離を保ち、無関心であることが標準的な社会などがある。ただ、無宗教を標榜する日本人の多い戦後日本の社会は、基本的に（C）の類型に該当すると言えるだろう。

三、日本の諸宗教、とりわけ「神道」を西洋近代的な「宗教」概念でとらえることは微妙な問題を孕む。このことは、「国家神道」が戦後に解体したのか、それとも現在も存続しているのかという論点にもかかわる。

戦前の日本では、神社は国家の祭祀であって法的には「非宗教」とされていた。一九四五年一二月の

「神道指令」は、神社神道を国家から分離することを定め、全国の神社は神社本庁を中心に再編されて民間の「宗教」団体になった。「国家神道」は「神社神道」のみを指すという観点に立つならば、国家神道は神道指令によって解体されたと見なすことができるかもしれないが、神道指令は皇室神道を解体しなかった。「国家神道」をより広い意味で、天皇崇敬を中心とするナショナル・イデオロギーと見なすならば、それは形を変えて今もなお生き延びていると解釈できる（島薗 2010）。

島薗進は、戦後における「神社本庁などの民間団体を担い手とする天皇崇敬運動」を、「国家神道的な制度を拡充していこうとする団体や運動体」ととらえている（島薗 2010: 213）。これはケネス・ルオフが言う「天皇制文化の復活と民族派の運動」（ルオフ 2009）に相当するもので、神政連や日本会議などの団体が該当する。これを宗教運動と呼ぶべきか否かが、なかなか択一的には答えにくい構造になっている。少なくとも言えるのは、この問い自体が、近代西洋的な「宗教」概念で日本の宗教状況をとらえることの妥当性を考えさせる類のものだということである(3)。

3──宗教団体と政治の関係──構造と類型

戦後日本の政教関係と言えば、とりわけ靖国問題に焦点が当てられ、宗教と政党の関係についての研究の蓄積は相対的に少ない。宗教団体の政治活動についての研究が少ない理由の一端は、それが裁判で争われる類の問題ではない点にもあるだろう。一九四六年の第九〇回帝国議会で、金森徳次郎国務大臣は、憲法二〇条一項後段「いかなる宗教団体も政治上の権力を行使してはならない」の意味につき、「政党としてその〔宗教団体の〕関係者が政治上の行動をすると云うことを禁止する趣旨ではございませぬ」と答弁している（清水編 1976: 424）。この政府見解の枠組みは、憲法制定当時から現在に至るまで維持されている。

したがって、宗教団体が国から統治権を与えられ行使することは許されないが、ある宗教団体が特定の政党を支持すること、ある政党が特定の宗教団体を支持母体としていること自体は憲法上問題がない。ただし、三つほど興味深いことがある。

第一に、憲法上問題がないにもかかわらず、宗教団体が選挙で候補者を支持・推薦することについて、国民のあいだに否定的な意見が多いこと（石井 2007: 115）。これは宗教団体の支持を受ける政治家も、政治家を支持する宗教団体も、あまりそのことを表沙汰にはしない態度をとっていることにつながっていよう。

第二に、宗教団体が政党を支持することが「憲法違反」ではないかという問いが向けられる対象と、問いが蒸し返されるタイミングである。戦後日本において、この問いは特に創価学会と公明党の関係に対して向けられてきた(4)。仮に創価学会の公明党支持の違憲性が裁判で争われたとしても、違憲となることは難しいだろう。しかし、違憲ではないかという議論が政局に応じてたびたび持ちあがることは、「創価学会と公明党の関係は政教分離違反ではないか」という疑念に訴えることに、一定の社会的効果があることを示している。

第三に、創価学会の公明党支持が問題視されることに比べて、神政連の自民党支持が問題視されることは少ないこと。その理由は、二つの宗教団体と政党の関係は類型が違うということだが、さらにその理由を突き詰めていくならば、戦前以来の「神道非宗教論」が戦後もしばしば繰り返されているということが見えてくるだろう。

新宗教団体と政党の関係について、中野毅は終戦直後からの流れを概観し、一九六〇年代半ばに確立したパターンをまとめている(5)(中野 2003 : 143-154)。

(1)「新規政党結成型」。宗教団体が政党を作る。他教団との連合に参加せず、政治的にも独自の政党を結成して政界進出をはかる。典型例は創価学会=公明党。

(2)「既成政党支援型」。政党は作らないが宗教団体が候補者を支援する。

(A)「リベラル保守」。民主化・戦後改革を是認・支持し、自民党内の穏健リベラルと結びつき、間接的な政界進出をはかる。例はおもに新宗連系教団。

(B)「伝統保守」。民主化・戦後改革に否定的で、自主憲法制定・靖国国家護持賛成・天皇復権などを理念として掲げる。典型例は生長の家。

(3)教団としては政治に参加しない。典型例は金光教(最初から参加しなかった)や天理教(最初は政治参加したが、のちに撤退)。

この中野の図式は、新宗教に注目した類型化のため、神社本庁についての直接的な言及はないが、この分類で言えば（2）（B）に相当する。神政連や日本会議の自民党に対する関係が、「保守合同」運動によって既成政党を支援する「既成政党支援型」であるとすれば、創価学会と公明党の関係は、「新規政党結成型」の典型である。

この「政治関与」と「政治進出」を分けるのは、戦前の「天皇制的正統説」に由来し戦後も続いている「正統」的な宗教ナショナリズムに収斂しうるか否かによると塚田穂高は論じている（塚田 2015）。戦前からの国家神道的なものの系譜に位置しうる宗教は、政治に関わる際に独自の政党を新たに立ちあげなくてもよいのに対し、その系譜から外れた宗教の場合は政党を新たに結成する必要が生じるということである。このことは、神政連や日本会議が自民党とその政治家を支持している事実が、創価学会による公明党支持に比べて目立ちにくい構図になっている事情の核心に触れるものである。

4――神道政治連盟と保守合同運動――国家神道の復活か、脱宗教的な国民運動か

神政連の結成から日本会議の形成に至る経緯を押さえておこう。漫然とした略述にならないよう、この保守合同運動の流れにおいて「宗教色」がどのようにコントロールされているかという点に注意しながら筆を進めたい。

神政連は一九六九年、神社本庁を母体とするロビー団体として結成された。その機運を高めた内的要

因は、紀元節復活運動である。「紀元節」は「神武天皇の即位の日」とされた戦前の国民の休日のひとつで、敗戦にともない廃止されたが、神社本庁を中心とする保守派の運動により一九六六年に「建国記念の日」として制定された。法制化までの道のりは長く、政府や国会と交渉したり各種支持団体との調整を行なったりする組織が必要であるとの認識が神社界に生まれた。同連盟設立の背景としては、一九六四年に結成された公明党の大躍進や、左派の学生運動の高揚も重要である。神政連の設立は、これらを「危機」と受け止めた神社界の防衛反応でもある。

神政連結成時の「綱領」には、「神道の精神を以て、日本国国政の基礎を確立せんことを期す」とある。このように、同連盟は当初、神社関係者の代表者を国会に送り込み、その議員を中心に「ストレートに運動を進めることができないかとの願い」から発足した。しかし、ほどなくして「神道のみに力を入れる斯界代表〔代議士〕を大量に政界に送り込み、それによって政治の流れを一気に変えうる」こと、「神社界の力だけで政界を牛耳ることは現実的に無理だということ」に気がつき、「神政連の政策にもっとも協力しうるとみられる人」を推薦する方針をとることになったという[6]（神道政治連盟 1990: 54-55）。

戦後の政教分離についての神政連の見方は、次の言明によく表われている。「いわゆる神道指令」は「神社から公的性質を完全に剝奪し、公共から神道的色彩を一切払拭し去ろうとする、極めて過酷なものであった」（神道政治連盟 1984: 34）。ここには、もともと「非宗教」として国家管理のもとに置かれて公共性の一翼を担っていた神社が、不当に私事化され「民間宗教」となってしまったという認識がある。戦後の政教体制において、神社本庁は、法制度上はあくまで民間の一宗教団体にすぎない。しかし、その宗教団体を母体とする政治団体である神政連には、国民運動としての公共性の担い手であろうとする自負が見られる。二つの論点を指摘したい。

第一に、宗教としての神道色を実際にどの程度出すか、または出さないかという点である。現在の神政連のホームページは、「主な取り組み」として以下のものを掲げている。[7]

・世界に誇る皇室と日本の文化伝統を大切にする社会づくりを目指します。
・日本の歴史と国柄を踏まえた、誇りの持てる新憲法の制定を目指します。
・日本のために尊い命を捧げられた、靖国の英霊に対する国家儀礼の確立を目指します。
・日本の未来に希望の持てる、心豊かな子どもたちを育む教育の実現を目指します。
・世界から尊敬される道義国家、世界に貢献できる国家の確立を目指します。

「皇室」や「靖国」という言葉はあっても、「宗教」や「神道」という言葉がない点に注目したい。神政連の広報担当官は、あるインタビューに、神政連は宗教団体と見なされるかもしれないが実際には文化的伝統の担い手であると答えている。神政連の支援を受ける議員の側も神道を「宗教」というより「伝統」や「慣習」と見なす傾向がある（Guthmann 2010: 33, 107）。神政連が「文化的伝統」を持ち出すのは、「政教一致」批判をかわすためでもあるだろう。そして、議員たちにとって神政連の支援を受けることは、政教分離の規定に抵触するものとは観念されにくい。

第二に、このように「宗教」でありながら、そのことを明示的に示さず、「伝統」や「慣習」を前面に掲げることが、世俗化した戦後日本社会において、他の「右派」「保守」である団体との合同に、有利に作用してきたのではないかということである。

谷口雅春の「生長の家」は、天皇制に日本の特性と優位を見出すナショナリズムを唱えた宗教団体で、一九六四年に「生長の家政治連合」（生政連）を結成し、やがて神政連との連携を進めていく。[8]生長の家の影響を受けた当時の右派学生が、現在の日本会議の中枢部にいる。生長の家を思想的背景に持つ政治家は、この宗教団体をいわゆる「宗教」とは見なさない傾向がある（青木 2016）。

一九七四年に結成された「日本を守る会」は、明治神宮館内に事務局を置き、神社本庁と生長の家が二本柱だった。当時事務局の中心にいた村上正邦は、「日本の宗教団体の最高指導者」たちが集まってきた一方で、「政治家や経済人」は「いろんな思惑や利害が絡んでくる」ために入会を断ったと述べている（魚住 2007: 119）。興味深いことに、多くの宗教者や宗教団体が関係していた事実がある一方で、「基本運動方針」には「神道」の語も「宗教」の語も見当たらない。

「日本を守る会」と神政連は元号法制化運動を推進し、一九七九年に元号法が成立すると、運動を「成功」に導いた組織の枠組みを継承して、一九八一年に「日本を守る国民会議」が結成された。憲法改正を主眼とするこの団体には、宗教界のみならず、財界・政界・学界からの参加があり、結成趣意書には「国を愛する心」「日本の伝統」などの表現は見られるが、「宗教」という言葉は注意深くしりぞけられている。

「日本会議」は、「日本を守る会」と「日本を守る国民会議」が一九九七年に合流してできた組織で、国旗・国歌法（一九九九年）の法制化や教育基本法の改正（二〇〇六年）などを後押ししてきた。日本会議の代表委員の四割近くを占めているのは、宗教者・宗教団体・修養団体関係者である。この団体の「綱領」には、「悠久の歴史にはぐくまれた伝統と文化を継承し、健全なる国民精神の興隆を期す」、「人と自然の調和」をはかるなどの文言がある。「基本運動方針」には、「国民統合の中心である皇室を尊び、国民同胞感を涵養する」などとある。だが、「神」「宗教」「神道」などの語は使われていない。つまり、日本会議は明らかに「宗教」団体との関係を有しつつ、「世俗」の装いを凝らしている。なお、日本会議に集まる宗教団体には、基本的に反創価学会・反公明党の立場という特徴がある。

5――創価学会と公明党の軌跡――「政教一致」から自民党との連立政権成立まで

創価学会が公明党を結成した経緯や当時の特徴は、比較的よく知られていよう。ごく簡単に確認しておくと、創価学会は、戦後の都市化・産業化のなかで、地主や企業経営者のような資本家でもなく、労働組合に所属する大企業の労働者でもない、経済的に恵まれない中小・零細企業の従業員などを信者として獲得し、急速に教勢を拡大した。一九五四年に「文化部」を設置し、翌年の地方議会で政界進出を果たすと、五六年には参議院に進出した。一九六〇年に会長に就任した池田大作は、六二年に政治団体「公明政治連盟」を結成、六四年にこれが「公明党」となり、六七年には衆議院に進出した。

公明党の結党宣言には、「王仏冥合・仏法民主主義」を基本理念とするとある。創価学会は「宗教団体」、公明党は「政党」だから——神社本庁が「宗教団体」、神政連が「任意団体」であるのと同じように——、両者はこの時点ですでに別組織だったとも言えるかもしれないが、違いは曖昧で、創価学会の役職を保持したまま議員になることは珍しくなかった。

一九六九年から翌年にかけての「言論出版事件」が、両者の分離を促した。これは、創価学会および公明党に対して批判的な出版物の刊行を、同学会・同党が妨害したとされる事件である。このスキャンダルを受けて、政治家の学会役職兼務を外す、学会員に政党支持の自由を与えるなど、創価学会と公明党の組織上のより一層の「政教分離」が図られた。政党と宗教団体の分離である。創価学会も、従来の「王仏冥合」という基本理念に代えて「立正安国」を強調し、宗教的に正しい法を立てる「立正」と国の平和と繁栄を意味する「安国」は別のものとされた。

この「政教分離」によって、公明党は創価学会の宗教的理念を政治において実現する「宗教政党」ではなく、大衆福祉を目指す中道的な「国民政党」への脱皮をはかった。もっとも、創価学会は公明党の支持団体であるという位置づけは変わらなかったし、公明党が学会員以外からの得票数を大きく増やすことになったわけでもない。

戦後日本の政治と宗教の関係を大きくとらえるうえで、一層興味深く重要だと思われるのは、このように公明党の「脱宗教化」がはかられた時期と、急速に増加し続けていた創価学会の会員数の伸びが鈍くなった時期が一致することである。翻って考えれば、公明党の躍進と創価学会の教勢拡大に特徴づけられる一九六〇年代は、政治を志向する宗教が大衆を巻き込んでの大規模な「社会運動」になることができた最後の時代だったのではないだろうか――もちろんこのあとも、政治を志向する宗教は現われるし、ある種の宗教と政治の関係が結果的に社会に大きな影響をもたらすことはあるとしても。

いずれにせよ、国民政党であることを志向するようになった公明党の綱領からは、結成当初にあった「王仏冥合」や「仏法民主主義」などの文言がなくなった。現在の綱領（一九九四年に決定、一九九八年に一部改訂）は次のようなものである。

一、〈生命・生活・生存〉の人間主義
二、生活者重視の文化・福祉国家
三、人間と自然の調和
四、人類益をめざす地球民族主義へ
五、世界に貢献する日本
六、草の根民主主義の開花と地方主権の確立
七、民衆への献身とオピニオン・リーダー

「生命」「人間」「文化」といった言葉が印象的だが、「宗教」や「仏教」という言葉は出てこない。綱領の全文を読むと、「高度産業社会から脱産業社会へ」の移行を踏まえ、「モノの生産と消費という市場

的価値から人間の心・精神の充実という人間的価値へ」の転換を謳うなど、精神文明による物質文明の克服という調子は読み取ることができる。

もともと創価学会は他の宗教とは敵対的な関係にあった。そして公明党は結党以来、反自民を掲げ、一九七〇年代前半は革新色を強めて野党との共闘を模索した。しかし、一九七五年の党大会で現実的な保守路線に舵を切った。大きな転換に見えるが、創価学会員の多くは本質的に「保守」の傾向を持っていた（薬師寺 2016: 103）。特に自民党の田中派（経世会）とは友好的な関係を結びやすかった。

一九七〇年代は、高度経済成長からオイルショックを経て安定成長に入る時期で、中流意識が支配的になるなか政治の保革の争点が薄れ、自民党が新たな支持基盤を模索していた時期でもあった。特に「与野党逆転なるか」が焦点となった一九七七年の参院選では、「これまでになく宗教票の動員が目立った」。そして、「一党支配体制の基盤が崩れつつある自民党にとって、宗教団体は残された最後の大票田となった観がある」と評された（朝日新聞社調査研究室 1978）。

この選挙の直後の一九七七年一一月には、生長の家の後ろ盾を受けていた自民党の玉置和郎を会長として「宗教政治研究会」（宗政研）が結成され、「宗教心に基づく政治の確立を願う衆・参両院議員有志」を集めた。宗政研の趣意書には、「個人的集団的エゴイズムが〔……〕日に日にその激しさを加えていく」状況にあって、「宗教と政治の相互協力以外に事態の打開の道はない」と記されている（宗教政治研究会 1983）。戦後日本は高度経済成長を遂げたが、宗教性や精神性が見捨てられてきたという見立てである。「経済的豊かさ」から「心の豊かさ」へという宗教界のレトリックを政治界が取り入れ、支援を仰ごうとする様子が見て取れる。

このようななかで、一九八〇年の参院選は「宗教戦争」とも評されたが（宗教と政治を考える会編 1980）、これは国家が宗教に「従属」するような意味での「宗教復興」や政治の「脱世俗化」を示すものではない。ここでの「宗政接近」を可能にしたのは、戦後の大衆運動としての新宗教が、その急成長に陰りが見えるなかで、ややもするとそれまで前面に掲げていた宗教色を弱めていくという意味での「脱宗教化」と、左翼イデオロギーが生命力を与えていた「政治の季節」が終焉したという意味での「脱政治化」であろう。国民の政治離れが進行しつつあるなかで、政党が票田としての宗教団体への依存を強め、宗教を資源として「活用」するようになったという構図を押さえたい。

一九九三年には、衆院選で自民党が惨敗し、五五年体制として続いてきた自民党単独政権が終焉を迎えた。このとき公明党は、非自民の細川連立政権に参加し、はじめて与党の一角を占めた。非自民・非共産の細川連立政権は、田中派の流れを汲む小沢一郎が工作したもので、公明党には受け入れやすかったとされる。一九九九年には、小沢の自由党を介する格好で自民と連立を組み、自自公連立政権に参加した。

この間、創価学会が一九九〇年に日蓮正宗から分離独立したことは、いわば地域における自公連立を促進した。もともと創価学会は、他の宗派や宗教に不寛容な態度をとってきたため、会員には神社に由来する地域の祭りに参加することが認められていなかったが、日蓮正宗と断絶することで、地域の祭りへの参加が容認され、学会員が地域社会のなかに組み込まれるようになっていく（玉野 2008: 161–166）。

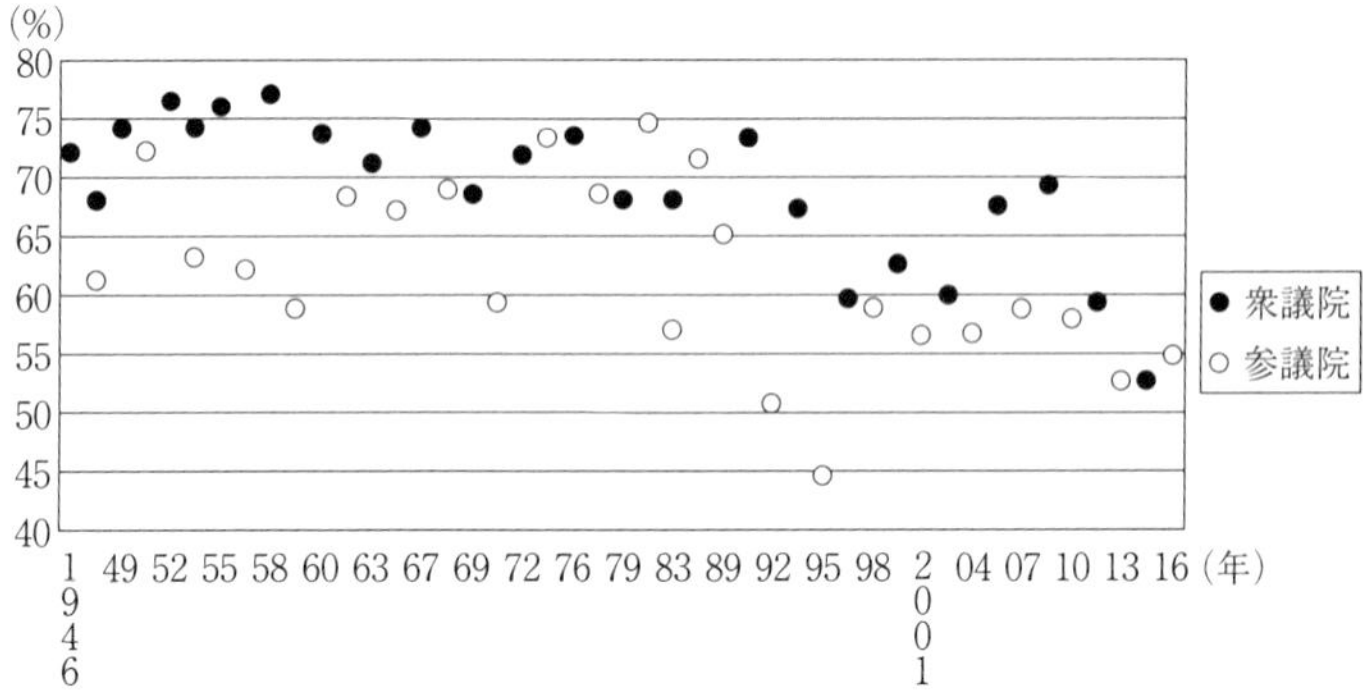

図 3-1　衆議院・参議院選挙における投票率の推移

注：http://www.soumu.go.jp/main_content/000255919.pdf（2016 年 12 月 28 日最終閲覧）より作成.

冷戦が集結し、従来の保革の枠組みが流動化した一九九〇年代は、政治不信が高まった時代でもあり、国政選挙における投票率はそれ以前よりも低くなっている。それまで基本的に七割以上の投票率で推移してきた衆議院議員選挙は、一九九三年に六七・二六%という戦後最低の値を記録し、その次の選挙であった九六年には五九・六五%と最低記録を大幅に塗り替えた。参議院議員選挙でも、九二年に五〇・七二%で戦後最低を記録すると、九五年には四四・五二%と記録を更新した（**図 3-1**参照）。この「脱政治化」のなかで、宗教団体の組織票は相対的に重みを増す。公明党はこの時期、自民党とのあいだに緊張関係を抱えたが[9]、最終的には友好的な関係を結ぶに至り、連立政権の一翼を担うことになる。その一方、自民党との連立政権に参加したことは、一部の創価学会員と公明党とのあいだに距離を生み、一致団結した投票行動にややほころびが見られるようになってくる（中野 2010: 126-131）。いずれにしても、二〇〇九年の政権交代によって下野したあとも両党の関係は続き、二〇一二年以来の自民党政権も公明党と連立を組んで現在に至っている。

6――右傾化のなかの自公連立と宗教的なものの行方

今日の自公政権と自民党の右傾化は、小選挙区比例代表制の導入がもたらした逆説的帰結であると考えられる。戦後の自民党政権は、社会の経済成長を背景に、政治家が支援団体から支持を受ける見返りに、利益を還元するシステムに支えられてきた。だが、利益の供与と還元に基づくシステムは汚職の温床でもあって、経済成長の陰りと政治不信の蔓延が並行するなかで、選挙改革が断行された。

もともと衆院選で採用されていたのは、一つの選挙区から三―五名の議員を選出する中選挙区制で、これは中小政党の候補者の当選機会を増やす一方、大政党の複数の候補者が同一選挙区内で争い同士討ちをすることもあった。同じ政党の候補者と争う場合には、党執行部を頼ることができず、党内の派閥がものを言った。複数の派閥を持つ自民党は一定の多様性を保っていた反面、派閥抗争の弊害もあった。一九九〇年代の政界再編の機運のなかで、政治にダイナミズムを取り戻すためには政権交代の可能性を高める必要があるとされ、小選挙区制の導入による二大政党制への脱皮がはかられた。こうして、一九九六年の総選挙から「小選挙区比例代表並立制」に基づく選挙が実施されるようになった。

中選挙区制から小選挙区制に変わることで、自民党内では一選挙区に複数の候補を立ててしのぎを削っていた派閥が弱体化する一方、選挙において公認権を持つ党執行部の権限が増大した。右派系団体の影響力が大きくなるなか（日本会議の結成は一九九七年）、従来の派閥を横断する形で党内の右派の結集と、リベラル派の凋落が進む（中北 2014）。

二〇〇〇年には、神政連の国会議員懇談会で森喜朗首相が「日本は天皇を中心とする神の国」と発言した。小泉政権は派閥を「古い自民党」と批判して新自由主義的改革を断行する一方、靖国神社参拝を再開した。第一次安倍内閣では、「我が国と郷土を愛する」ことを謳った改正教育基本法が成立した。このような方向性を多くの国民は必ずしも支持しておらず、二〇〇九年には政権交代が起こり、民主党を中心とする連立内閣が成立したが、理念として掲げた方針（「脱官僚・政治主導」「コンクリートから人へ」など）を実現できず、いくつかの問題（普天間基地移設問題、三・一一後の対応など）から支持率を大きく下げ、二〇一二年の総選挙で惨敗した。この間、自民党ではさらに右傾化が進み、安倍晋三を総裁とする自民党が政権復帰を果たした（中野 2015）。

皮肉なのは、二大政党制を目指しつつ政治にダイナミズムを与えることを目的に導入されたはずの小選挙区制が、国政選挙の投票率の全体的な低下傾向をまったく食い止めていないことである。また、たしかに一度は見かけ上の二大政党制が実現したものの、むしろ結果としては民主党の大幅な後退と、一強自民党の右傾化を招いていることである。

中規模政党である公明党にとって、中選挙区制から小選挙区制への転換は、厳しい試練であった。公明党はこの難局を、比例区で議席を確保しながら、自民党と選挙協力を行ない、いくつかの小選挙区においても勝負をするという方針で乗り越えてきた。基本的に、自民党の支持基盤は地方に、公明党の支持基盤は都市にあり、両党は補完関係にある(10)。一九九三年以降一度も単独政権を樹立できていない自民党にとっても、選挙および政権運営において、創価学会と公明党の支援はもはや不可欠になっている。

創価学会は、戦前の国家神道体制において弾圧された過去を持ち、戦後は一貫して平和主義を掲げてきた。そのような創価学会を支持母体とする公明党にとって、右傾化する自民党との連立政権運営は、しばしばジレンマを抱えることを余儀なくされる。二〇〇三年のイラクへの自衛隊派遣の際に明らかになったのは、創価学会の宗教的な理念と公明党の現実的な政策のあいだに大きなギャップが生じたことである。連立与党に加わることで、野党であれば反対したはずの政策をも支持するようになったのである(11)。

二〇一四年七月、安倍内閣はこれまで憲法上認められてこなかった集団的自衛権を閣議決定で認めた。それに先立つ五月、創価学会は集団的自衛権を行使することはできないとする従来の政府見解を支持する声明を発表し、安倍政権を牽制していた。公明党も集団的自衛権の行使に断固反対すると主張していたが、結果的には連立政権を離脱することなく集団的自衛権を容認した。

このような状況でも、創価学会が公明党の支持母体であることは基本的には揺らがないが、タカ派化する自民党に追随する公明党と、平和を重んじる創価学会会員のあいだには少しずつ齟齬も生じてきているようだ。一九七〇年に公明党と創価学会の「政教分離」、一九九〇年に日蓮正宗と創価学会の「第二の分離」が起こったとするならば、現在は公明党の現実路線と創価学会の理念のあいだ、あるいは公明党議員や創価学会幹部と一般の創価学会会員のあいだに起きている二〇〇〇年代以来の「第三の分離」が一層目につくようになっているのかもしれない[12]。

7—おわりに

一九六〇年代には、創価学会の飛躍的な発展に典型的に見られるように、新宗教の社会活動さらには政治参加が目立った。それに対抗するような形で各宗教と政党の関係の再編が進み、神政連の結成もそのひとコマと見なすことができる。しかし、一九六八年の学生運動から七〇年安保闘争を経て、安定成長に入った経済が消費社会を準備するようになると(第一の「脱政治化」)、活発な社会参加型の新宗教が短期間に大きく教勢を広げることは見られなくなり、新宗教の脱政治化・個人主義化が進んだ。その一方、政党や政治家は組織票を持つ宗教団体の力に改めて着目する。冷戦終結頃より、国政選挙での投票率が下がり(第二の「脱政治化」)、選挙で自民党を支持する国民は減少していく。そうしたなか、自民党は公明党との協力関係を築く一方、右派系諸団体とのつながりを深めて右傾化していく。

一九七〇年頃の第一の「脱政治化」と歩調を合わせて社会参加する新宗教の伸びが緩やかになったということは、翻って言えば、それまでの宗教の社会的活力は大衆動員と高度経済成長という時代背景に支えられていたということである。これに対し、一九九〇年以降の第二の「脱政治化」は、個人化およびポスト冷戦の時代において、政治の正統性が問い直されることにかかわっている。国政選挙の投票率が下降していることは、必ずしも国民が政治への興味を失ったことを意味しない。むしろ問題は、選挙改革の断行にもかかわらず、選挙を通じて国民の意志が国政に反映される感覚が持てないことにある。

では、現代の日本において、世俗的な政治に代わって宗教が正統性を獲得しつつあると言えるだろうか。そうは言えないだろう。たしかに、新自由主義と経済格差を是正するものとしての宗教の力、東日本大震災からの復興における宗教の力にかける期待は高まっている。だがそれは、あくまで世俗的な体制を前提としたうえでの宗教に対する期待であって、社会の進路を決めるような宗教のあり方が望まれているわけではない。むしろ社会の基調をなしているのは宗教に対する不信感のほうだろう。

このような状況のもとで、正統性を問われる世俗的な政治が、安定した組織票として宗教を頼っているのであって、それは日本が「ポスト・セキュラー」の時代に突入したことを告げるものではない。筆者の見立てでは、現代の日本「社会」において、いわゆる宗教復興は支配的な趨勢とは言えない。「政治」において、宗教の影響力が強まっているように見えるとしたら、それはむしろ人びとの政治離れ、宗教離れの結果である。

誤解のないよう付け加えるなら、筆者はもとより、政権与党に宗教（「カムフラージュされた宗教」も含む）の影響が強まることは危険だと考えている。ただ、現在の日本において進行しているのは宗教復興ではなく、脱政治化によって宗教団体と政党の関係がより可視化される事態であると考える。

（1）ここでは列挙しない。本書収録の島薗論文（第4章）を参照のこと。

（2）本稿は、二〇一五年にドイツ・エアフルトで行なわれた国際宗教学宗教史会議（ＩＡＨＲ）での発表をもとにした以下の英語論文と大きく重なるもので、二〇一六年末に脱稿したものである。DATE Kiyonobu, "'Religious Revival' in the Political World in Contemporary Japan with Special Reference to Religious Groups and Political Parties," *Journal of Religion in Japan*, Vol. 5, 2016, pp. 111-135.

（3）戦後日本の政教関係は、法的には西洋的な意味での「国家」と「教会」の関係という枠組みで考えられているが、神道や皇室崇敬運動の内実はそのような「教会」モデルではとらえきれないうえ、神道者のなかには「神道」の本流は「教団宗教」ではなく「宗教文化」にあると考える者が少なくない。たとえば秩父神社宮司で京大名誉教授の薗田稔は、法律上の「宗教」は何らかの制定教義への信仰で成り立っているが、神社本庁は神道の制定教義を立てていないと述べ、国法上の「宗教」規定と神社神道の宗教的性格のあいだには齟齬があると指摘し、神社神道は「特定教義の私的個人的信仰」には還元されず、「伝統的な共同体社会ならではの穏やかな宗教文化」に基づくと強調している（薗田 2010）。

（4）一九六〇年代の公明党の大躍進は、既成政党にとって脅威となり、創価学会との「政教一致」を批判する議論が起こった。一九九三年には、下野した自民党が、非自民の細川政権を公明党が支えていると見て、創価学会との関係を問題視した。一九九九年に自自公連立政権が成立すると、民主党から公明党の政権参加は憲法違反ではないかとの批判が出た。

（5）本書収録の中野論文（第3章）も参考のこと。

（6）この方針によれば、神政連の推薦を受ける政治家は必ずしも特定の政党に所属するとはかぎらないが、やはり当初から現在に至るまで、自民党議員とのあいだの関係が深い。

（7）http://www.sinseiren.org/shinseirentoha/shinseirenntoha.htm（最終閲覧二〇一六年一二月五日）。

（8）生政連は一九八三年に活動を停止した。その後、生長の家は政治活動から距離を保ち、現在ではエコロジーを唱える環境左派の色彩を強めている。二〇一六年の参院選では、与党とその候補者を支持しないとの方針を発表し、安倍政権を批判した。

（9）自民党が下野した一九九三年から新進党が解党する一九九七年まで、自民党は反創価学会＝公明党（分党後は新進党に参加した旧公明党勢力）の姿勢を強めた。オウム真理教事件を受けての宗教法人法改正は、創価学会の政治活動に対する牽制という様相をも呈した（薬師寺 2016: 149–168）。

（10）小泉政権の新自由主義的改革の際は、「自民党が切り捨てた支持層の一部をちょうど補完する役割を創価学会と公明党が引き受け」る構図になった（玉野 2008: 184）。

（11）蒲島郁夫と山本耕資は、公明党が連立政権に加わる前と後の一九九八年と二〇〇三年を比較し、「大きく保守化・タカ派化した」公明党議員が理念と現実のあいだで引き裂かれている様子を浮き彫りにしている（蒲島・山本 2004: 146–147）。また、公明党がイラクへの自衛隊派遣を容認したのに対し、公然と反対の声をあげた創価学会会員もいた（中野 2010: 129）。

（12）自民党の右傾化は、創価学会の理念と公明党の現実路線のあいだのズレを浮き彫りにするばかりではなく、これまで自民党のリベラル派の候補者を選挙の際に推薦してきた宗教団体が自民党から離れていく傾向も出てきている。

【文献】

青木理 2016『日本会議の正体』平凡社新書。
朝日新聞社調査研究室 1978『宗教団体の選挙活動——その現状と今後』朝日新聞社調査研究室。
Guthmann, Thierry 2010 *Shintô et politique dans le Japon contemporain*, Paris, L'Harmattan.

石井研士 2007『データブック 現代日本人の宗教』〔増補改訂版〕新曜社。
蒲島郁夫・山本耕資 2004「連立政権における公明党の選択」『世界』二〇〇四年六月号、一四三―一五二頁。
中北浩爾 2014『自民党政治の変容』NHK出版。
中野晃一 2015『右傾化する日本政治』岩波書店。
中野毅 2003『戦後日本の宗教と政治』大明堂。
中野毅 2010「民衆宗教としての創価学会――社会層と国家との関係から」『宗教と社会』第一六号、一一一―一四二頁。
成澤宗男編 2016『日本会議と神社本庁』金曜日。
ルオフ、ケネス 2009『国民の天皇――戦後日本の民主主義と天皇制』（木村剛久・福島睦男訳）岩波現代文庫（原二〇〇一年）。
島薗進 2010『国家神道と日本人』岩波新書。
清水伸編 1976『逐条日本国憲法審議録』原書房。
神道政治連盟 1984『神政連十五年史』神道政治連盟。
神道政治連盟 1990『神政連のあゆみ――戦後の精神運動の柱として』神道政治連盟。
宗教政治研究会 1983『黙想の心――宗政研六年の歩み』宗政研事務局。
宗教と政治を考える会編 1980『神と仏と選挙戦――宗教界再編のカギ 大宗教教団の政治戦略』徳間書店。
薗田稔 2010「神道と日本文化」神社新報創刊六十周年記念出版委員会編『戦後の神社・神道――歴史と課題』神社新報社、四一三―四一八頁。
玉野和志 2008『創価学会の研究』講談社現代新書。
塚田穂高 2015『宗教と政治の転轍点――保守合同と政教一致の宗教社会学』花伝社。

上杉聰 2003「日本における『宗教右翼』の台頭と『つくる会』『日本会議』」『季刊 戦争責任研究』第三九号、四四―五六、九一頁。
魚住昭 2007『証言 村上正邦――我、国に裏切られようとも』講談社。
薬師寺克行 2016『公明党』中公新書。

［付記］本研究は、科学研究費（研究課題番号：26284011および15KK0055）による研究成果の一部である。

3章 戦後宗教史と平和主義の変遷

中野　毅

一九四五年の終戦から早くも七〇年が経過した。戦後日本の宗教史、特に政治や国家との関係についても多くの研究がなされてきた。国家・政治と宗教との制度上の関係、すなわち宗教制度史の主要な研究は、戦前から豊田武、井上恵行、梅田義彦などによって進められ、戦後においても井上恵行『宗教法人法の基礎的研究』(1969)、文化庁編『明治以降宗教制度百年史』(1970)、阿部美哉による連合国占領軍の宗教政策との関連での一連の研究、異色なものとしては占領軍宗教課での任務に携わっていたウッダードの『天皇と神道』がある(Woodard 1972=1988)。戦後四〇年を過ぎて、それらを再検討する目的で行われた井門・阿部らによる総合研究(井門富二夫編『占領と日本宗教』1993)も重要な成果である。この井門らによる総合研究の末席に連なっていた筆者は、この研究でも十分に追究しきれなかった点を補足し、戦後宗教史を再検討する作業を現在行っている。

本章では、この過程で発見した新資料を紹介し、従来の研究やわれわれの戦後史の認識から脱落していた幾つかの事実に目をむけることから、戦後を振り返ってみたい。その上で平和主義について宗教との関連で類型化して考察し、日本国家また日本の宗教集団が平和主義の諸類型の何処に位置するのか検討していきたい。

1——忘れられた戦後宗教史——国家と宗教とのはざまで

敗戦後の一九四五年九月、連合国による占領と日本改革が始まり、いわゆる人権指令および神道指令の発令、日本国憲法の制定などを通じて、戦後日本社会は戦前の国家神道体制、軍国主義体制を廃棄し、軍隊と交戦権をもたない平和主義国家、個人の人権尊重、自由と平等を基本的価値として、象徴天皇制、議会制民主主義の確立、政党政治の復活、そして国家神道の廃止と政教分離制度の確立、そのもとでの「信教の自由」の保障などによって民主的な世俗国家が形成されていった。筆者は、この体制を「公式の戦後世界」と名付ける。この新しい社会体制によって、個人や集団が宗教的信念や理念に基づく社会活動や政治活動を展開できる可能性も大きく開かれ、それに呼応するかのように、伝統宗教のみならず新宗教を背景とする人々や集団による政治参加が活発になった事実を、本節では追いかけていく。

しかし、この「公式の戦後世界」の一方で、日本の旧支配層による戦前戦中体制を維持または復活しようとする動きも始まっていたことを忘れてはならない。こうした守旧派が主張する体制を「非公式な戦後世界」とする。日本の戦後史は、宗教史も含め、公式の戦後世界と非公式のそれとのせめぎ合いの歴史であり、戦後しばらくは前者が優勢であったが次第に後者が復活台頭してくる顕在化過程として捉えられる。宗教界における その動向と思われる出来事は、早くも一九四五年九月に見出される。同月一九日、文部省は神仏基公認五三派の管長を招集し、敗戦後の国民精神高揚のための協力を要請した。戦後体制が不確定の段階ではあったが、戦前戦中と同じ感覚で国家が宗教界を管理、活用しようとしたことに変わりはない。もちろん、このような国家による宗教界管理の動きは占領直後に発令された「人権指令」（一九四五年一〇月四日）、「神道指令」（同年一二月一五日）によって、しばらくは封じられることになった。

新宗教の政界進出と宗教政党の出現

「公式の戦後世界」のもとで、戦前戦中に抑圧されていた新宗教による政界進出は、特に注目に値する。それは自由社会の空気を満喫するかのように、戦後直ちに行われた。最も早い例は天理教である。一九四六（昭和二一）年四月に行われた戦後初の衆議院議員総選挙に、既成仏教教団の関係者八名に混じって、天理教教団役員の東井三代次、柏原義則が立候補し、当選した。翌四七年四月二〇日に行われた第一回参議院選挙にも、堀越儀郎、柏木庫治が、一九五〇年の第二回参院選にも高橋道男、常岡一郎の各氏が立候補し全員が当選した。

第一回の参院選にはその他の新宗教教団からも多くの立候補があった。この時の全国区候補者の中から宗教関係者を拾い上げてみると、表3-1の通りである。

表 3-1　第 1 回参議院選挙宗教関係候補者（1947 年 4 月）

順位	氏　名	職　業	党派	得票数	当落
7	梅原真隆	僧侶（西本願寺）	無	355,234	当（6 年議員）
11	堀越儀郎	天理教教師	無	301,958	当（6 年議員）
12	柏木庫治	天理教中央分教会長	無	290,270	当（6 年議員）
17	西田天香	一灯園主	無	254,888	当（6 年議員）
76	矢野酉雄	生長の家教育部長	無	96,929	当（3 年議員）
80	小野光洋	立正学園女学校長	自	90,683	当（3 年議員）
89	来馬琢道	僧侶（曹洞宗）	無	79,282	当（3 年議員）
108	阿部義宗	日基教団正教師	社	63,844	落
114	小笠原日堂	僧侶	無	61,065	落
183	鮫島盛雄	牧師	無	25,025	落
185	桑原正枝	宗教家	無	24,062	落
214	高橋重治	扶桑教教師	無	13,723	落

出典：中野（2003: 144–145）.

興味深い出来事は、翌一九四八（昭和二三）年に、宗教政党が相次いで結成されたことである。これまで戦後日本における宗教政党の結成は、一九六四年の創価学会による公明党結成が初めてと考えられてきたが、アメリカ国立公文書館（The U.S. National Archives and Records Administration：以下NARAと略記）での占領軍文書の調査によって、この年に宗教的理念に基づく二つの政党が結成されていたことが判明した。その一つは五月三日付けで結成宣言をした「日蓮党」であり、他は一一月に設立大会を行った「第三文明党」である。

日蓮党については全く知られていなかったが、二〇一六年八月の調査で**写真3-1**のような結党宣言広告文が見つかった(1)。詳細は不明であるが、この宣言文を記したと思われる新妻清一郎は戦前の東京市会議員総選挙に社会民衆党として（一九二九年三月、深川区、落選）、また無産党として（一九三三年三月、日本橋区、落選）立候補し、戦後も第二三回衆議院議員総選挙に立候補（一九四七年四月、諸派、

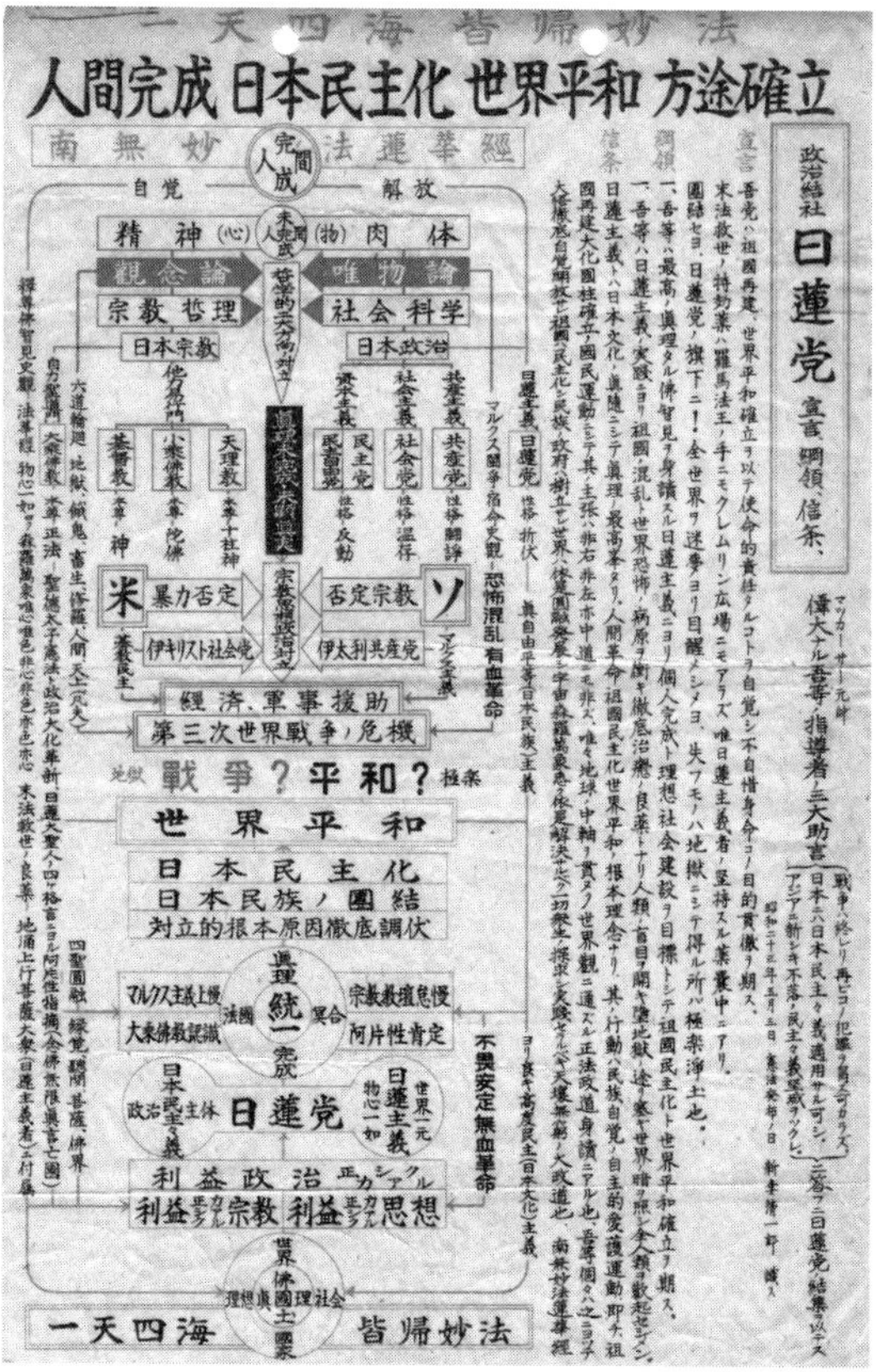

写真 3-1　日蓮党結党広告文

出典：NARA SCAP Records. 注(1)参照.

落選）した政治運動家であると考えられる。

興味深い点は、日蓮主義を日本文化の真髄と主張し、それによって「人間革命」、日本の民主化、世界平和を達成しうる真理の最高峰である等と主張している点である。日蓮主義者、広くは日蓮宗諸派が戦前から政治への関心が高く、田中智学の日蓮主義国体論や、天皇本尊論まで主張していたことは西山茂の近著（西山 2016: 第1章）においても詳細に論じられている通りである。この政治への強い関心は、「立正安国」という日蓮の思想に由来するが、その傾向は戦後にも継続していたことが分かる。

また「人間革命」という用語は、戦後発展した創価学会の中心的理念として広く語られてきたが、用語それ自体は東京大学総長の南原繁によって「人間の革命――わが国民の精神革命」が戦後日本の政治的社会的革命と相並んで必要であると述べたラジオ放送（「学生に與ふる言葉」一九四六年一月一日）、また卒業式訓示「人間革命と第二次産業革命」（一九四七年九月三〇日）などで語られ、それに刺激された当時の知識人やメディアがこぞって主張していたという（南原 1948, 伊藤 2014）。この人間革命を日蓮信仰と結びつけていち早く主張したのが、この新妻清一郎だったことになる。

日蓮党が単独または小規模な宗教政党だとすると、大規模な宗教政党も同年に誕生した。それが「第三文明党」である。一九四八年一一月一九日、伝統仏教の主要一一宗派の京都寺院、神社本庁、金光教泉尾教会、一灯園、一体生活社等が発起人となって、京都東山、浄土宗総本山知恩院山内華頂会館にて設立大会が行われた。占領下にあったため、連合軍総司令部（ＧＨＱ）のバンス宗教課長にも招待状が送られており、これらの文書がＮＡＲＡの占領軍文書中の“The Third Civilization Party”というフォルダー[2]に収集保管されていた。

第三文明党は、その後の国政選挙などに統一候補を立てることもなく、目立った実績なしにまもなく消滅してしまったようである。[3]その経緯や背景についてはさらに調べなければならないが、「第三文明党宣言」に記された「既成の資本主義・社会主義乃至共産主義的政党の何れにも非ず、……彼我一如・物心一如の生活圏の拡大を通じての新社会建設……」等の文面から、当時飛躍的に影響力を増してきた共産党、社会党などの左派勢力への対抗と、政界に進出してきた天理教など新宗教への対抗として、伝統宗教諸派が立ち上げたと考えられる。戦時中の大日本宗教報国会のような体制であり、戦後にも引き継がれた伝統保持の動向の一端と言えよう。

一九五一年九月に日本はサンフランシスコ講和条約を締結し、占領が終了して国際社会に復帰した。その後、靖国神社国家護持運動が展開されるなど戦前回帰の動きが活発になっていったことは周知の通りである。またその過程と並行する形で新たな宗教政党も誕生した。戦後復興が本格化するにつれ急成長し始めた創価学会が、一九五五年四月に政界への進出を開始し、一九六四年一一月には公明党を結成し、地方政治から国政へと積極的に関与していった。創価学会―公明党の運動も、初期には「国立戒壇の建立」という戦前の日蓮主義的主張が目標として掲げられていたことも周知の事実である（中野 2003, 塚田 2015, 西山 2016）。

宗教団体法の存続と廃止

戦後宗教史上、忘却されていたもう一つの重大な点は、戦前の宗教抑圧の代名詞とされてきた「宗教団体法」が、戦後も沖縄など南西諸島で、一九七二（昭和四七）年五月一五日の本土復帰まで存続していた事実である。日本本土では一九四五（昭和二〇）年の占領軍総司令部による、いわゆる「人権指令」によって宗教団体法は廃止された。

しかし沖縄は、大戦末期の一九四五年三月二六日の慶良間諸島へのアメリカ軍上陸、四月一日の沖縄本島への上陸とその後の地上戦での日本軍の敗北によって、アメリカの軍事的政治的支配下に置かれた。上陸に伴いアメリカは太平洋艦隊司令長官・太平洋区域司令官兼米国軍占領下の南西諸島及びその近海の軍政府総長・海軍元帥チェスター・ニミッツ名でアメリカ海軍軍政府布告第一号（通称、ニミッツ布告。米合衆国軍政府告第一号とも称する）を公布して奄美群島以南の南西諸島地域における日本政府の行政権と司法権を停止し、四月五日には読谷村に軍政府を設立した。[4] このニミッツ布告では、米国軍の統治政策に反しない限りにおいて、四月一日まで沖縄等に適用されていた日本の法令は存続を認めることとされ、宗教団体との関連では、「宗教団体法」（一九三九年法律第七七号）が、宗教団体施行令（一九三九年勅令第八五六号）、宗教団体法施行規則（一九四〇年文部省令第一号）とともに生き残った。

九州本土から南の南西諸島を巡っては陸海の米軍内部での管轄権争い、またどこまでを軍政下に置くかを巡っての軍と国務省との対立などで混乱も生じたが、最終的に一九四六年一月二七日、連合国軍総司令官マッカーサーは連合国軍総司令官指令六七七号（SCAPIN 677）を発令して、奄美群島を含む北緯三〇度以南の南西諸島を日本の行政支配から分離し、米軍政下においた。その結果、先のニミッツ布告が奄美以南の南西諸島全体に適用されることが確定し、宗教団体法および関連諸法令は存続することになった。その上、興味深い事実として、同法のもとで創価学会、天理教など多くの新宗教が宗教法人の資格を取得していたのである(5)。

この事実は宗教研究者のみでなく、憲法学者、法制史家の間でもほとんど知られることなく今日に至っている。沖縄問題を論じる者は多いが、より詳細な歴史的事実の発掘とそれに基づく論議が必要であると痛感している。

また筆者がさらに注目した問題は、沖縄の本土復帰時の手順である。一九七二年の本土復帰に向けて、行政全般に関する問題の検討のための沖縄復帰対策閣僚協議会、その下部機構として各省担当官会議等が設置されて準備に入ったが、宗教法人制度については、一時、沖縄独自の宗教法人法を制定しようという動きもあったが実現せず(6)、復帰に伴って本土の「宗教法人法」が適用されることになった。その際の最も大きな懸案事項は、宗教団体法下では宗教法人となれなかった神社等を、いかにして宗教法人法の下で法人化するかという問題であった。

日本政府は戦前の「神社明細帳」が沖縄に残っていないか問い合わせ、それが無いことが分かると、宗務課の専門職員を現地調査に赴かせるなどして、復帰準備を進めた。最終的には、宗務課は一九四六年一一月に沖縄に手書き文書「神社明細帳の調整について(7)」を送り、復帰後に神社等が宗教法人法による法人となるための方策として、文化庁保管の昭和二〇年現在の沖縄神社明細帳を基礎として、「大正二年内務省令第六号に基づく、琉球政府保管に係る神社明細帳」の復旧、公告を進めること、沖縄県護国神社に戦没者の一括合祀をする方法などを献策していたのである。これらの行政指導によって、現沖縄県の各神社は復帰後一括して宗教法人格を取得することになり、護国神社の戦没者英霊一括合祀も滞りなく行われた。

宗務行政が戦前と連続性をもって行われた典型的な一例であり、戦後の政教分離制度化において妥当であったかどうか検証されるべき事例でもある。

非公式な世界の顕在化

以上、戦後宗教史における国家と宗教とのはざまで忘却されていた幾つかの事実を紹介した。いずれも戦前との連続性や伝統回帰を示す事例である。「公式の戦後世界」は、戦前とそれほど断絶してはいなかった。また、それほど十分に根付いてもいなかったと言える。その間隙をぬって、その後の歴史は「非公式の戦後世界」が次第に顕在化していった。その動向が最も顕著に現れた出来事は、一九八五年二月一一日である。この時、戦前の「紀元節」が「建国記念日」として復活し、政府後援で式典が行われ、「戦後政治の総決算」を政治理念として掲げて総理になった中曽根康弘首相（当時）が出席した。同年八月一五日には、中曽根は、神道式の正式礼拝ではなく本殿に一礼する形式に止めつつも、「供花の実費」は公費で支出し、二閣僚を伴い「内閣総理大臣の資格で」「靖国神社公式参拝」を強行したのである。(8)

その後の顕在化過程と関連する主な事項は以下のとおりであるが、一九九〇年前後の東西冷戦体制終焉と日本経済のバブル崩壊とによって加速されていった。

一九九三年七月　戦後の自民党支配、自社五五年体制が終焉。非自民野党連合政権が成立し、公明党が連立政権参加
一九九五年三月　オウム真理教地下鉄サリン事件が起こる
一九九九年一〇月　公明党は自民党との政権連立に踏み切る（第一次自公連立）
二〇〇一年四月　小泉純一郎内閣発足。五年間の任期中に五回の靖国神社参拝
二〇一二年一二月　安倍晋三第二次内閣発足。公明党、再び連立を組む（第二次自公連立）
二〇一四年七月一日　集団的自衛権の限定付容認を閣議決定
二〇一五年九月三〇日　平和安全法制関連二法（法律第七六、七七号）が成立

2—日本国憲法に表現された平和主義

二〇一五年九月に、いわゆる平和安全法制関連二法(9)が成立し、二〇一六年三月二九日に施行された。この法律が戦後長らく禁じられてきた集団的自衛権を限定付で容認し、また自衛隊の海外での武器使用を一部認めたため、日本国憲法第九条の「平和主義」との関連での論議が沸騰した。「憲法九条を守れ」

「戦争法案反対」「戦争をさせるな」等の主張が、時として情緒的に叫ばれた。与党自民党の憲法改正案は大日本帝国憲法への回帰を思わせるような旧態依然とした価値観を表明していて、象徴天皇制・自由民主主義社会を経た現代日本の憲法に相応しくないことは言うまでもない。いまこそ憲法をめぐる成熟した論議が必要であり、戦後七〇年たったこの機会に、心情的な論議ではなく、九条やそれ以外の条項をも再検討し、憲法改正の是非、改正するならどのような新憲法が望ましいのか、冷静に考察する必要があろう。

そのための一助として、本節では、日本国憲法に表現された「平和主義」の特徴を、宗教史・宗教学的に考えると、どのようなことが言えるのか検討してみたい。

はじめに、現行憲法において平和主義、戦争否定がどのように表現されているか、憲法「前文」と「第九条」を読んでみたい。

【前文】

日本国民は、正当に選挙された国会における代表者を通じて行動し、われらとわれらの子孫のために、諸国民との協和による成果と、わが国全土にわたつて自由のもたらす恵沢を確保し、政府の行為によつて再び戦争の惨禍が起ることのないやうにすることを決意し、ここに主権が国民に存することを宣言し、この憲法を確定する。そもそも国政は、国民の厳粛な信託によるものであつて、その権威は国民に由来し、その権力は国民の代表者がこれを行使し、その福利は国民がこれを享受する。これは人類普遍の原理であり、この憲法は、かかる原理に基くものである。われらは、これに反する一切の憲法、法令及び詔勅を排除する。

日本国民は、恒久の平和を念願し、人間相互の関係を支配する崇高な理想を深く自覚するのであつて、平和を愛する諸国民の公正と信義に信頼して、われらの安全と生存を保持しようと決意した。われらは、平和を維持し、専制と隷従、圧迫と偏狭を地上から永遠に除去しようと努めている国際社会において、名誉ある地位を占めたいと思ふ。われらは、全世界の国民が、ひとしく恐怖と欠乏から免かれ、平和のうちに生存する権利を有することを確認する。

われらは、いづれの国家も、自国のことのみに専念して他国を無視してはならないのであつて、政治道徳の法則は、普遍的なものであり、この法則に従ふことは、自国の主権を維持し、他国と対等関係に立たうとする各国の責務であると信ずる。

日本国民は、国家の名誉にかけ、全力をあげてこの崇高な理想と目的を達成することを誓ふ。

【第二章　戦争の放棄】

第九条　日本国民は、正義と秩序を基調とする国際平和を誠実に希求し、国権の発動たる戦争と、武力による威嚇又は武力の行使は、国際紛争を解決する手段としては、永久にこれを放棄する。

二　前項の目的を達するため、陸海空軍その他の戦力は、これを保持しない。国の交戦権は、これを認めない。

これらの条文を素直に読めば、次の点は明らかであろう。

①主権が国民にあることを宣言し、その代表者による議会制民主主義をもって国政を行う。

②恒久平和を念願し、かつその平和は、平和を愛する諸国民の公正と信義に依存して、日本の安全と生存を保持することによる。

③国際紛争を解決する手段としての戦争と、武力による威嚇・武力の行使を放棄する。

④一切の戦力を持たず、国の交戦権を認めない。

戦力を放棄し、国際紛争解決の手段としての「武力行使」を認めず、交戦権も持たないという主張は、権力行使の主体である国家を規制する憲法条項としては画期的なものであり、文字通りの意味では、他国から軍事的な攻撃を受けた場合でも、軍事的に反撃する手段を持たないことを意味すると考えられる。したがって、そのような事態が起こらないよう、前文において「諸国民の公正と信義を信頼する」と表明したのである。つまり他国を信頼してその善意に依存して平和を維持する、換言すれば、外交努力などで戦争を回避することに専念するということであろうか。

では、他国から軍事的な攻撃を受けるような事態になった場合は、どう対処するのか。明らかなことは国家としては武力をもって対抗する手段を持たないので、屈服するか、せいぜい警察力で対抗するか、国民が民兵を組織して対抗するしかない。憲法制定時の首相・吉田茂は「日本は（個別的）自衛権をも放棄したのだ」と国会で答弁している。

このような立場は、後述する平和主義の諸類型からは、「非暴力無抵抗主義」という「絶対的平和主義」の表明と考えることができる。この立場は、規模の小さな宗教集団においてかつて表明されたが、それを近代国家の国是としたことは、まことに画期的であったことは繰り返すまでもない。

現行の日本国憲法においては、そのほか下記のような重要な宣言や規定がある。

・天皇神格化を伴う国家神道体制の否定。天皇は国民統合の象徴とし、統治権はもたない。
・「信教の自由」の無条件の保障・厳格な政教分離原則の確立。
・言論・出版・結社の自由の保障、等々。
・総じて、人権の尊重。

これら憲法で表明された諸要素を含む立場を「公式的かつ形式的」平和主義と呼びたい。これは敗戦後の日本政府が日本国憲法を通じて国民に、また国際社会に表明した立場であるという意味で「公式的」であり、必ずしも実体が伴わない理想主義の表明であるという意味で「形式的」であったと言えるからである。

では、この平和主義は宗教史上に現れた幾つかの平和主義のなかでは、どのような位置になるのか、検討していきたい。

3——宗教的平和主義の諸類型⑽

キリスト教やイスラム、仏教に代表される世界の主要な歴史宗教は、公式的には「平和」を追求し、平和のために貢献してきたと主張する。しかし歴史的事実としては、平和を確立するという名の下に、国家権力の武力の行使を許し、時には自ら武装集団を保持し、武力を行使して多数の民衆を殺害してきた。キリスト教における「正義の戦争」「十字軍」はその代表であり、現在はイスラムにおける「聖戦」「ジハード」が問題となっている。仏教は一般的には「平和主義」の宗教と考えられているが、スリランカにおける暴力的行為によって、そう単純ではないことが明らかになった。創価学会も「世界平和」を標榜してきたが、支持する政党・公明党が先の平和安全法制を連立政権の一員として推進したため、武力や軍事力の保持、またその国家による行使を教理的にどう考えるか問われている。

そうした意味で「宗教と平和主義」の関係について深く検討し、各宗教派や諸学者・識者の立場がどのような位置にあるのかを明確に認識していくことが、今ほど緊要な時はない。そこで、主としてキリスト教世界のプロテスタンティズム諸派における「信仰と政治」「信仰と暴力」をめぐる神学論争を整理して宗教的平和主義の諸パターンを明らかにし、今後の検討の土台としていきたい。

焦点となる事例は、第一次・第二次世界大戦で宗教的信念に基づく「良心的兵役拒否」を実行したアーミッシュ派やメノナイト派などの再洗礼派における「帯剣の否定」の理念であり、彼らの非暴力無抵抗主義という絶対平和主義の立場を事例として考えていく。

再洗礼派と現世拒否的世界観

キリスト教においては、「神の国と地上の国」「霊と肉」「真の信仰者と非信仰者」「正義と罪」という二元論的世界観が古代以来の伝統であり、その枠組はルターやカルヴァンなど宗教改革者たちにおいても継承されていた。この相矛盾する両者をキリスト教が社会生活に定着するに当たっていかに弁証し、統合するかが、万人司祭制や聖書主義をとる改革派にあってはとりわけ最大の課題であった。ルターの有名な「二王国論」も現世秩序保持のための相対的な世俗道徳と「山上の垂訓」にみられる絶対的な心情倫理との対立を、いかに両者を弱化させることなく統一するかという苦悩の弁証であった。

他方、宗教改革の論理を極限にまで貫徹しようとする急進的な改革諸派も生まれた。いわゆる成人洗礼を主張する再洗礼諸派（Anabaptists, Wiedertaufer）である。宗教改革の時代に歴史の表面に躍り出たのはルターやカルヴァン、ツヴィングリらの正統派プロテスタンティズムであったが、これら正統派改革者たちによる改革を不徹底と批判した、より急進的な宗教運動の潮流があった。この運動は、今日の研究者の間では「宗教改革の左翼」[11]（The Left Wing of the Reformation）、「民衆的宗教改革」（Volksreformation）（Zschabitz 1958）、あるいは「急進的宗教改革」[12]（Radical Reformation）等々と称されるが、いわゆる俗にいう再洗礼派の諸運動である。

再洗礼とは、伝統的な幼児洗礼を無効と見なして、聖書も読め、キリストへの信仰のなんたるかが理解できる成人になってから、再び洗礼を受けることをさすが、洗礼を二度受けることは教会法およびローマ法によって固く禁じられていた。したがって、受難を覚悟して再洗礼を受けることは、純粋な信仰による内的再生と捉えられ、それら神のもとに生きる聖徒による相互の結合と相互扶助が兄弟愛のしるしであり、そこから「神の義に生きんとする真の信仰者の共同体こそが教会である」という純粋な教会観が誕生した。この純粋な信仰者のみによる教会は「神のからだ」であり、ゆえに、邪悪とこの世の罪は教会の純潔を保つため一切締め出されなければならず、そのための厳格な教会規律と破門が実施された。

彼らはまた、創造主である唯一・永遠なる神（God）こそが天地一切の支配者であるとみなし、他のすべての権威を否定する。イエス・キリストは、この「神の最初にして唯一の子であり、われわれの唯一で永遠なるメシア、予言者、教師」である。このイエスによって語られる神の言葉（holy Word）、すなわち「新約」の言葉こそが無謬なる唯一の権威であり、この言葉に従って過去の誤った信仰や一切の罪を悔い改め、すべての肉体的欲望、利己心や邪悪を打ち棄てて神の子として新生する（born anew of God）、または再生する（regenerated）ことが真の信仰であると考えた。それは、この世での生活のすべてをイエスの言葉そのままに実践することによって現実化することであり、それを「神の子として再生」「キリストのまねび」（Nachfolge Christi）として重視した。今日でいう原理主義的な発想の原型でもある。

彼らはルターからも「熱狂主義者」として排斥され、新旧両正統派から徹底的に弾圧された。一五九

○年代にその大半は潰滅し、歴史から抹殺されてしまう。しかし、迫害に耐えて生き残った一握りの集団はモラビア、ロシアとヨーロッパ各地を彷徨し、また他方でメンノー・シモンズ（Menno Simons, 1496-1561）によって指導されたメンノー派の一部は一七世紀のオランダで一時栄えた。その多くが一六八三年から二〇世紀中葉にかけて続々と北米（ごく一部は中南米）へと移住し、少数派としてではあるが安定した発展をとげることになる。[13] そして南北戦争から、第一次世界大戦、第二次世界大戦にかけてのアメリカ合衆国において、かれらがいわゆる「良心的兵役拒否」の運動を展開したことが、かれらを「平和主義教会」として有名にしていった（中野 1981）。

この急進的宗教改革者たちの歴史への復権は、一九世紀中葉メンノー派の歴史家たちによる再洗礼派発掘再評価によって開始される。彼らは護教的な精神を内に秘めた精力的な史料の発掘と実証的研究によって、二〇世紀前半には、メンノーの流れをくむ彼ら福音主義再洗礼派こそ、チューリヒに生まれた再洗礼派の原型たる「スイス兄弟団」の正統なる継子であり、また彼らの運動と理念はイエスおよび初代教会の精神を真に復活させた宗教改革の真実の正統派であって、彼らの理念から、今日、イギリスやアメリカのプロテスタンティズムに広く共有され、民主主義にとって本質的な「良心の自由」「国家と教会の完全な分離」「寛容の精神」「宗教的ボランタリズム」「平和への教説と実践」等々の諸原理が生まれたのである（Bender 1957: 30, 1956: 29）、というメンノー派史観を確立した。

人間は全き善人にならねばならない、また信仰による再生によってなりうるという、ある意味ではオプティミスティックな人間観に立つ再洗礼派は、ルターらの苦渋に満ちた弁証の努力を妥協的であると退け、両者をより厳密に区分するとともに、神の国を一義的に現実化しようとした。その帰結は、以下の三系譜に分けられる。

①黙示録的終末論に立つトーマス・ミュンツァーやミュンスター系再洗礼派は、「選ばれた者」が多数となるや、暴力をもって背神の徒を絶滅し、この世での神の国の実現を夢想した。

②心霊主義（Spiritualism）に立つセバスチャン・フランクや後のオベ・フィリップスらの神秘主義者は、この世での現実化に絶望したのち、「見えざる霊の教会」こそ実在（ザイン）であり、現世は仮象（シャイン）であると、神の国を観念の中ですりかえて「現実化」した。

③原理主義的な新約聖書中心主義に立つスイス兄弟団系再洗礼派（メノナイトなど）は、罪に満ちたこの世の現実が圧倒的にのしかかってくる状況の中で、現世を拒否またはそこから逃避し、自分たちだけの神の国をつくろうと教会共同体にこもった。この世的なものはすべて神の国とは正反対であるとして、キリストに従う者はこの世から分離されるべきであるという主張へと一直線に結びつけ、この世を不信仰の徒に委ねて、そこから丸ごと離脱しようとした。徹底的な分離主義に立つ、現世拒否的社会倫理である。

「帯剣」の否定＝非暴力・無抵抗主義と国家

この世、現世への態度と関連した重要な思想的問題として、再洗礼派においては「剣」ということばで表現される一つの問題領域がある。剣とは武力・暴力・強制的手段を象徴し、さらにそれを用いる権威や権力、その担い手である権力者、官憲、為政者および機構としての政府、国家、そしてまた剣の行使である武力、軍備、戦争という問題にキリスト者はどう対処すべきかという問題である。

上記の平和主義再洗礼派の「剣」の説は新約聖書主義を基調とし、その精髄は『山上の垂訓』（マタイ5―7）にあるとみなす。「キリストのまねび」の原則に忠実に生きようとする彼らは、この垂訓を中心に語られているイエスの言葉をこの世において実行しようとする。それは愛と平和と従順、すなわち「絶対的な無抵抗・非暴力の論理」として結晶した。そして一切の剣とその行使を否定する。特に、自分たちが暴力としての剣を用いることを固く禁じる。その根拠は、以下のスイス兄弟団の『シュライトハイム信仰告白』である。

第六項　剣は、キリストの完全の外にある神の秩序である。それは悪人を罪しかつ殺し、善人を護り、助ける。律法においては剣が悪人を罰し殺すために定められ、現在では、この剣はこの世の支配者の手に委ねられている。

しかし、キリストの完全の内では、罪を犯したものを訓戒し、締め出すためには破門という手段に訴え、肉を殺すことによらず、ただ再び罪を犯すなという訓戒と命令とを用いる。

このような「帯剣の否定」と前述の現世拒否的世界観との結合によって、彼らの教会がこの世から、そして権力や国家から分離されなければならないのみならず、この世の事柄には一切関与すべきではないという徹底した平和主義と分離主義に行きついた。剣との関連でいえば、一切の官職就任を禁止し、遺産等の争いにも関与せず、裁かず、一切の訴訟をも禁止し、当然、世俗の支配者になることも禁じられた。また、当時の宣誓共同体としての自治権をもった諸都市諸村落において毎年初めに行われる共同体への忠誠の誓いをも彼らは拒否したのである。ましてや、軍役への不参加、戦争税納付の拒否は当然のことであった。つまり彼らにとって、国家や政治支配は世俗的な「剣」の支配する領域であって、この世同様否定されるべき、または少なくとも忌避すべきもの以外の何ものでもなかったのである。前述の「良心的兵役拒否」も、このような宗教的信念に基づいて行われたのである。ましてや国教会制やキリスト教国家（Corpus Christianum）というものも、必然的にありうるはずのない関係構造であった。

宗教改革諸派の権力観における位置

この平和主義再洗礼を含む、宗教改革諸派を、「剣」のとらえ方、つまり権力観を軸に整理した重要な研究がある。ジェームズ・ステイアーの『再洗礼派と剣』（Stayer 1976）である。彼は倫理的価値の実現に政治的手段を有効と見なすか（政治的）、否か（非政治的）、また、その態度が穏健か急進的か、という基準で改革諸派を下記のように区分した。

①「十字軍的」（Crusading）態度　その価値実現のためには暴力をも手段として反対者を絶滅するこ

とが正当かつ有効と信ずる（ミュンツァー）図３－１Ｃ

②「現実政治的」（real political）態度　暴力の行使を正当とは認めないが、必要なあらゆる手段を用いて価値実現を試みる方が、しないより良いという相対的立場（ツヴィングリ）図３－１Ａ

③「穏健な非政治的」（moderate apolitical）態度　社会秩序の確保が前提であるから、社会秩序の保持に必要な限り進んで権力に参加する。但し道徳的目的実現はあくまで個人的内面的なことと考える（ルター）図３－１Ｂ

④「急進的非政治的」（radical apolitical）態度　権力行使は行使者を堕落させ、いかなる真の価値実現も不可能にするという立場（再洗礼派の帰着点）図３－１Ｄ

これらの分類を図にしてみると、次のようになる（図３－１）。正戦（Just War）を主張したカトリック教会も含めてみた。

次に、「帯剣」の問題を軸に、暴力（剣、武力、軍事力。広くは国家権力）の行使や利用を認めるか、否かという点を軸に、図式化すると図３－２のようになる。Ａ—Ｄは図３－１と同じ領域をさす。

これの類型論から、キリスト教における平和主義とは徹底的な非政治的立場（radical apolitical）であることが分かる。また、その宗教的価値の実現のためには暴力を含む一切の政治的手段を使用しない立場である。

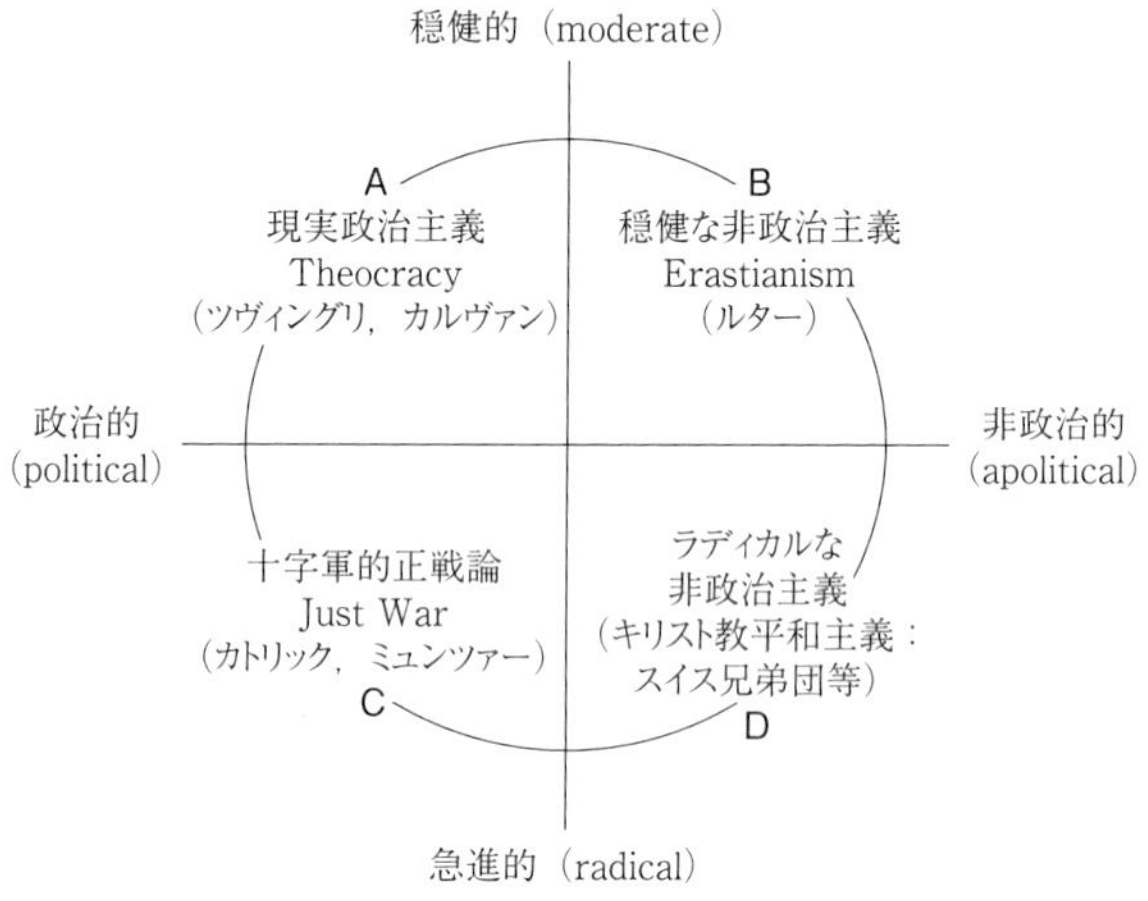

図 3-1　キリスト教諸派の権力観

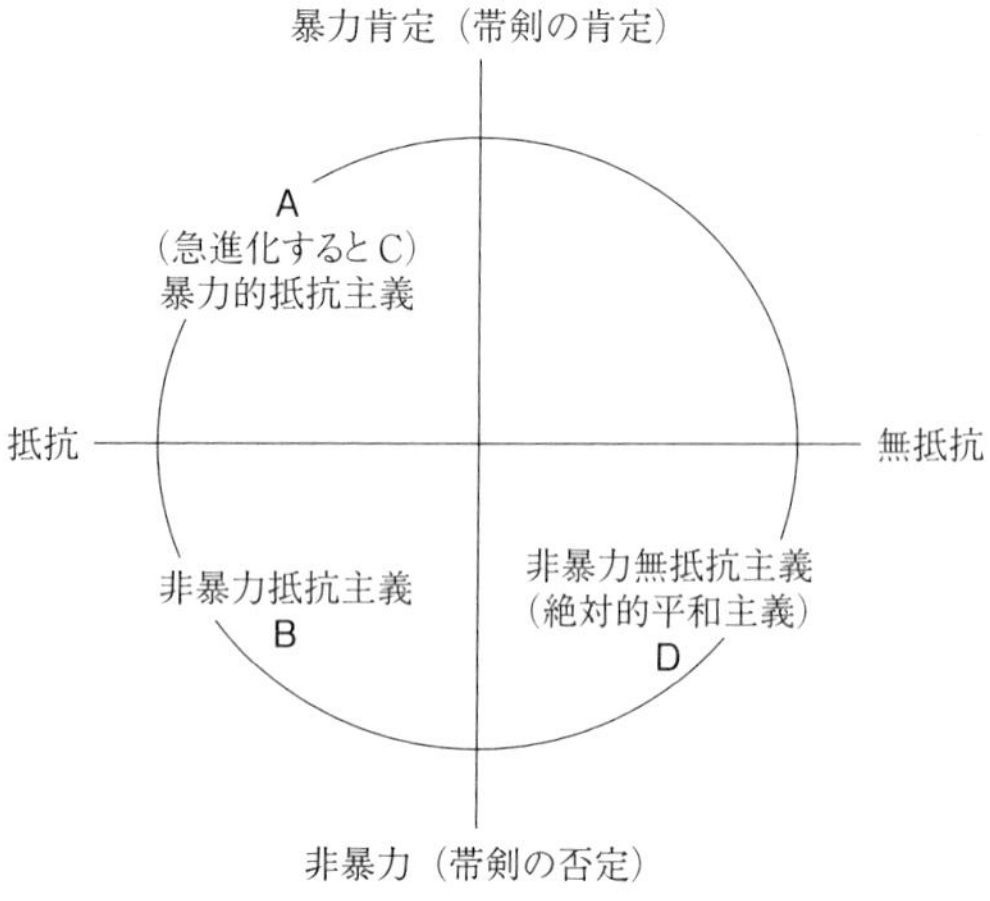

図 3-2　非暴力無抵抗主義の位置

4──戦後日本における平和主義の変遷

上記の類型を基準として、戦後日本社会を規定した日本国憲法の平和主義の位置づけと特徴、歴代政権与党の位置と変遷を考えていきたい。また主要な宗教団体の平和主義、または国家や政治との関係を位置づけ、それらの変遷を考えてみたい。

日本国憲法の前文および第九条に表明された平和主義が、文字通りに読めば「非暴力無抵抗主義」に基づく「絶対的平和主義」の立場であり、また「公式的かつ形式的」平和主義であると、すでに記した。その立場は、以上のように非政治的で、理想主義的な立場であり、歴史的には、極めて少数の再洗礼諸派によって主張されたものであったことが理解できる。平和主義教会とも称する彼らは、アーミッシュ派などとして現在でもアメリカやカナダなどにおいて存続し、小さな共同体生活を営んでいる。ある時期までは、徴兵を拒否しただけでなく、一六世紀の農民生活を維持し、納税や子供を公立学校に通わせることも忌避していた（現在は、市民としての最小限の義務は履行するようになっている。坂井 1973 参照）。しかし、それは小規模であるからこそ可能だったと言えよう。

「非暴力無抵抗主義」「絶対的平和主義」は、ある種の社会思想、理想、哲学的立場としては重要であり、個人の生き方として望ましいものであると私自身も考えている。現在の多くのリベラル知識人や思想家が、この立場（上記図**3-1**・**3-2**のD、またはB）をとっているのも首肯できる。しかし、現実の政治的世界、国際政治の世界で、そのような立場の国家が存続しうるかどうかは、まことに疑問である。

事実、第二次大戦後の国際政治の変動の中で、新憲法を掲げて再出発した日本も、現実には以下のように、その立場を大きく変化させざるを得なかった。

①朝鮮戦争以後の東西冷戦構造の強化によって、警察予備隊・自衛隊が組織され、日本国家も軍備を再保有することになった（帯剣）。これは絶対的平和主義の立場を放棄して、現実政治的、暴力的抵抗主義に移行したことを意味する（D↓A）。やがて、個別的自衛権は保持していることを公式に表明し、いわゆる解釈改憲が進行していった。

②特に一九五一年の講和以降、靖国神社の国家護持、首相・天皇の参拝を求める声が表面化し、伝統の尊重、戦前回帰の動きが活発になっていった。この動きは、公式的で形式的な戦後日本の背後で、幾つかの非公式で実体的な集団が競合していたが、その最大の集団は敗戦前の日本国家を是とし、「伝統重視、靖国国家護持、天皇の国家元首化・神格化と神国日本の復活」を実現しようとする保守回帰的宗教的世界を掲げる集団である。現在の日本会議(14)に繋がる運動、集団とも言える。

③中曽根政権は「戦後政治の総決算」を掲げて誕生したが、それは日本政府そのものが「公式的かつ形式的」平和主義、「公式の戦後世界」を放棄する宣言とも読める。その下で、伝統重視の非公式実体的世界が顕在化したことを意味する。その過程は、バブル崩壊後に加速していき、今日に至ったと言え

まいか。

5―おわりに

日本国家の平和主義の位置づけ、またその変遷を概観したが、同様の基準で日本の各宗教集団の平和主義および国家との関わりを位置づけ、類型化できると考えている。詳細は別の機会に行いたいが、最後にその試みの一事例として、創価学会―公明党に見る平和主義の変遷を考えてみたい。

①宗祖と仰ぐ日蓮の位置　日本仏教者として、「立正安国論」などを著して国家問題を正面から論じた数少ない鎌倉仏教者が日蓮である。佐藤はその特徴を端的に描いている（佐藤 2015）。当時、国とは天皇を中心とする支配層を指したが、日蓮は「囻」と記して、国家の基盤は民衆であり、囻とは民の郷土であり、支配層はその安寧のために存在するのだと、当時としては革命的な主張をした。そして小さな東国の棟梁に過ぎない天皇を超える、三国四師の仏教の優位性を強調した。その立場は**図3-1**ではカルヴァンに近いとも考えられ、Aの立場と言えよう。

また幕府内部では日蓮への反発者も少なくなく、正法を信じないことが災厄をもたらしていると幕府を批判したことから二度の流罪にもあっている。当然、日蓮を亡き者にしようとする動きもあったため、刀杖を常に側に置き、賊からの襲撃に際しては、逃げることが多かったが、必要に応じて剣で抵抗したという。さらに弟子に下級武士も増え、その任務に理解を示してもいた。これらの点から、日蓮の立場も非暴力無抵抗主義ではなく、むしろ**図3-2**Bの非暴力抵抗主義が中心だったと考える。

②戦前の創価教育学会における牧口常三郎の立場はどうだったのかという厳密な考証も必要である。私個人は非暴力抵抗主義・Bであったと考えている。同様に戦後の創価学会も、絶対平和主義と記述した文書がないわけではないが、Bの立場が中心であったと考えている。公明党は自衛隊を容認し、安保法案にも賛成したこともあってB→Aへと移行したとも捉えられる。総じて、創価学会とその運動は、Dの立場に立ったことはないと言えるのではないだろうか。

以上は、今後のより詳細かつ厳密な研究をすべき課題の一つである。同様な緻密な検討を他の諸宗教集団にも行って、戦後日本社会の複合的全体像を解明していきたいと考えている。

(1) NARA SCAP Record, UD1697, Box 5819, Folder 42: Nichiren Buddhism Organizations (2016.8.25 収録)。

(2) NARA SCAP Record UD1697, Box 5792, General - Religion & Political Party, the Third Civilization Party (2012.6.19 収録)。

(3) 第三文明党が結成された一九四八(昭和二三)年一一月から同年末までの『中外日報』に掲載された第三文明党の関連記事については、大澤広嗣氏が以下の八件を見つけてくださった。改めて感謝申し上げる。

昭和二三年一一月一六日　第一四三〇九号　一面「第三文明党結党式」

昭和二三年一一月二〇日　第一四三一一号　二面「第三文明党の宣言　結党式盛大に終る」

昭和二三年一一月二三日　第一四三一二号　二面「今度こそはと激励」

昭和二三年一一月二七日　第一四三一四号　一面　洛西野史「政党ではないのか――第三文明党宣言をよむ」

昭和二三年一二月一一日　第一四三二〇号　二面「衆議院総選挙と教界　既に立候補の気がまえ」

昭和二三年一二月一六日　第一四三二二号　二面「総選挙に白票　第三文明党の声明」

昭和二三年一二月二一日　第一四三二四号　一面　第三文明党事務局長　藤田玖平「犬養民主党新総裁に（上）」

昭和二三年一二月二三日　第一四三二五号　一面　第三文明党事務局長　藤田玖平「犬養民主党新総裁に（下）」

（4）同布告第一号から第一〇号までは、一九四五年三月二六日、慶良間諸島上陸以降に順次公布されたとされるが、邦文文書では公布年月日及び施行年月日ともに空白になっている。米国公文書では、いずれも沖縄本島上陸の日である四月一日が発布日付となっている（沖縄大百科事典刊行事務局編 1983）。

（5）本段落と次段落の詳細については以下を参照のこと。中野（2014）。

（6）沖縄独自の宗教法人法制定の経過については、大澤広嗣「琉球政府立法院の宗教法人法参考案」（日本宗教学会第七一回学術大会パネル「国家と宗教の葛藤の中で――戦後の宗教法制度と宗教法人」皇學館大学、平成二四年九月九日）で詳細な報告があった。

（7）四六地文宗　第六号、昭和四六年一一月一七日「神社明細帳調整復旧のための資料送付方について（回答）」（沖縄県公文書館所蔵）。

（8）中国と韓国からの猛烈な批判を受け、特に中国・趙紫陽指導部からの強い要請で、一度限りで終わった。趙氏は、その後天安門事件の責任を取らされて、失脚した。また中曽根は一九五五年の日米原子力協定調印を正力松太郎らと積極的に推進し、湯川秀樹ら科学者と原子力平和委員会の反対を押し切って、米国からの原子力発電装置導入を決めた主要人物の一人でもある。

（9）「我が国及び国際社会の平和及び安全の確保に資するための自衛隊法等の一部を改正する法律（平成二七年九月三〇日法律第七六号）」、通称平和安全法制整備法と「国際平和共同対処事態に際して我が国が実施する諸外国の軍隊等に対する協力支援活動等に関する法律（平成二七年九月三〇日法律第七七号）」、通称国際平和支援法の総称である（http://www.cas.go.jp/jp/gaiyou/jimu/housei_seibi.html）。

（10）本節は筆者のいささか古い論文（中野 1981, 1982）に基づいている。出典のデータが古いのは、そのためでもある。機会があれば、この領域における最近の成果を学びたいと願っている。

（11）Bainton（1960）．多様な再洗礼派の諸運動を統一的に把握する一つの試みである。ベイントンは「国家と教会の関係」を比較の基準としてカトリックを右の極みにおき、正統派プロテスタント諸派を経て、再洗礼派は最も遠い地点にいると見なしている。したがって、再洗礼は「国家と宗教の分離」を主張したと評価されるのであるが、それを否定した運動もあったことと、メンノー派歴史家に共通な傾向であるが、その分離概念の把握自体がいちじるしく近代的に理解されているという批判がある。

（12）Williams（1962）．ウィリアムズは、再洗礼諸派がおのおの権威の根源と考えるものに立ち返ろうとする態度の共通性のゆえに彼らはラディカルなのであると見なす。同書はまたメンノー派歴史家たちが見落としていた諸派間の関連と親和性を指摘することによって新たな統一的把握の視座を獲得したのみならず、宗派的偏見から解放されたザッハリッヒな問題の取り扱いを促した点で、その後の研究動向に大きく貢献したと評価されている。

なお、これらの研究史と研究動向については、倉塚平「ラディカル・リフォーメーション研究史」（倉塚 1972b）（以下「研究史」と略記）に負うところが大きい。再洗礼に関する他の邦語文献としては、中村（1976）、榊原（1967, 1972, 1974）、出村（1970）、倉塚（1972a）、坂井（1973）等がある。

（13）メンノー派の歴史については、Dyck, ed.（1967）, Horsch（1950）, Wenger（1965）, Estep（1963）を参照。また再洗礼派の歴史・集積資料に関しては *The Mennonite Encyclopedia*, Vol.1-4, Pa.: The Mennonite Publishing House, 1955 が発刊されている。

（14）日本会議の実態についての検証が最近広く行われるようになった。菅野（2016）、山崎（2016）等。本書で島薗進も論じている（第4章）。

【文献】

井門富二夫編 1993『占領と日本宗教』未來社。

伊藤貴雄 2014「第四回入学式講演『創造的生命の開化を』とその歴史的背景」『創価教育』第七号、創価大学創価教育研究所、六三―七六頁。

井上恵行 1969『宗教法人法の基礎的研究』第一書房。

岡崎匡史 2012『日本占領と宗教改革』学術出版会。

沖縄大百科事典刊行事務局編 1983『沖縄大百科事典』沖縄タイムス社。

キサラ、ロバート 1997『宗教的平和思想の研究』春秋社（Robert Kisala 1999 *Prophets of Peace: Pacifism and Cultural Identity in Japan's New Religions*, University of Hawaii）。

倉塚平 1972a『異端と殉教』筑摩書房。

倉塚平 1972b「ラディカル・リフォーメーション研究史」倉塚平ほか編訳『宗教改革急進派』ヨルダン社。

坂井信生 1973『アーミシュの文化と社会』ヨルダン社。

榊原巌 1967『殉教と亡命――フッタライトの四百五十年』平凡社。

榊原巌 1972『アナバプティスト派古典時代の歴史的研究』平凡社。

榊原巌 1974『良心的反戦論者のアナバプティスト的系譜』平凡社。
佐藤弘夫 2003『日蓮』ミネルヴァ書房。
佐藤弘夫 2014『鎌倉仏教』ちくま学芸文庫。
佐藤弘夫 2015「国家という問題と日蓮」『春秋』五九六、六―九頁。
菅野完 2016『日本会議の研究』扶桑社。
塚田穂高 2015『宗教と政治の転轍点』花伝社。
出村彰 1970『再洗礼派』日本基督教団出版局。
中村賢二郎 1976『宗教改革と国家』ミネルヴァ書房。
中野毅 1981「良心的兵役拒否と信教の自由」『創価大学平和問題研究』三、七六―一〇〇頁。
中野毅 1982「平和主義再洗礼派における教会と国家」『創価大学平和問題研究』四、七三―一〇六頁。
中野毅 2003『戦後日本の宗教と政治』大明堂。
中野毅 2014「沖縄返還に伴う宗教団体の法的地位の変遷と宗務行政」『宗教法』第三三号、宗教法学会。
永本哲也・猪刈由紀・早川朝子・山本大丙編 2017『旅する教会――再洗礼派と宗教改革』新教出版社。
南原繁 1948『人間革命』東京大学新聞社出版部。
西山茂 2016『近現代日本の法華運動』春秋社。
文化庁編 1970『明治以降宗教制度百年史』文化庁文化部宗務課。
山崎雅弘 2016『日本会議――戦前回帰への情念』集英社新書。
Bainton, Roland H. 1960 *Christian Attitudes toward War and Peace*, Tenn.: Abingdon Press.
Bender, Harold S. 1956 "A Brief Biography of Menno Simons," in *The Complete Writings of Menno Simons*, Pa.: Herald Press.

Bender, Harold S. 1957 "The Anabaptist Vision," in Guy F. Herschberger, ed., *The Recovery of the Anabaptist Vision*, Pa.: Herald Press.
Dyck, Cornelius J., ed. 1967 *An Introduction to Mennonite History*, Pa.: Herald Press.
Estep, Willam R. 1963 *The Anabaptist Story*, Tenn.: Broadman Press.
Horsch, John 1950 *Mennonites in Europe* (Mennonite History vol. I), Pa.: Herald Press.
Stayer, James M. 1976 *Anabaptists and the Sword*, Kansas: Coronado Press.
Wenger, J. C. 1965 *The Mennonite Church in America* (Mennonite History Vol. II), Pa.: Herald Press.
Williams, George H. 1962 *The Radical Reformation*, Phila.: Westminster Press.
Woodard, William P. 1972 *The Allied Occupation of Japan 1945-1952 and Japanese Religion*, Netherlands: E. J. Brill（阿部美哉訳 1988『天皇と神道――ＧＨＱの宗教政策』サイマル出版）。
Zschabitz, Gerhard 1958 *Zur mitteldeutschen Wiedertauferbewegung nach der grossen Bauernkrieg*, Rutter & Loening.

［付記］ 本稿はＪＳＰＳ科研費（JP26284012）の助成を受けた研究成果の一部である。

II 歴史編

国家と宗教の関係性

4章 国家神道復興運動の担い手
日本会議と神道政治連盟

島薗　進

1──はじめに

二〇一二年に第二次安倍晋三内閣が成立して以来、日本国憲法の基本原則に関わるような条項が掘り崩されていくという危機感が、国民の多くに共有されるようになった。二〇一二年暮れの靖国神社参拝、一三年の特定秘密保護法制定、一四年の集団的自衛権容認の閣議決定、一五年の安保法制制定などである。一六年に入って、いよいよ二〇一二年の自民党憲法改正案を前提に、憲法改正に踏み込む姿勢が強められた。二〇一八年秋に安倍氏が自民党の総裁に三選され、憲法改正の国会発議を目指す事態に至っている。

こうした過程で懸念されるのは、安倍首相の打ち出す右派的政策に与党内の異論もほとんど聞こえてこないことだ。そして、安倍内閣の閣僚のほとんどが日本会議国会議員懇談会や神道政治連盟国会議員懇談会といった団体に所属していることが新たに注目されるようになってきた。閣僚の八、九割がたがこの両組織の両方、あるいはどちらかに加わっている。それだけでなく、すでに自民党議員をはじめとする全議員の四〇パーセント近い議員が両組織に所属していることも明らかになってきた。異様な事態である。

では、日本会議や神道政治連盟とはどのような団体なのか。あまりよく認識されていないのは、これらの団体が戦前の「天皇中心の国家」のあり方、そしてそれを支える「神権的国体論」（佐藤 2015）こそが「美しい日本の伝統」だと捉えてきたことだ。戦前の日本の体制を立憲デモクラシーと神権的国体論のせめぎ合いとして捉えるとすると、戦後は立憲デモクラシーが確立したかのように推移してきたが、日本会議や神道政治連盟はこれに異議を唱えてきた勢力の代表といえる。これは戦前の国家神道体制に近づくことをよしとするものだ（島薗 2010）。国家と天皇の神聖化はその重要な思想的な柱である。

こうした国家神道復興運動は安倍政権になって初めて出てきたものではない。第二次世界大戦後の早い時期から続けられてきたものである。日本国憲法、とりわけ第二〇条の信教の自由の規定は、それに対する歯止めとして機能してきた。だが、第二次安倍政権の成立後は、そこを大きく揺り動かす事態に至っている。

この章では、日本会議と神道政治連盟に焦点をあてて、第二次世界大戦後の国家神道復興運動の経過のあらましを捉え、その流れのなかで二〇一二年以来の安倍政権の動向がどのような位置にあるのかを捉えていきたい。

2――「天皇中心の国家」復興運動・日本会議・神社本庁

二〇一六年になって、「日本会議」を表題に含む書物が多数刊行された。手元にあるのは、五月から一〇月までの間に刊行された、菅野完『日本会議の研究』(2016)、上杉聰『日本会議とは何か――「憲法改正」に突き進むカルト集団』(2016)、山崎雅弘『日本会議 戦前回帰への情念』(2016)、俵義文『日本会議の全貌――知られざる巨大組織の実態』(2016)、成澤宗男編『日本会議と神社本庁』(2016)、青木理『日本会議の正体』(2016)である。

俵義文『日本会議の全貌』は、「日本会議は日本最大の右翼組織であり、安倍政権の民間における強力な支持母体である」としている(俵 2016: 113)。日本会議は右派系の宗教団体が集まって一九七四年に設立された「日本を守る会」と、財界、政界、学界、宗教界などの代表が結集して一九八一年に設立された「日本を守る国民会議」の二つの団体が合流する形で一九九七年に設立された。このとき、日本会議国会議員懇談会も設立されている。二〇〇七年には衆参両院で二二五人を数えたが、二〇一六年現在では二八〇人前後だという(青木 2016: 46)。

宗教団体が結集した日本を守る会の創設にいたる最初のきっかけは臨済宗円覚寺派管長の朝比奈宗源が一九七三年に伊勢神宮を訪れた際、天照大神から「世界に目を向ける前に、まず自分たちの足元を見直せ」という「御神託」を受けたことだという。日本を守る会の創設時の代表役員は、朝比奈のほか、篠田康雄（神社本庁事務総長）、谷口雅春（生長の家総裁）、小倉霊現（念法眞教灯主）、関口トミノ（佛所護念会教団会長）、岩本勝俊（曹洞宗管長）、金子日威（日蓮宗管長）、清水谷恭順（浅草寺貫主）、伊達巽（明治神宮宮司）などだった（山崎 2016: 64）。だが、その後、多くの伝統仏教教団は抜けていっている。

二〇一五年一一月一〇日の午後には東京の北の丸公園にある日本武道館で、一万人を超える参加者を集め、「今こそ憲法改正を！一万人大会」が開催された。主催は「美しい日本の憲法をつくる国民の会」だが、この会は事務局機能の一部を日本会議が担う事実上のフロント組織とされる。この会では安倍首相のビデオメッセージが流された。そこで首相は「美しい日本の憲法をつくる国民の会のみなさまにおかれましては、全国で憲法改正一〇〇〇万賛同者の拡大運動を展開し、国民的議論をもりあげていただきたい。憲法を自らの手でつくり上げる。その精神を日本全体に広めていくために、今後ともご尽力をいただきたいと存じます」（青木 2016: 208–210）と述べたという。

日本会議の運営を担ったり、言論面で牽引したりしてきた人々の中には、一九六〇年代から七〇年代にかけて形成されていった新宗教教団、生長の家の学生運動の活動家が多く含まれている（菅野 2016）。椛島有三、安東巌、伊藤哲夫、衛藤晟一、百地章、高橋史朗などである。一九六八年に慶應義塾大学に入学した玉川博己も、生長の家から右派学生運動のひとつ、日学同（日本学生同盟）に加わり、第三代の委員長を務めた人物だ。青木理はこの玉川にインタビューを行い、「そうした生長の家出身者や生学連（生長の家学生会全国連合）ＯＢの力の源泉はなんだとお考えですか」と尋ねて、以下のような答えを引き出している。

それはやはり谷口雅春先生によるところですよ。戦前からの右翼というか、天皇中心の思想を持ったイデオロギー色の強い宗教団体でしたからね。戦後、日本国内の国家主義団体がほとんど壊滅する中、神社本庁だとか生長の家といった宗教団体がその肩代わりみたいな役割を果たしたわけです（青木 2016: 109）。

もっとも彼らが若い時に学び取った生長の家の思想そのものを目指しているというわけでもない。生長の家の教祖の谷口雅春は、現行憲法を破棄して明治憲法を復活させるべきだと繰り返し説いていた。現在の自民党の憲法改正案などでは生ぬるいということになる。実際、日本会議の周辺には今の改憲案では不十分だと主張してビラくばりをする団体もあるという（青木 2016: 149-151）。青木理は「くすぶる戦前への回帰願望」と題された章をこうまとめている。

彼ら、彼女らは、現行憲法やそれに象徴される戦後体制を露骨に嫌悪し、これをなんとしても突き崩したいと願い、宗教的出自から生じがちだった小異を捨てて大同につき、日本会議という政治集団に結集した。そうした実態を踏まえると、日本会議とは、表面的な〝顔〟としては右派系の著名文化人、財界人、学者らを押し立ててはいるものの、実態は「宗教右派団体」に近い政治集団だと断ずるべきなのだろう。そこに通奏低音のように流れているのは戦前体制――すなわち天皇中心の国家体制への回帰願望である。

だとするなら日本会議の活動伸長は、かつてこの国を破滅に導いた復古体制のようなものを再来させかねないという危険性と同時に、「政教分離」といった近代民主主義社会の大原則を根本から侵す危険性まで孕んだ政治運動だともいえる。しかし、その「宗教右派集団」が先導する政治活動は、確かにいま、勢いを増し、現実政治への影響力を高めている（青木 2016: 154）。

日本会議がこれまで取り組み達成してきたことについて、俵儀文『日本会議の全貌』は以下のように要約している。

日本会議が要求し、運動した主なものをみると、元号法制化の達成、国旗国歌法制定、大嘗祭は国費負担で挙行され、天皇即位一〇周年では政府（竹下登内閣）が九九年一一月に記念式典を開催した。「終戦五〇年決議」は骨抜きの決議になり参議院では提出もされなかった。日本軍「慰安婦」の記述は中学校教科書から消され、教育基本法「改正」には愛国心などの要求が盛り込まれ、道徳は「教科化」された。女系天皇容認の皇室典範の改正は見送られ、夫婦別姓や外国人参政権は法案さえ上程されていない。教科書検定・採択制度も改悪されてきた。領土問題では排外主義が広がり、教科書への領土問題の政府見解の記述は実現された。

これらのことは、日本会議による国会ジャック、日本の政治・社会・教育ジャックの状況を明白に示している。同時に、日本会議は、この手法をフル動員して改憲運動に総力を挙げて取組んでいる（俵 2016: 113-114）。

もっとも日本会議は一九九七年に成立しているが、元号法案の国会での可決成立は一九七九年、国費負担の大嘗祭の挙行は九〇年である。国旗・国歌法の成立や天皇即位一〇周年は九九年で、日本会議の成立に先立って運動は活発に行われていた。『日本会議の全貌』の上記の叙述は、日本会議の運営の中核にいるような人々が行ってきた運動をも含めて総括的に述べたものである。その際、念頭に置かれているのは六〇年代、七〇年代から生長の家の信徒として学生運動にかかわってきたような人々だ。確かに六〇年代以来、左翼学生運動に対抗しながら政治に関わるようになった世代の右派運動家にとっては、元号法案を成立に導くことができた「成功体験」は大きな意味をもったようである。

だが、日本会議が推し進めてきたような「天皇中心の国家」復興運動の担い手が主に生長の家出身者であり、これらの運動が彼らのリーダーシップの下に進められたと考えるのは実情に即していない。確かに彼らが結集した日本青年協議会（日青協）は、元号法案成立のための運動に大きな役割を果たした。地方議会で「元号制の法制化に関する決議」等を成立させるについては、日本青年協議会の貢献が見逃せない。国会での議決までに、一六〇〇の地方議会の議決が成立していた。

しかし、そこで神社本庁が果たした役割も軽視すべきではない。米国の政治学者、ケネス・ルオフは

『国民の天皇――戦後日本の民主主義と天皇制』（ルオフ 2003）の第五章「天皇制文化の復活と民族派の運動」で、元号法案制定の運動について次のように述べている。

> 決議の波が広がった速さは驚異的だった。最初の決議が採択されてからわずか八ヶ月後、三六の県議会を含め、三四二の地方議会が次々と決議を採択した。日青協や神社本庁など全国的な組織網を持つ右派の団体の働きかけのあったことが大きな要因である。七七年から七九年にかけ神社本庁の本部はまるで作戦指令室のようになった。大きな日本地図が貼られ、決議を採択した議会、ないしターゲットにしている議会の場所が示されてた《ママ》。日青協は神社本庁や生長の家と協力してつくった「地方議会決議実現の方法」といった戦略小冊子を、いつでも関心のある集会に提供できるように準備していた。（中略）決議の背後には、しばしば熊本県元号法制化促進協議会のように、組織を通じて働いた多くの個人の支えがあり、彼らは一軒一軒訪ねて署名を集め、陳情書を地元議会に提出したのだった。全国敬神婦人連合会を中心とする多くの婦人団体も、この元号法制化運動で活躍した（ルオフ 2003: 267-268）。

生長の家系統以外にも多くの人々が運動に加わった。そして、その結集の場として神社本庁やそれに連なる組織もまた大きな役割を果たした。神社本庁もまた日本会議の重要な構成組織である。安倍政権の閣僚の多くは日本会議国会議員懇談会に属しているが、神道政治連盟国会議員懇談会に属している閣僚も多い。二〇一五年の八月に組閣された第三次安倍改造内閣では、二五人の閣僚のうち、日本会議国会議員懇談会に属する者が一二名、神道政治連盟国会議員懇談会に属する者が二〇名である。二〇一八年一〇月の第四次安倍内閣では、日本会議国会議員懇談会に加盟した者が一四名、神道政治連盟国会議員懇談会に属する者が一九名である。

日本会議の歴史を述べると、こうした運動の歴史を一九七九年に成立した元号法案のための運動から始めることになり、日本青年協議会など生長の家系統の運動こそがその中核であるかのような印象を受けてしまう。神社本庁に光をあててこの運動を見ると、少し異なった像が浮かんでくるだろう。

3──神社本庁と神道政治連盟

ケネス・ルオフは「天皇中心の国家」を復興させようとする、戦後右派の政治運動として、元号法制化運動とともに建国記念の日の制定運動に注目している。

紀元節の復活ないし建国記念日の確立を求める運動（一九五一─六六）がとりわけ注目に値するのは、これが右派団体に率いられた最初の運動であり、しかもかなりの数の支持者を引きつけ、基本的な政治目標を見事に達成したからである。建国記念日運動と元号法制化運動（一九六八─七九）は、それに関係した参加者と、その政治的展開方法の両面から見ておどろくべき連続性がある。何年もかかって、彼らは民主的な政治秩序の中で、運動を成功に導く秘訣を学んだといえる（ルオフ 2003: 236–237）。

紀元節復活運動はサンフランシスコ講和条約の調印の前後に始動されている。一九五一年三月九日、吉田茂首相が国としてこの祝日を再び制定したいと述べたのが、運動が始まる最初のきっかけとされている。それに先立って、神社本庁は紀元節を祝日として復活させる方策について検討を始めていた。五二年の新年の参拝者に対して、神道青年全国協議会（一九四九年結成）は紀元節復活に賛同する署名を集め始めた。左派も用いるような民主的な運動形態を採用した初めての試みだった。

神社本庁は紀元節復活運動の中核ともいうべき組織だった。毎朝、背広姿の職員（その多くが大学出だ）が東京の繁華街に近い、明治神宮の森に囲まれた本部に通勤してくる。普通のサラリーマンと同様、毎年のボーナスの額を気にするのは変わらないが、仕事は「神社界」の目的を主張し促進することが中心である。神社界という言い方は曖昧だが、神道を生活の糧にしている個々の神主も、単に神道に関心を持つ人々も含まれるといってよいだろう。（中略）

神社本庁は建国記念日の法制化に協力してくれるさまざまな団体をまとめ上げ、紀元節奉祝国民大会運営委員会を支える主要組織となっていた。この委員会は戦前の紀元節を擁護する八〇以上の団体から構成されていた。そこには日本郷友連盟や日本遺族会といった多数の会員を抱える組織、それに

「生長の家」のような宗教団体も含まれている。こうした組織や団体に加入している青年・婦人グループが運動でおおきな役割を果たしたのである（ルオフ 2003: 229–230）。

では、神社本庁とはどのような団体か。国家機関として遇されてきた神社界であるが、敗戦とともにその先行きが危惧された。ポツダム宣言に「信教の自由」が掲げられているところから、占領軍による厳しい政策が予想されたが、一九四五年の秋の段階で、新たな神社組織を作る案が出されていた。葦津珍彦ら神社・神職界の指導者は、何とか伊勢神宮をはじめとする少数の神社を皇室と不可分のものとして国家施設化することを願ったが、政教分離を基本的な指針とするGHQの方針を知っても何とか伊勢神宮の特別な地位だけは残したいと考えられた（神社新報社 1986）。

しかし、一二月一五日に神道指令が出され、二三日には皇室祭祀令が廃止されることにより、神社神道の国家的地位を保とうとする願いは潰えることとなった。宮中祭祀は公的性格を否定され、伊勢神宮は皇室から独立した宗教組織となり、伊勢神宮を初めとするすべての神社は公的な性格を失うこととなった。

皇室祭祀令が廃止された日、神宮の古川少宮司は神宮奉斎会を訪ね、三団体（大日本神祇会、皇典講究所、神宮奉斎会——島薗注）代表者と神祇院飯沼副総裁らが会して、政教分離後の神宮と新団体との関係について協議した。そして翌二十一年一月五日、伊勢の地で三団体代表者（佐々木行忠、宮川宗徳、伊達巽、平木弘の四氏）と神宮当局者（高倉大宮司、古川少宮司ほか）が会合し、今後は全神社界が神宮を「本宗」として奉戴し、一心同体となって奉賛の実をあげていくことに意見が一致した（神社新報社 1986: 247–248）。

続いて、団体名を「神社本庁」とすることに決定し、一月二三日に神社本庁設立総会が開かれた。

これまでずっと、皇室を中心に仰ぎ国家によって管理されてきた神社は、制度的に皇室・国家と切り離された現在、何を中心に団結すべきか——神社人はこれを、皇祖を祀る神宮に見出した。伊勢の神宮と神社との関係は、もちろん他宗教における本山・末寺のそれの如きものではない。各神社はそれぞれ独立した存在である。しかし国家未曾有の事態、神社界はじまっていらいの難局に処して、何としても神宮を中心に全神社界がまとまって行かねばならぬ。かうした斯界人の願ひが〝神宮ハ神社ノ本宗トシテ本庁之ヲ輔翼ス〟（庁規第六十一条）といふ庁規の規定を生んだ（神社新報社 1986: 249）。

天皇崇敬を継続するために伊勢神宮を「本宗」とするというこの立場は、一九八〇年に制定された「神社本庁憲章」に明確に受け継がれている。拙著、『国家神道と日本人』でも論じたように、その冒頭の三条には、神社本庁の信念体系の基軸となるものが凝縮された形で示されている。

第一条　神社本庁は、伝統を重んじ、祭祀の振興と道義の昂揚を図り、以《もっ》て大御代《おおみよ》の弥栄《いやさか》を祈念し、併せて四海万邦の平安に寄与する。
第二条　神社本庁は、神宮を本宗と仰ぎ、奉賛の誠を捧げる。
2　神社本庁は、神宮及び神社を包括して、その興隆と神徳の宣揚に努める。
第三条　神社本庁は、敬神尊皇の教学を興し、その実践綱領を掲げて、神職の養成、研修、及び氏子・崇敬者の教化育成に当る。

第二条は伊勢神宮こそすべての神社の上位に立つ「本宗」であることを示したものだが、同年に刊行された神社本庁教学研究室編『神社本庁憲章の解説』（1980）は次のように述べている。

八百万の天神地祇のなかで、天照大御神が至尊の神であらせられ、神宮が天皇御親祭を本義とされることは記紀によっても明らかである。また古語拾遺にはその御神徳を
天照大神は惟れ祖惟れ宗にましまして、尊きこと二《ならび》無く自余の諸神は乃ち子乃ち臣にましまして孰《いづれ》か能く敢て抗《あた》らむ
としてゐる。
故に全国神社を包括する「神社本庁」が挙って神宮を本宗と仰ぎ奉るのである。また全国神社の氏子・崇敬者に、朝夕神宮を敬拝する御璽としての神宮大麻を、包括下の神社の神職が頒布することに

なったのである（神社本庁教学研究室編 1980: 27）。

「天照大御神が至尊の神」であるというような信仰は、伝統的な神道や神祇信仰から見てもかなり特殊なものである。たとえば初詣や無病息災を祈って神社参拝をしている多くの崇敬者の心情とは相当に隔たると思われるが、ここでは天皇崇敬、伊勢神宮崇敬が強く打ち出され、伊勢神宮と天皇の下に全国の諸神社は統合されるべきことが示されている。「天皇中心の国家」に照準を合わせた神道、すなわち国家神道へ回帰しようとする思想が明確に打ち出されている。敗戦直後に定められた路線が影響していることは明らかだろう。

次に一九六九年に設立された神道政治連盟について述べよう。この団体の結成は、建国記念の日の制定に勇気づけられた神社本庁が、一九六七年に「国民精神昂揚運動」を起こしたことがきっかけになっている。その「基本方針」の（1）は以下のようなものである。

神宮を崇敬し、皇室を尊び日本の伝統的国家理念を護持することを基調として、国民精神の振興をはかる。そのため斯界をあげて国民精神昂揚運動を展開し、あらゆる機会と施策を通じ、国民の精神的独立を定着させるため国民各層への浸透をはかる（神社新報社 1986: 263）。

また、「活動目標」の（1）は以下のようなものである。

国家的民族的視野における施策として、第六十回式年遷宮の奉賛、維新百年記念事業、建国記念日の意義の徹底、憲法改正、教育の正常化、国旗掲揚などの諸運動を通じて、国民精神昂揚運動としての結実につとめる（神社新報社 1986: 263）。

一九六九年に入ると学生運動の高まりに対する危機感から七月一五日に「神社本庁時局対策委員会」が、九月一八日には「神社本庁時局対策本部」が設けられ、続いて一一月八日に神道政治連盟が発足した。

発会式では上杉一枝会長が挨拶に立ち、政治面、経済面、思想面においても日本は「重大な局面」にあるとして、次のように述べた。

なかんずく、思想精神面においては、第二次世界大戦の終戦いらい、いまだ敗北思想の残骸がいたるところにみられ、反対に日本民族の本来の清廉にして潔白、名誉を重んじ、国土、自然を愛し、生産にいそしみ、地域社会の生活とその繁栄とを大切にし、協力一致、平和な国家を保ち、皇室をわが民族の大宗と仰ぎ、伊勢の神宮を民族の大御祖神と崇敬してきた美風は、日常の新聞雑誌等のマスコミには、ほとんど影を見出せないのが現実の姿であります。真に国の将来を憂えるとき、日本人ならばこの現状をそのまま肯定する人はほとんどいないでありましょう。

ことに今日、この神道政治連盟を生み出す力となった神社界は、終戦後、伊勢の神宮を本宗として神社本庁の組織の下に全国八万の神社が結集して、わが国古来の精神伝統を護り伝え、その信仰の下に、家と地域社会とそして国家の繁栄の精神的背景となってきたと信ずるのですが、先般我々が多数の同志と共に闘って国会で法律の改正を見ましたあの国民祝日法改正の長く苦しかった努力の跡をかえりみ、不抜の精神をもって闘い抜いた尊い教訓に鑑み、この非常時局を乗り切って国家国政を真に日本民族の伝統たる神道精神の基礎にのせ、もって我国の平和と繁栄とを固くするために、我々はいまこそ一致団結して起つべき時と確信するにいたったのであります（神道政治連盟 1990: 44-45）。

神社本庁の設立時の方針にのっとって、天皇への崇敬を高め、伊勢神宮の国家的地位を回復することが基本的な目標であり、それが「日本民族の伝統たる神道精神」の中核と見なされていることが理解できるだろう。

4――神政連と神宮の真姿顕現

神政連の目指すところが何であるかは、たとえば、一九九〇年に刊行された『神政連のあゆみ――戦後の精神運動の柱として』の「皇室の尊厳護持の運動」という項を見るとよく分かる。そこでは、「皇室の尊厳護持の運動は、神政連の活動の大半を占める基本的な柱であるということができます」と書き始められている。

神政連は発足（一九六九年――島薗注）前の神社本庁の一部局の時代から、この皇室問題には一貫した基本方針をもち、それにもとづいて時に応じた運動を展開しています。まず、その大綱から説明させてもらいましょう。／神社界は戦後、占領軍の命令によって憲法が変えられ、これに伴って皇室に関する憲法同様に重い規範とされた皇室典範とそれに伴う諸制度が根本的に変更されたときに、このままでは日本の二千年の歴史伝統の柱が消滅するおそれがあると、これを様々の事実や政府見解や法文の解釈、新しい法律の制度などを組み合わせて、実際的には伝統の色彩を濃厚に残したものにご復古しようとの長期的な展望をたてたのです（神道政治連盟 1990: 58）。

占領期から戦後の新たな憲法による政治体制を認めないという立場を貫いてきたということ、そしてそれは何よりも「皇室尊厳」に関わるものであることが述べられている。ここでは「国体」という語は用いられていないが、実質的に神聖な「国体」の復興が目指されていることは明らかである。

その運動は、皇室ともゆかりの深い神宮はじめ全国の神社が、全く制度的には国や皇室と切り離され、監視も厳しくおこなわれていた占領中から開始されました。これは成功をしませんでしたが、占領中の国民の祝日から紀元節を切り離すのに反対する全国的な大衆アピールも、日本全国で若い神職たちが自転車に乗って家から家を廻り、国に対して存続の投書や署名をして貰ったり、当時、流行したラジオの街頭録音での声なき声をよせあつめる運動もその一つでありましたし、同じく占領中に元号制度を廃止しようとした参議院の動きを全力で阻止したのもその方針にのったものでした（神道政治連盟 1990: 58-59）。

紀元節や元号制度の復活運動は占領時から始められていたこと、そこでの草の根の運動は若手神職らによって担われていたことが記されている。

一時は制度的に皇室とは全く関係ないものとされた伊勢の神宮に北白川神宮祭主様をお迎えして、何とか天皇さまのおまつりの形をととのえようとしたのも、厳しい干渉の中に祝詞や敬神生活綱領の中に尊皇の語を入れたのもその運動の一環であるなら、日本の新聞でただ一紙、神社界の広報紙「神社新報」で、堂々と尊皇の道の正しさをうったえつづけたのも、厳しい環境の中でのこの伝統を事実によって維持するという方針の一つと言うことができます（神道政治連盟 1990: 59）。

古くは伊勢神宮に結婚前の皇族の女性が仕える「斎宮」制度があり、明治維新後は新たに皇族が伊勢神宮の祭事に関わる「祭主」として任じられるようになった。戦後は国や政府ではなく、宗教法人神社本庁の規定により、「祭主」は「勅旨を奉じて定める」こととされ、女性の元皇族が就任している。「北白川神宮祭主様」というのは、北白川房子（明治天皇皇女）を指す。その後、鷹司和子（昭和天皇皇女）、池田厚子氏（昭和天皇皇女）、黒田清子氏（今上天皇皇女）らが任じられている。伊勢神宮のもっとも重要な稲の収穫を祝う神嘗祭では、行列の先頭に祭主が立つのである。これは一宗教法人の依頼に皇族が応じているもので、法的には私的な行為にすぎないが、実質的には皇族が祖神である伊勢神宮を尊んでいることを形で表していることになる。国家的、公的な意味をもってしまうことは言うまでもない。

神社界は、政府やマスコミがどのように言おうとも、戦後の法令から天皇さまに関係ある多くの重要なことが消えたのは「文章に書く必要もない程、社会に定着しているからだ」という解釈をたて、たとえ憲法が変わったとしても、皇室の伝統は寸分も変わることがないのだという現実を固めてしまおうと運動をしていたのです。この方針にのって、占領中から、危機に瀕した元号制の明確化運動や、紀元節復活の運動、皇室誹謗文書の取締りを求める運動、伊勢の式年遷宮の実現の運動などを次々に開始したことは、先にのべました（神道政治連盟 1990: 59）。

「皇室の尊厳護持」ということだが、それは実質的には神聖な「国体」を護持しようということである。そう考えると、伊勢神宮や三種の神器、あるいは皇室の神道行事と関わる問題に強くこだわってきている理由は理解しやすい。

その後、これらの運動をつづけながら、神社界は政治工作を進めて昭和三五年には、伊勢にまつられている御鏡が、皇室からのおあずかりもの、つまり皇位のしるしとして大切な三種の神器のうちの御鏡であり、伊勢のおまつりが、単なる民間のまつりではなく、天皇さまのおまつりであることを首相の公式見解として国会質問の形でとることに成功しました（ついで熱田の御剣も同様の見解をとることに成功する）（神道政治連盟 1990: 59–60）。

この「政治工作」とは「神宮の真姿顕現運動」とされるもので、一連の運動のなかで最初に大きな成果を得たものと捉えられている（神社新報社 1986）。この「真姿顕現」という語は二・二六事件の際に用いられた用語で、「国体の真姿顕現」というのが元の用法だ。国体明徴運動の延長線上に用いられたものである。ジョン・ブリーンは「この概念は、現在の神社界の『戦前への憧れ』の表れと考えてよいと思います」と述べている（島薗、ブリーン 2016: 198）。

なお、首相の公式見解というのは、一九六〇年一〇月一二日の池田勇人首相の国会答弁を指す。これについて、神道界の指導的理論家であった葦津珍彦は、「道はなお遠い」と警鐘を鳴らしながらも、「国体恢弘の途上に横たわる暗雲」が晴れたと高く評価したという（ブリーン 2015: 135）。『神政連のあゆみ』は、「これで新皇室典範から抜かれていた三種の神器の問題や伊勢と天皇さまの関係は実際的には制度的な基礎を固めました」と述べている（ブリーン 2015: 60）。

同書はその次の項で「剣璽御動座の運動」について述べている。これは、三種の神器のうちの草薙剣と八尺瓊勾玉を天皇が遠方に出るときには、侍従が運び天皇とともにあるようにするというものだ。戦前はこれは行われていたが、一九四六年の千葉行幸のときから廃止されていた。ところが一九七一年以来の神道界を中心とする右派の運動によって、一九七四年の伊勢行幸において復活することになった。これは一九八九年の代替わりに際して、剣璽等承継の儀が行われる伏線となったと『神政連のあゆみ』は評価している。

「皇室の尊厳護持の運動」の項の叙述に戻ると、その最後の部分は以下のとおりである。

ついで剣璽渡御の儀、元号法の成立など次々と運動を重ねていくのですが、この次々に重ねてきた運動の成果が今回の陛下の御代替りにおいて、皇室典範などこれに関する法律とは全く変わったものになってしまった今日でも、皇室の制度は連綿として変わらないものだということを実証する大きな証しになったことを忘れないでほしいと思います（神道政治連盟 1990: 72）。

「今回の陛下の御代替わり」というのは、一九八九年の昭和天皇の崩御に続く、大喪の礼、即位の礼（一九九〇年）、大嘗祭（同前）などの一連の行事を指すものだろう。かつて、新たに即位する天皇に剣璽を引き継ぐ儀式は「剣璽渡御の儀」として行われていた。それが政教分離に違反するかどうかが問われたが、「剣璽等承継の儀」として行われた。ここでは、その他にも神道色を帯びた行事が国費を用いて行われたのは、従来の政教分離の壁を打ち破ったものと理解されているようだ。

5——式年遷宮への首相参列

安倍首相は日本会議や神道政治連盟の望む方向の政策を次々と推し進めている。そのなかには、公衆があまり気づいていないうちになされているものもある。その一つは、安倍首相が二〇一三年の伊勢神宮の式年遷宮の際、八名の閣僚とともに遷御の儀に参列したことである。首相が遷御の儀に参列した例は、これまで一九二九年の浜口雄幸首相しかいなかった。

二〇一三年一〇月二三日の『朝日新聞』夕刊は、「伊勢神宮（三重県伊勢市）の二〇年に一度の式年遷宮で、安倍晋三首相や閣僚が二日、内宮の『遷御の儀』に参列した。憲法の『政教分離の原則』に反するのでは、と批判がある。宗教法学と近代史の識者にそれぞれ聞いた」として、宗教法学が専門の平野武（龍谷大学名誉教授）と近代日本史が専門のジョン・ブリーン（国際日本文化研究センター教授）の二人のコメントを掲載した。

「祭祀と権力が結びつく印象」と題されたブリーンのコメントは、伊勢神宮の近世近代の歴史を研究してきた歴史家にふさわしい鋭い分析を含んでいる。ブリーンは安倍首相の参列のあり方について、丁寧に見届けようとしている。「安倍首相は外玉垣と板垣の間の参列席に着座。そこには皇族関係者も。さらに新宮に向かう列にも加わった」という。これは、首相という公人だから許されたものだ。そうであるとすれば、「今回の参列はプライベートな信仰を超えた行為と受け取るべきで、遷宮の国家儀礼化とも理解できる」という。

遷宮は国を挙げての儀式で、首相の参列は当然という主張も多い。だが、遷宮は一宗教法人の最重要儀式にすぎず、国の行事ではない。首相は何を求めて参列したのか。政治と祭祀が一体化した祭政一致の戦後版にさえ見える。(中略)首相の参列で遷宮が権力と結びついた印象を受ける。

背景には50年代から神社界などで盛んになった真姿顕現運動がある。伊勢神宮の真の姿は戦前同様の国家の神社で、遷宮は天皇や国家の儀式という考え方だ。60年に池田勇人首相は、神宮でまつる神鏡は人間が作った物体ではなく、「天照大神が歴代天皇に授けたもの」と発言した。この池田声明も神道指令を否定し、明治憲法に通じる内容だ。

ちなみに、二〇一五年に刊行された『神都物語』で、ブリーンは式年遷宮をめぐる国家と宗教の関係の変化について、伊勢神宮を私的機関とする「法人化」と公的機関とする「脱法人化」の概念を用いて、「終戦直後から神宮の脱法人化志向と天皇と皇室のいわば再神聖化がみえはじめ、その勢いは強まっていく」と述べている(ブリーン 2015: 173)。「原動力は神社界や彼らに感情移入する代々の自民党政権である。神宮の法的地位そのものに変化はないが、天皇(公人か私人かが不明のまま)の神宮との関係は明確に進化し、遷御は『天皇儀礼化』していくと同時に、天皇の天照大神との関係性は新たに強調され、天皇の神聖性がアピールされていく。これはもちろん国家が管理し、許容する進化である」(ブリーン 2015: 173)。

『朝日新聞』の記事に戻ろう。「政教分離骨抜きになる不安」と題された、憲法学者の平野武のコメントを見よう。首相の遷御の儀への参列は、憲法の政教分離の規定に鑑みて、許容できるものではないというものだ。

戦前の国家神道のもと、すべての神社は超越した存在として国家の祭祀をつかさどる場所だった。なかでも皇祖神をまつる伊勢神宮は本宗(仏教でいう本山)とされた。天皇の国家統治の基礎であり国家神道の中心的存在だった。国体に反するキリスト教徒らは激しく弾圧された。

この国家神道の否定から戦後の政教分離がある。伊勢神宮は特別な存在であるということを否定し、一宗教法人でしかない。これが現憲法の考え方だ。それは人間の精神を形成する宗教に政治が立ち入らないことで信仰を守り、宗教の違いを認め合う。宗教に対する国家の中立、公平性が宗教の平等を保っている。

今回の首相の参列は、伊勢神宮は特別な存在であり、ほかの宗教施設とは別格というメッセージを伝え、一宗教法人に肩入れした。この行為が合憲か違憲かの基準は、一九七七年の津地鎮祭訴訟の大法廷判決で最高裁が示した「目的効果基準」。国家が宗教に関わることで特定の宗教が利益を受け、ほかの宗教が圧迫されないか。この基準からしても今回の参列は憲法違反だ。

ブリーンも平野も安倍首相の遷御の儀への参列は憲法違反であると見ている。だが、この両者のコメント以外にそれについての批判的な意見はあまり目立たなかった。『神都物語』の末尾で、ブリーンは、「『朝日新聞』以外のメディアが、総理の参列を吟味しないで当然として扱ったことも重大である。神社界が戦後実施してきた「真姿顕現運動」はこれで更なる進展をみせる」と述べている（ブリーン 2015: 173）。

6―おわりに

この章は、第二次世界大戦後の国家神道復興運動の全体を詳しく叙述しようとしたものではない。日本会議と神道政治連盟という二つの政治団体に即して、大きな流れを素描しようとしたにすぎない。だが、この流れを見ることによって、第二次世界大戦後の日本の公共空間と宗教という問題について、見えてくることは小さくないと考える。

神聖な天皇への崇敬や国家神道を抑え、立憲デモクラシーを確立しようとする動きは、一九四五年一二月の神道指令、四六年一月の「天皇の人間宣言」、そして同年一一月の日本国憲法の公布によって大きく前進したが、同時にこれに不服で「神権的国体論」の方向へ引き戻そうとする動きも始動した。神社本庁は当初からこの後者を主導する組織だった。この動きは新宗教教団、生長の家をはじめとするさまざまな勢力に支持され、国家神道復興の方向性をもつ運動が継続的になされてきた。神宮の真姿顕現運動、紀元節復活運動、元号法制化運動などである。一九六九年には神道政治連盟、一九七四年には「日本を守る会」、一九八一年には「日本を守る国民会議」といった団体が結成され、国家神道復興の動きを支える勢力の拠点となってきた。「日本を守る会」と「日本を守る国民会議」は一九九七年に合流し、日本会議となった。

こうした動きが大きく注目されるようになったのは、二〇一二年の安倍政権の成立以来のことである。戦後早い段階から始められていた神権的国体論の復興と立憲デモクラシーの掘り崩しの動きが、政権自身によって積極的に追求されているように見えるからである。安倍政権のこうした動向を支える勢力として日本会議がにわかに注目を集めているが、神道政治連盟や神社本庁の動きもあわせて取り上げ、敗戦後の立憲デモクラシーと神権的国体論の動向という長期的な展望のもとに見直す必要がある。

ここで取り上げた事態は、二つの意味で宗教と政治が密接に関わっている。一つには、日本会議と神道政治連盟のどちらもが宗教団体の強い支持を受けた右派の政治団体であり、これらが現在の政権に強い影響力をもっていることだ。もう一つは、どちらもが国家神道復興を重要な政策課題と見なしており、それは憲法の信教の自由や思想信条の自由の規定に深く関わるということだ。取り上げた二つの右派政治団体のうち神道政治連盟は神社本庁という宗教団体との連携が強く、宗教的主題に力点が置かれている。日本会議も宗教団体がいくつも加わっており、上記の意味での宗教性に関わっているが、神政連と比べると歴史認識や安全保障や対外政策のような、さほど宗教性が明確でない政治課題に対する関心がより大きな比重を占めている。

だが、どちらの団体も国体論を掲げた明治維新から敗戦に至る体制を是とするところにその思想の主要な特徴がある。明治維新以来、とりわけ大日本帝国憲法成立から敗戦に至る時期の日本は、立憲デモクラシーと神権的国体論の二つのベクトルの間の緊張関係の下にあり、昭和期に入ると急速に神権的国体論の優位へと傾いていった。現代の日本でも程度の差はあれ、類比できる事態が進行していると考えることができる。日本会議や神道政治連盟という団体の動きを見ていくことによって、宗教と政治や立憲デモクラシーをめぐる日本の現状を見定める手がかりも得られるということだ。

もちろん、これは一つの視点にすぎない。第二次世界大戦後の日本社会において、宗教集団は多数、存在する。たとえば、浄土真宗や創価学会のような仏教系の大きな宗教団体の動向から見えてくるものも重要である。天皇と国家ということでも、国民それぞれがもっている見方は多様であり、世論の動向は見定めが容易ではない。

だが、首相や閣僚、また、政権の主力である自由民主党が、日本会議や神道政治連盟と密接な共鳴関係の下に政策を進めてきているという事態の重要性は見逃すことはできない。この視点からの考察をさらに深めることは、日本の政治の将来を見とおす上できわめて重要な課題となろう。

【文献】

青木理 2016『日本会議の正体』平凡社。
ブリーン、ジョン 2015『神都物語――伊勢神宮の近現代史』吉川弘文館。

藤生明 2018『徹底検証 神社本庁――その起源から内紛、保守運動まで』筑摩書房。
神社本庁教学研究室編 1980『神社本庁憲章の解説』神社本庁。
神社新報社 1986『増補改訂 近代神社神道史』神社新報社（初版、一九七六年）。
成澤宗男編 2016『日本会議と神社本庁』金曜日。
ルオフ、ケネス 2003『国民の天皇――戦後日本の民主主義と天皇制』共同通信社。
佐藤幸治 2015『立憲主義について』左右社。
島薗進 2010『国家神道と日本人』岩波書店。
島薗進、ジョン・ブリーン 2016「対談 伊勢神宮と国家儀礼」『世界』二〇一六年六月号。
神道政治連盟 1990『神政連のあゆみ――戦後の精神運動の柱として』神道政治連盟。
菅野完 2016『日本会議の研究』扶桑社。
俵儀文 2016『日本会議の全貌――知られざる巨大組織の実態』花伝社。
上杉聰 2016『日本会議とは何か――「憲法改正」に突き進むカルト集団』合同出版。
山崎雅弘 2016『日本会議 戦前回帰への情念』集英社。

5章 靖国神社についての語り
明治維新百五十年で変わりうるか

小島 毅

1——はじめに

二〇一六年一〇月一三日付け産經新聞には、「ご存知ですか?」に始まる「意見広告」が掲載された。[1] 以下にその一部を引用する。

神話の国譲りに始まり、菅原道真公を祀る天満宮や、将門首塚など我々日本人は歴史や文明の転換を担った敗者にも常に畏敬の念を持って祀ってきました。／そのような中で西郷南洲や江藤新平、白虎隊、新選組などの賊軍と称された方々も、近代日本のために志を持って行動したことは、勝者・敗者の別なく認められるべきで、これらの諸霊が靖国神社に祀られていないことは誠に残念極まりないことです。（中略）有史以来、日本人が育んできた魂の源流に今一度鑑み、未来に向けて憂いなき歴史を継いでいくためにも、靖国神社に過去の内戦においてお亡くなりになった全ての御霊を合祀願うよう申し上げる次第です（後略、引用太字は原文どおり）。

この意見広告の「呼びかけ人」は、石原慎太郎・亀井静香・原口一博・森山裕・平沢勝栄・武田良太の六氏。「賛同者」として中曽根康弘・村山富市・森喜朗・福田康夫といった首相経験者四氏をはじめ政界・財界の大物たちが名を連ねている[2]。この意見広告の主体名称は単に「「合祀申し入れ」事務局」で、連絡先は亀井静香事務所。

その後、本書刊行時点ではまだこの「意見」は実現していない。ただ、もし将来この意見表明が靖国神社によって受け容れられることにでもなれば、その一五〇年の歴史における一大転機として、後世まで記録・記憶されることが予想される。事は靖国神社の本質に関わるからだ。

本章では、とかく外交案件として取り上げられることが多い所謂「靖国問題」に対する、靖国神社に近い立場からの反論の紹介とそれについての私見から始めて、靖国神社創建の経緯を先行研究にもとづいて確認し、その思想的来源について筆者が年来主張している学説をあらためて述べる[3]。

この意見広告に披露されている彼らの歴史認識は昭和の敗戦後七十余年の今、何を意味するのか。「敗者にも常に畏敬の念を持」つことを日本人の徳性として誇るこの文章が、「過去の内戦」に限定して勝者と敗者の合祀を求めていることの思想性を論評してみたい。

2──靖国問題は文化の相違によるものか

一九八五年八月一五日、時の内閣総理大臣中曽根康弘は、「終戦記念日」のこの日、靖国神社を参拝した。そして、この参拝が個人の信仰としてではなく一国の首相という立場での参拝、すなわち公式参拝であると表明したことが中国や韓国の反発を招き、「靖国問題」が外交案件として浮上することとなった。(4) この年、自由民主党の訪中団に対して、中国人民代表大会常務委員会委員長(立法府の長)であった彭真が不満の意を表明する。これに対して訪中団長の長田裕二は、「日本には『死者をムチ打たず、墓を暴かず』という考え」があるとし、平将門の事例を挙げて反論したという。(5)

國學院大学名誉教授の大原康男は、『いわゆる「A級戦犯」合祀と靖国問題について』と題する小冊子でこの件に触れ、次のような意見を表明している。

私は、これは決して見過ごすことのできない最も重大な問題であると考えています。わが国には、「過去を水に流す」「死者をムチ打たず、墓を暴かず」という文化があります。これに対して中国は、「死者にムチ打ち、墓を暴く」文化です。かつて南宋《なんそう》という国がありました。その国が金という異民族に攻められたとき、秦檜《しんかい》という南宋の政治家が妥協し、和平を結んだ。これは売国行為だと激しく非難され、この人と夫人の銅像を作って、今なお中国人は唾《つば》を吐き続けています。これが中国の文化です。この文化を中国の人が大切に思うのは別に構わない。しかし、わが国にはこのような文化はありません。にもかかわらず、彭真氏の物言いは「死者にムチ打ち、墓を暴く」文化、中国の文化を押しつけている。あからさまな文化干渉ですから、政治干渉よりもはるかに重大な問題ではないでしょうか[6]（ルビは原文）。

秦檜（一〇九〇―一一五五）[7]は南宋初期の宰相。靖康の変（一一二七年）による北宋滅亡後、一時期金の俘虜となっていたが、宋の皇室の一員の康王を皇帝（没後の廟号は高宗）として戴く南宋政権に参加、金との講和政策を推進した。その過程で反対派（主戦派）の将軍岳飛（一一〇三―一一四二）を粛清・処刑している。秦檜の死後、主戦派が政権に復帰すると岳飛の名誉回復と並行して秦檜批判が始まり、攘夷思想を説く朱子学の盛行によってこれが定着した。大原が言うように、今も杭州にある岳王廟（主神は岳飛）の参道には、岳飛を粛清した秦檜夫妻と張俊・万俟卨《ばんしせつ》が上半身裸で鎖に繋がれ跪く銅像が、晒しものとして置かれている。そこには「文明游覧、請勿吐痰（礼儀正しく観光し、唾を吐きかけないでください）」という注意掲示がなされている。なぜなら、この像に「今なお中国人は唾を吐き続けて」いるからである。

杭州を訪れた大原にとって、おそらくきわめて印象深い光景だったのであろう。氏はここに日中両国の文化の質的相違を見て取った。そして、これが中国における「靖国問題」の取り上げ方の思想的背景だと判断したものと思われる。日本人なら「過去を水に流す」からもはや問題にしない事柄を、いつまでもしつこく問題化し、祀られている神（靖国神社で「英霊」と称する祭祀対象）の人選についてまでとやかく干渉してくるのは、それが「中国の文化」だからだという論理である。

ここで大原が述べているのは、世にいう「靖国問題」、すなわち一九四五年に日本の降伏で終結した戦争にまつわる案件である。この戦争中に戦死・傷病死した将兵に加えて、一九七八年、靖国神社は東條英機ら一四名を「昭和殉難者」として新たに合祀した。彼らは戦後の極東国際軍事法廷（東京裁判）の被告たちであり、所謂「A級戦犯」であった。[8] 彼らは処刑（絞首刑）・獄中死・裁判中の病死のいずれかにより、全員がすでに鬼籍に入っていた。靖国神社は彼らの死を悼み、国家のために殉職した人物として顕彰する目的で合祀したのである。

「昭和殉難者」という名目は、靖国神社にそもそも存在していた別の殉難者たちの前例を踏まえたものであった。靖国神社の英霊として認定される原則は戦場での死であったが、戦場以外の場所で落命した場合でもそれが国家のための殉難であれば同様の扱いをすることになっていた。[9] 特に「昭和殉難者」を合祀する際に意識されていたのは、幕末の「国事殉難者」であった。[10] したがって、この問題は靖国神社創建の事情に遡って考察されねばならない。

3——靖国神社の起源

そもそも、靖国神社の起源となったのは、一八六二年に津和野藩士福羽美静（一八三一—一九〇七）・

長州藩士世良利貞（一八一六―一八七八）らが、京都霊山の霊明舎において一八五八年以来の四年間に落命した同志たちを追悼した式典だった。「同志」とは、ひとことで言えば尊王攘夷派の志士たちである。一八六二年、すなわち文久二年とは、将軍徳川家茂と皇妹和宮が結婚して公武合体が進み、幕府が朝廷の意向に従って攘夷政策に転換して、安政の大獄で罰した人士を赦免した年であった。その年末に、福羽らは一種の名誉回復を誇示する行為として、一八五八年すなわち安政の大獄開始以来の尊王攘夷運動の殉難者たちを追悼・顕彰したのである。なかでもその象徴的人物は、かの吉田松陰（一八三〇―一八五九）だった。

薩長主導の革命運動が成就して明治維新となり、江戸が東京と改称されて新政府の所在地となると、そこに東京招魂社が設けられる（一八六九年）。祭祀対象は、戊辰戦争にいたる維新の事業に参加して命を落とした人たちであった。ただし、維新推進側の人物に限られるのであって、打倒対象だった幕府側の人士は含まれない。つまりは勝者による仲間たちの顕彰・慰霊の行為だったのである。その後、不平士族たちによる各地の反乱である佐賀の乱や西南戦争を平定すると、これらの内戦による官軍兵士も合祀された。一八七九年、東京招魂社は勅命によって靖国神社と改称される。

「東京招魂社」はすべて音読みで「とうきょうしょうこんしゃ」と呼ばれていた。[11] 招魂は和語の「たまよばい」のことで、中国の古典『楚辞』にこの名の詩篇がある。死者の霊魂に呼びかけて祭祀の場に降臨させる意である。だが、「靖国」は音読み「せいこく」[12] ではなく、「やすくに」と訓読みされる。とはいえ、語源はやはり中国古典の『春秋左氏伝』であった。その僖公《きこう》二十三年の条に以下の話柄が見える。

秋、楚の成得臣（子玉）が軍をひきいて陳に進攻したのは、陳が宋の側についたのを咎めたのである。つづいて〔陳の〕焦・夷を占領し、頓に城墻を築いて引き揚げた。子文（鬭穀於菟《とうこくおと》）は、これを成得臣の功績として、令尹に任命した。大夫の叔伯（薳呂臣《いりょしん》）が、「あなたは〔あんな者を令尹にして〕国をどうなさるつもりなのか」と言うと、子文は答えた。「私は、これで国を安定させるつもりだ。大功を立てたのに高位をもらえないと、その人は〔国を〕安定させにくいからね(13)」。

ここで子文の最後の発言に見える「国を安定させる」の原文が「靖国」である。ただし、この語は中国古典で頻用されていたわけではない。日本語の訓読で同じく「くにをやすんず」となる同義語としては「安国」の使用が普通であった。仮に江戸時代の文人が「くにをやすんず」という日本語を漢文で表記しようとしたら、「安国」と書いたはずである。東京招魂社を「やすくに」と改称する際に明治天皇（厳密にはその右筆）がなぜ安国ではなく靖国の用字を選んだのかはわからない(14)。

こうして靖国神社は別格官幣社の格を与えられ、国家神道の神社のなかでも特別な地位を占めることになった。特定の英雄・偉人ではなく戦死者一般を祀る施設として、戦役のたびに祭祀対象者が増え、その対象者選定作業にかかわる陸軍省と海軍省が内務省とともに管轄する神社でもあった。大日本帝国の兵士として殉職したことが主たる資格要件なので、日本の統治下に置かれた台湾や韓国の人々も靖国神社に祀られることとなる。[15] 他方、大日本帝国政府と敵対して戦死した者たちは祭祀対象にならない。より正確には、天皇に歯向かった側の将校・兵士たちは、それが日本人だろうが外国の軍隊だろうが、靖国神社には祀られない。江藤新平は佐賀の乱、西郷隆盛は西南戦争という内戦で明治天皇に歯向かった人物なので、祭祀対象にはならない。

江藤や西郷は死後一〇年で名誉回復している。[16] その意味では長田裕二や大原康男が言うように「過去を水に流す」のが日本の文化なのかもしれない。しかし、こと靖国神社について言うならば、江藤や西郷はいまなお祭祀対象になっていないのである。それはこの神社が天皇のために戦って死んだ者かどうかを選択基準にしているからだ。「昭和の殉難者」たちも、天皇の名で行われた戦争のあと、その「戦争犯罪」（あくまでもこの語彙は勝者たる連合国側のものであって、靖国神社の主張とは相容れない）によって処刑されたり獄中死したりしたからこそ「殉難者」に該当する。敵と味方を峻別し、のちのちまでもこれにこだわるという点で、靖国神社の本性は「過去を水に流す」文化とは言えない。

4――靖国神社の英霊たち

ここであらためて整理しておこう。靖国神社では祭神を「英霊」と称する。この用語は、附設博物館の遊就館をはじめとする靖国神社の公式見解によれば、[17] 藤田東湖の「和文天祥正気歌（文天祥の正気《せいき》の歌に和す）」に典拠を置き、その用法に由来する。文天祥（一二三六―一二八二）は南宋末期の政治家で、元朝に仕えるのを拒んで処刑された。その獄中で書いたいわば辞世の詩が「正気歌」である。宋王朝への忠誠を貫いて蒙古を夷狄と蔑む尊王攘夷思想を鼓吹した内容で、日本でも幕末期に尊王攘夷派の志士たちに愛誦されて模倣作が多く作られた。藤田東湖（一八〇六—一八五五）のものもその一つである。この詩では、文天祥と同じく朱子学の理気論にもとづく自然観が述べられたのち、人間社会における「正気」の作用を日本の歴史故事を例示しながら歌っていく。仏教排斥論を唱えた物部守屋や、南朝の忠臣楠木正成、江戸時代では赤穂義士たちである。そして、次の四句が続く。

乃知人雖亡　　乃ち知る　人亡ぶと雖も
英霊未嘗泯　　英霊未だ嘗て泯《ほろ》びず
長在天地間　　長《とこし》へに天地の間に在り
凛然敘彝倫　　凛然として彝倫《いりん》を敘す

そこまでに例示した忠臣たちは「英霊」として死後もその「正気」を残しており、それが「彝倫」すなわち人倫の模範となって後世に伝わっている。儒教が重視する尊王や攘夷の実現のために自分の命を捧げる行為を成し遂げた先人たちが追慕され、作者東湖自身もそうした生き方をしたいと述懐してこの詩は結ばれる。

靖国神社は一八六二年の招魂祭以来の精神、東湖のこの詩に象徴される主義主張を継承し、国家の制度として実現した施設だった。

靖国神社がつくられた実際の過程は、尊王攘夷を旗印に、欧米列強諸国から開国を迫られた江戸幕府に敵対し、幕府から「国賊」として処罰された犠牲者を、天皇のために亡くなった「国事殉難者」として祀ることにあった（吉原 2014）。

したがって、ここでは敵と味方の峻別こそが核心とされる。国事殉難者の有資格者は、天皇のために死んだ者たちである。そして、その資格認定をする立場の者は、自分たちの側が天皇のために戦っているという認識を持っている。一般論としてこの種の事柄が常にそうであるように、彼らの敵対勢力も「天皇のため」を標榜している可能性があるし、幕末期の歴史の流れは実際にそうであった。たとえば、一八六四年の禁門の変（蛤御門の変）は、会津藩を中心とする幕府側が孝明天皇を護るため、その住まいに侵入しようとした長州藩を撃退した戦闘だった。この時点での朝敵・賊軍は長州藩である。ところが、明治維新の成就で立場は逆転し、遡って禁門の変に際しても長州藩の方が天皇のために戦っていたこととされた。久坂玄瑞（一八四〇―一八六四）は、御所に攻撃を仕掛けた賊軍の首魁から、名誉回復されて朝廷に忠誠を尽くした英霊となっている。他方、会津藩は禁門の変の時点では天皇の命令で御所を護っていたのに、その行為が久坂玄瑞率いる長州軍に敵対して彼を自刃に追い込んだことから、逆に賊軍扱いをうけることとなる(18)。

こうして、幕末維新期の殉難者・戦死者のうち、吉田松陰・橋本左内・久坂玄瑞・坂本龍馬や戊辰戦争の西軍（いわゆる官軍）戦死者は靖国神社の英霊になり、井伊直弼をはじめ、新選組・会津藩士といった幕府方の人士、および維新後に反乱を起こした江藤新平・西郷隆盛らは賊軍であって英霊ではないという構図が確立する。一九四五年の敗戦という、一般には日本でのそれまでの歴史認識を変える大事件が生じても、この構図は動揺しなかった。世間的に話題となる中国や韓国との和解以前に、靖国神社創建の経緯に関わる、より根本的な歴史認識、戊辰戦争東西両軍の融和がまだなされていない。

靖国神社は「過去を水に流す」、「死者をムチ打たず、墓を暴かず」という文化には属していない。むしろ、そうした日本古来の文化と対立する側に属している。

5——怨親平等から怨親差別へ

靖国神社が生まれるより以前、日本には怨親平等《おんしんびょうどう》という考え方があった。教義的には仏教に由来し、死んでしまえば敵味方を問うことなく、平等・公平にその菩提を弔おうという発想である。著名な例では、鎌倉五山第二位の円覚寺創建の理由が挙げられる。円覚寺は二度の蒙古襲来（一二七四年と一二八一年）で戦死した両軍兵士の菩提を弔うために、鎌倉幕府執権の北条時宗が開基となり、無学祖元を開山に迎えて一二八二年に創建された寺院であった。無学は南宋の人で、二度の蒙古襲来のあいまの一二七九年に来日している。

怨親平等の精神は、蒙古襲来のような国際戦争だけでなく、国内の内戦に対しても適用された。夢窓疎石（一二七五―一三五一）は無学の孫弟子にあたり、北条高時や後醍醐天皇、さらには北朝の光厳上皇や足利尊氏・直義兄弟から崇敬された学僧である。[19] 一三四五年、彼は光厳上皇に献策してその許可をもらい、日本全国に一国一寺で安国寺《あんこくじ》を建て、また別に利生塔《りしょうとう》を各国に設けることとなった。その目的は、十数年来の戦乱で命を落とした人々すべての鎮魂であり、政治的・党派的立場は一切不問とした。この施策を進めたのはいわゆる北朝であるから、もし仮に靖国神社の論理を持ち込むなら、北朝の側で落命した者が官軍、南朝の側は賊軍のはずである。しかし、ここではそれを問わないどころか、菩提を供養すべき最重要対象は後醍醐天皇であった。後醍醐天皇の菩提寺としては、すでにこれに先立って同じく夢窓の提案で、足利尊氏を開山とする天龍寺が京都に造営されつつあった。その落慶法要は、同じ一三四五年に行われている。

夢窓はその『語録』のなかで、光厳上皇に向けて「超越怨親差別之昏衢、優游迷悟一如之霊域」と訓示を垂れている。「怨親差別の暗闇を抜け出し、迷いも悟りも一つだという神妙な境地に至りなさい」という意味であろう。この一節は後醍醐天皇の有為転変を語ったあと、それを他山の石として治天《ちてん》（いわゆる院政を担当する人物で、この時の北朝の治天は光厳上皇）の心構えを説いた文脈に属している。したがって、怨親差別を超越し、怨親平等の精神を持つことが為政者には重要だと、夢窓は考えていたことになる。安国寺と利生塔の建立も、これと軌を一にする宗教政策だった。[20]

江戸時代にいたるまで、仏教こそが日本の国教だった。ただ、一八世紀には国学が誕生して仏教の影響を排除した純粋な神道を鼓吹し、儒教思想も広い社会階層に浸透して仏教と対立する場合があった[21]。明治政府の当初の宗教政策はこの路線に乗るものだったから、国事殉難者を国家として祀る施設は、安国寺のような仏教寺院ではなく、神道の靖国神社だったのである（再言すれば、安国と靖国は同義語である）。しかも、怨親平等の精神による安国寺に対して、靖国神社は敵（賊軍）と味方（官軍）の峻別を重視する「怨親差別」主義を掲げていた。靖国神社は、「過去を水に流す」ことを良しとする日本古来の思想とは異なる考え方に立っていた。では、その思想資源はどこから得ているのだろうか。

私は靖国神社創建の思想資源は儒教の朱子学だったと考えている。靖国神社は日本土着の、もしくは仏教受容による古来の伝統に根ざした神社ではなく、一九世紀にようやく根付くようになった新来の思想、朱子学の精神に依拠している。すなわち、墓を暴いて死者に鞭打ち、秦檜の石像に唾を吐きかけつづける「中国の文化」なのである。

6―朱子学の歴史認識と靖国神社

朱子学が日本に伝わったのは鎌倉時代のことであったが、当初は五山禅僧の間で学ばれていたにすぎなかった[22]。朱子学が仏教寺院から離れて自立し、専門の儒者たちによって教育研究されて巷間に広まったのは江戸時代、それも寛政改革以降の一九世紀になってからのことである[23]。

専門の儒者ではない、当時の一般の読書家たちが中国の歴史を学ぼうと考えた時に読む簡便な中国通史が、『十八史略』だった。これは一四世紀、元の時代の曾先之という人物が編纂した史書で、正史十八種（ただし、宋代については正史が未編纂だったため編年体の史書を利用）を編年体で略述している。三国時代では蜀を正統王朝とするなど、曾先之の歴史認識は朱子学に属している。[24] 南宋初期の情勢については、秦檜の講和路線を批判し、岳飛らの対金強硬路線を正しいとしている。夷狄たる蒙古に屈服せず獄死した文天祥も顕彰の対象であり、臨安（杭州）陥落による南宋滅亡後の亡命政権を厓山（広東省）での殲滅にいたるまで描いている。その七〇年以上前の一二〇六年に成立している蒙古国（一二七一年に大元を名乗る）は、曾先之自身が生活していた王朝であるにもかかわらず、この史書では正統王朝としては描かれていない。曾先之が漢族優越主義の攘夷思想の持ち主であったことを窺わせる。

おそらく、五山禅僧の誰かによって『十八史略』は日本に伝来した。中国ではその後、同類の諸書と比べて特にこの本が流布するということもなく、忘れられていく。しかし、日本では和刻本や語彙注解本が作られて普及した。明治時代になると教育行政面で中等教育の教材（漢文そのものというより歴史や修身の教科書）として使われて人口に膾炙するに至る。現在でも南宋の滅亡を臨安陥落の一二七六年ではなく、厓山の戦いの一二七九年と表記するのは、『十八史略』の歴史認識に一因があるといえよう。[25]

岳飛は死後二十余年で名誉回復し、一二〇四年には朝廷から鄂王に追封される。彼を祀る廟が岳王廟と呼ばれるのはこれに由来する。杭州にある廟は一二二一年の創建で、文化大革命の時期には破壊されたもののその後修復された。秦檜らを辱める銅像が昔どおりに置かれていることは前述のとおりである。境内の壁には現代の書家が揮毫した「尽忠報国」の四字が刻まれている。岳飛が座右の銘にしていたとされる文言である。

「尽忠報国（忠を尽くし国に報ゆ）」は幕末の志士たちの標語でもあった。一八六〇年に桜田門外の変を起こして大老井伊直弼の命を奪ったテロリストたちも、自分たちの行為が尽忠報国になると信じていた。

一九〇九年、横浜開港五〇周年を記念して、開港の立役者たる井伊直弼の銅像が建設された。しかし、維新の元老にして吉田松陰ゆかりの伊藤博文・山県有朋はその落成式典に出席しなかった（木下 2014）。そのやり方は、怨親平等の精神から「過去を水に流す」のとは対極の、死者に鞭を打ちつづける態度といえよう。彼らが若い頃から学んできた朱子学の素養が作用していた可能性は大きい。

井伊直弼を国事殉難者とは認めず、吉田松陰を英霊とする靖国神社は、朱子学的な敵味方峻別の理論を実践して、いまなお幕末維新期における政治的対立を表現しているのである。

7──おわりに──靖国史観解消への一里塚

冒頭で紹介した亀井静香らの声明は、官軍と賊軍の峻別をやめようという提案であり、靖国神社創建の精神に対する重大な修正要求である。しかし、現時点（二〇一八年七月）においてこの要求は採用されていない[26]。日本人が「敗者にも常に畏敬の念を持って祀ってきました」というこの意見広告の主張は、その例示対象が菅原道真・平将門という御霊信仰である点で学術的に不正確である[27]。しかしながら、いわば怨親平等の精神に帰ろうと呼びかけているのは、「過去を水に流す」という、靖国以前の日本の伝統を尊重する志向を示している。

江戸時代における朱子学という新来思想の受容・定着と、明治維新による国民国家建設への需要・欲求とが、靖国神社という、天皇のために死んだ人々を英霊として祀る施設を生みだした。その後、靖国神社の本殿では一貫してこの方針がとられてきた。

しかしながら、戦後、靖国神社自身がこの方針の修正を図った事例として、外部からも窺い知れる顕著なものが二つあった。「みたままつり」と鎮霊社である。

一九四七年以降、毎年七月なかばに靖国神社の境内で「みたままつり」が行われている。要は、仏教の盂蘭盆会の期間にそれと同様の行事を実施しているのだ。この行事で靖国神社が学術的根拠に用いたのは、民俗学者柳田国男の『先祖の話』(一九四六年刊)だった(川田 2012)。英霊を「みたま」として先祖一般のなかに溶かし込み、仏教に由来する伝統的民俗行事たる盆行事と習合して祀られることで、広く参拝者を集めようとしてきたといえよう。

他方、鎮霊社について、靖国神社の公式ホームページは次のように説明している。

> 戦争や事変で亡くなられ、靖国神社に合祀されない国内、及び諸外国の人々を慰霊するために、昭和四十年(一九六五)に建てられました。

これはまさしく怨親平等の精神にもとづく施設である。昭和の敗戦後二〇周年のこの事件は、当時の筑波藤麿宮司によって靖国神社が変わる可能性を示していた。しかし、彼の死による宮司交代の直後に「昭和殉難者」が合祀され、この路線は否定された(28)。

亀井らによる「合祀申し入れ」は、これらにつづく戦後三度目の画期として結実するかもしれない。ただ、この声明が例示で具体名を挙げている江藤新平や西郷隆盛は、所詮は倒幕側の人物である。佐幕側の「白虎隊、新選組」はもとより、井伊直弼の如く、天皇の意向に逆らってまで日本国の平和を護るために活躍して暗殺された人物も合祀してこそ、真に怨親平等の精神に立ち帰ることになろう。そうしてはじめて、靖国神社は、秦檜を参道に跪かせる岳王廟とは異質の宗教施設となる(29)。維新一五〇年にして、靖国神社は大きく変わるのであろうか。

（1）産經新聞東京版（一二版）の二三面。

（2）元首相の賛同者の中に、靖国問題を外交案件にした点では中曽根康弘と並ぶ重要人物である小泉純一郎の名が見えないことが興味を引く。委細は詳らかにしないが、下種の勘繰りでは二〇〇五年の所謂郵政選挙における小泉と亀井静香との確執が一因なのかもしれない。

（3）靖国神社創建の思想背景については、小島毅『増補　靖国史観』（2014）でも論じている。なお本章の内容は小島毅「東アジアの視点からみた靖国神社」（2016a）と重なる部分があることをお断りしておく。

（4）この問題については、村上重良『慰霊と招魂――靖国の思想』（1974）、高橋哲哉『靖国問題』（2005）が必読の文献である。

（5） 大原康男『いわゆる「A級戦犯」合祀と靖国問題について』（2008: 54）。大原は、一九八五年九月一七日付の東京新聞の報道によるとして述べている。

（6） 大原（2008: 55）。國學院は一八八二年の開黌式で初代総裁有栖川宮幟仁親王が述べた告諭にある「國體ヲ講明シテ以テ立國ノ基礎ヲ鞏ク」することを建学の精神として今も掲げる大学である（同校公式HP https://www.kokugakuin.ac.jp/about/introduction/p2 二〇一八年七月閲覧）。大原の見解が同校を正式に代表するものとは言えないが、日本独自の国体を強調する観点は通底している。なお、長田が例示した平将門については、大原は「『A級戦犯』と平将門を一緒にしてよいのかという点はここでは措いておきます」としている。

（7） 秦檜の生年の西暦表示は一〇九一年とするのが近年の傾向である。これは彼の誕生日である東亜暦（所謂旧暦）一二月二五日が、ユリウス暦では一〇九一年一月一七日にあたるためであり、彼の場合にかぎらず同様の事例全般に適用されつつある。しかし、私見では、生没年の西暦表示は東亜暦年の元号表記との一対一対応にこそ意味があるので、これには従わない。

（8） A級戦犯とはポツダム宣言に規定された「平和に対する罪」を犯したとされる被告を意味する。「A級」とは条項文中の項目区分に由来する。ただし、合祀された一四名のうち、中支那方面司令官だった松井石根はA級戦犯ではない。

（9） 事柄の性格上、厳密を期して靖国神社自身の説明を拝借して注記すれば、靖国神社に祀られているのは「軍人ばかりでなく、戦場で救護のために活躍した従軍看護婦や女学生、学徒動員中に軍需工場で亡くなられた学徒など、軍属・文官・民間の方々も数多く含まれており、その当時、日本人として戦い亡くなった台湾及び朝鮮半島出身者やシベリア抑留中に死亡した軍人・軍属、大東亜戦争終結時にいわゆる戦争犯罪人として処刑された方々なども同様に祀られています」（靖国神社公式HP http://www.yasukuni.or.jp/history/detail.html 二〇一八年七月閲覧）。

(10) 同HPでは「明治維新のさきがけとなって斃れた坂本龍馬・吉田松陰・高杉晋作・橋本左内といった歴史的に著名な幕末の志士達」という表現で紹介している。

(11) これも厳密に言えば、中国の伝統的死生観では人の霊は魂と魄に分かれる。魂は陽なので天上に昇り、魄は陰なので地下に下る。招魂は天上にある「たましい」を招き降ろす儀式である。

(12) これは私見ではなく、靖国神社の禰宜祭務部長を務めた沼部順明《よりあき》がそう紹介している(神社本庁編 2012: 18)。『春秋左氏伝』は春秋時代を描いた年代記(紀元前七二二―前四六八年)。僖公二三年は前六三七年にあたる。

(13) 小倉芳彦訳『春秋左氏伝』(岩波文庫、上巻二五三頁)による。原文は以下のとおり。「秋、楚成得臣帥師伐陳、討其弐於宋也。遂取焦夷、城頓而還。子文以為之功使為令尹。叔伯曰、子若国何。対曰、吾以靖国也、夫有大功而無貴仕、其人能靖者与有幾。」

(14) 憶測を逞しくすれば、安国が、日蓮の『立正安国論』や夢窓疎石の安国寺設置政策(後述)など、仏教で用いられてきた用語だったからかもしれない。「安国神社」では、明治政府、特に国家神道確立を推進していた者たちが批判・否定しようと考えていた武家政権時代の匂いを残す名称とでも思えたのだろうか。ちなみに、北宋の徽宗の即位最初の元号は「建中靖国」であった。西暦一一〇一年にあたる一年限りの元号である。

(15) 有名な例では、中華民国の総統を務めた李登輝の兄李登欽(日本風の名は岩里武則)も靖国神社に祀られている。李登輝が靖国神社に参拝に来るのも遺族だからである。逆に、台湾や韓国の一部遺族たちが先祖・縁者を祭祀対象から外すよう靖国神社に求める運動も存在している。

(16) 江藤新平・西郷隆盛らは一八八九年の大日本帝国憲法発布の恩赦で朝敵の汚名を雪がれ、維新の功績により、江藤には正四位、西郷には正三位が追贈された。一九二二年、西郷を祭神とする鹿児島の南洲神社は無格社として国家神道でも公認されている。

(17) 小島毅「正気歌の思想――文天祥と藤田東湖」(2016b) では、藤田東湖のこの詩の本歌の文天祥の作品と比較して詳しく論じた。
(18) 薩摩藩の場合は、禁門の変では会津藩と、戊辰戦争では長州藩と同盟・協力関係にあったが、どちらの事案でも天皇の命令で動いていたので常に官軍だったことになる。また、西南戦争では、西郷討伐に向かった旧会津藩士は官軍に属していたから、そこで戦死すれば靖国神社に祀られる英霊となった。
(19) 夢窓の怨親平等思想については小島毅「夢窓疎石私論――怨親差別を超えて」(2015a) を参照されたい。
(20) 安国寺については、松尾剛次「安国寺・利生塔再考」(2003) などを参照されたい。
(21) 「純粋な神道」というのは、あくまで彼らの言説中に存在する観念のことであり、歴史上そのようなものが実在したかどうかは別問題である。
(22) 鎌倉時代後半に禅宗寺院を拠点に移入された中国浙江地域の新しい文化は、精神文化にとどまらず、生活文化の面でもその後の日本に多大な影響を与え、いわゆる伝統文化の成立に寄与した。それは、遣唐使時代の唐風文化に代わる宋風文化であり、朱子学もその構成要素の一つだった。その総体を五山文化と呼ぶ。島尾新編『東アジアのなかの五山文化』(2013) を参照されたい。また、小島毅「日本の朱子学・陽明学受容」(2015b) では朱子学移入の経緯を概観した。
(23) この間の経緯については、日本思想史の諸研究を参照されたい。以下にその代表的なものを列記する。渡辺浩『日本政治思想史――十七〜十九世紀』(2010)、辻本雅史『思想と教育のメディア史――近世日本の知の伝達』(2011)、桂島宣弘『思想史の十九世紀――「他者」としての徳川日本』(1999)、中村春作『江戸儒学と近代の「知」』(2002)、土田健次郎『江戸の朱子学』(2014)。
(24) 三世紀に編纂された正史である陳寿『三国志』は三国を鼎立させながらも、魏を中心に据えていた。北宋一一世紀の司馬光『資治通鑑』も、魏を正統王朝とする立場から、諸葛亮の魏への攻撃を『春秋』の筆法にもとづいて「寇」（＝侵略）と表現している。ところが、朱熹の『通鑑綱目』では蜀を正統とし、同じ戦役を「伐」と表記し、悪者（魏）を懲罰する正義の戦争とみなした。『十八史略』もこの歴史認識を踏襲している。

(25) ただし、一方で、『十八史略』が説く理念優先・現実軽視の歴史認識には明治時代から批判があったようで、追いつめられた厓山においても朱子学の聖典『大学』を輔弼の臣が皇帝に講じていたという話柄（曾先之は美談として顕彰するつもりで載せた話柄）を、明治の知識人たちは「船中大学」と称し、迂遠で実効性に欠ける方策を揶揄する成句として使っていた。

(26) 靖国神社の公式見解ではないけれども、すでに以前から國學院大學の高森明勅はこうした動きを、「あたかも靖国神社への合祀のみが「賊軍」の名誉回復の道であるかのように受けとられているとしたら、それは錯覚にすぎない」と批判している（高森編 2011: 277）。

(27) 御霊信仰とは「疫病や天災を、非業の死を遂げた人物などの御霊の祟りとして恐れ、御霊を鎮めることによって平穏を回復しようとする信仰」（『広辞苑』（第七版）2018: 1110）。菅原道真に対する天神信仰、平将門を神田明神に合祀したことは、いずれも御霊信仰に起源を持っている。なお、将門は賊軍・朝敵だったので、一八七四年には政府の指示で神田明神の祭祀対象から外されており、靖国神社の場合と同じ思想が窺える。祭神に復帰したのは一九八四年のことである。

(28) 毎日新聞「靖国」取材班『靖国戦後秘史——A級戦犯を合祀した男』（2007）。中心になって取材執筆したのは伊藤智永記者。

(29) これは筆者（小島）の思想信条による提案ではない。儒教研究者としては、日本には数少ない朱子学的宗教施設としての靖国神社の現状を、文化的に保存しておきたいと思う。

【文献】

神社本庁編　2012『靖国神社』ＰＨＰ研究所。
桂島宣弘　1999『思想史の十九世紀――「他者」としての徳川日本』ぺりかん社。
川田順造　2012「最初期の柳田を讃える」『現代思想』二〇一二年一〇月臨時増刊号「柳田国男　『遠野物語』以前／以後」青土社。
木下直之　2014『銅像時代――もうひとつの日本彫刻史』岩波書店。
小島毅　2014『増補　靖国史観』ちくま学芸文庫。
小島毅　2015a「夢窓疎石私論――怨親差別を超えて」『文化交流研究（東京大学文学部次世代人文学開発センター紀要）』二八号。のち『儒教が支えた明治維新』（晶文社、二〇一七年）に収録。
小島毅　2015b「日本の朱子学・陽明学受容」『東洋学術研究』五四巻二号。のち同右。
小島毅　2016a「東アジアの視点からみた靖国神社」『高校地歴（徳島県高等学校教育研究会地歴学会）』五二号。のち同右。
小島毅　2016b「正気歌の思想――文天祥と藤田東湖」伊東貴之編『心身／身心と環境の哲学――東アジアの伝統思想を媒介に考える』汲古書院。のち『志士から英霊へ――尊王攘夷と中華思想』（晶文社、二〇一八年）に収録。
毎日新聞「靖国」取材班　2007『靖国戦後秘史――Ａ級戦犯を合祀した男』毎日新聞社。
松尾剛次　2003「安国寺・利生塔再考」『日本中世の禅と律』吉川弘文館。
村上重良　1974『慰霊と招魂――靖国の思想』岩波書店。
中村春作　2002『江戸儒教と近代の「知」』ぺりかん社。
大原康男　2008『いわゆる「Ａ級戦犯」合祀と靖国問題について』モラロジー研究所。

島尾新編 2013『東アジアのなかの五山文化』東京大学出版会。
髙橋哲哉 2005『靖国問題』筑摩書房。
高森明勅編 2011『日本人なら学んでおきたい靖国問題』青林堂。
土田健次郎 2014『江戸の朱子学』筑摩書房。
辻本雅史 2011『思想と教育のメディア史――近世日本の知の伝達』ぺりかん社。
渡辺浩 2010『日本政治思想史――十七〜十九世紀』東京大学出版会。
吉原康和 2014『靖国神社と幕末維新の祭神たち――明治国家の「英霊」創出』吉川弘文館。

6章 忠魂碑の戦後
宗教学者の違憲訴訟への関与から考える

西村　明

1──はじめに

読者の皆さんは、忠魂碑を見たことがあるだろうか。多くは自然石や角柱の表面に「忠魂碑」と刻まれ、その筆文字を書いた人物（揮毫者）の肩書きと名前が添えられている。役場や公園といった町や村の中心的なランドマーク近辺にあることが多く、風光明媚な小高い場所に堂々とそびえ立ち人目を引くものもあれば、茂みのなかでひっそりと佇んでいて普段は訪れる人もほとんどいないものもある。

忠魂碑とは、その地域から戦地に出征して戦死した人々のために建てられた戦没記念碑の一種である。粟津賢太は、埼玉県の資料に基づいてそうした戦没記念碑の成立と展開をあとづけている（粟津 2013）。明治初年代に招魂碑が登場し(1)、明治一〇年代になると個人の紀念碑が登場する。日清戦争後には多くの紀念碑建設願が出されているが、当時宗教行政を司った内務省社寺局はそうした碑に儀礼や崇拝、供物といった宗教的な要素が入り込むことがないよう目を光らせていた。日露戦争の後には忠魂碑が一般化していくが、「一町村一碑」といったように建設の動きを統制しようとしていたこともうかがえる。昭和一〇年代に陸軍や仏教界を中心に推進された忠霊塔に関しては、基台部分に納骨スペースがあるものが基本であり、その点で前述の戦没記念碑とは性格を異にしている（今井 2005）。日清戦争から日露戦争の頃に多くの碑が建てられ、戦後には撤去されたり、再建されたり、碑の表面を削って慰霊碑、平和の塔などに名称を変更されたものもある。昭和や平成の市町村合併に際して、旧町村の記念として新たに建てられるものもあるが、そうした場合は忠魂碑と書かれたものは少ない（孝本 2009=2013; 国立歴史民俗博物館 2003）。

一九七六年二月、大阪府北部の箕面市で一〇名の住民によって市の忠魂碑をめぐる施策に対する訴訟が起こされた。いわゆる箕面忠魂碑違憲訴訟（以下、忠魂碑訴訟）である。裁判は最高裁によって上告棄却の判断が下される一九九三年二月までの一七年間続き、それまで詳細が分かっていなかった忠魂碑の来歴や性格についての研究も進んだ（大原 1984, 海老根 1984, 1985, 籠谷 1994 など）。靖国神社や護国神社（招魂社）に連なる性格を持つものとして「村の靖国」（大江 1984）や「町の靖国」と形容された忠魂碑が、二〇世紀前半、とりわけ昭和初期のアジア・太平洋戦争（十五年戦争や大東亜戦争とも呼ばれる）の期間において「天皇制ファシズム」とも呼ばれる軍国主義的傾向を地域において下支えし、そうした傾向を戦後も保っているのではないかということが住民たちの懸念した大きなポイントであった。しかし、裁判そのものの焦点は日本国憲法の政教分離原則に置かれ、市行政による忠魂碑への対応やその前で行われる慰霊祭への関与の是非、すなわち忠魂碑が宗教施設であり、慰霊祭が宗教行為であるかどうかが争われた。

そこで、忠魂碑や慰霊祭の宗教的性格を鑑定するために、宗教学者たちも鑑定証人として法廷に呼ばれ、また論文等の形で自説を公にした。第一審（大阪地裁）において被告側証人として柳川啓一、原告側証人として村上重良が関わり、第二審（控訴審、大阪高裁）では阿部美哉も被告側の鑑定書を提出している。村上重良や佐木秋夫といった宗教学者は、当時靖国批判の論陣を張る左派知識人としても有名で、忠魂碑訴訟へのコミットも想像がつく。4節で見るように、阿部美哉は村上のそうしたイデオロギー的スタンスからの立論に疑問を呈して、佐木も交えての論争的な状況も生じた。しかし、宗教社会学や民俗学的研究を行っていた柳川啓一（当時、東京大学教授）の場合、表立った政治的発言や論争への関わりが見られなかったにもかかわらず、被告側証人として行政の擁護に回った。彼はどうしてそのようなスタンスをとったのだろうか。

本章では、東京大学宗教学研究室所蔵の柳川文庫に残された裁判資料をもとに、柳川の訴訟へのコミットを中心にすえてみたい。もちろん、訴訟そのものを議論の柱にすることも可能であるが、すでに法学的視点からの論評（平野 1995, 1996 など）や原告に関する詳細なノンフィクション小説（田中 1996）なども出されているので、そちらに譲りたい。本章ではむしろ本書全体のテーマを踏まえて、宗教と社会の関係をとらえるためのリトマス試験紙として宗教学者たちに登場を願い、戦後社会のなかでこの忠魂碑訴訟がどのような社会的位置にあったのかを浮かび上がらせたい。戦後直後の連合国軍総司令部（以下、ＧＨＱ）の戦争記念碑への姿勢から今日的な状況までを視野に入れてみると、ちょうどこの忠魂碑の問題が起こった一九七〇年代後半から一九八〇年はじめという時期は、敗戦から約三五年という「折り返し」時点に当たる。忠魂碑をめぐる動きを踏まえて戦後七〇年間を時期区分するとすれば、⑴一九四五年の敗戦から一九五二年のサンフランシスコ講和条約発効による日本の主権回復までの占領期、⑵主権回復以降の戦死者慰霊・顕彰の強化から一九七四年の自民党による靖国神社国家護持法案廃案までの時期（忠魂碑訴訟の前史）、⑶一九七五年の箕面市の忠魂碑問題の発生から一九九三年の忠魂碑訴訟上告棄却までの時期、⑷一九九五年の戦後五〇年から二〇〇五年の戦後六〇年に集中した戦争体験の記憶と記録のとりまとめ時期、⑸ポスト戦後社会的現象が登場する二〇一〇年代と大まかに五期に分けることができるように思われる。本章の中では直接的にこうした区分に言及することは少ないが、こうした時間軸を意識することで、なぜ戦後の「折り返し」の時期にこの問題が生じたのかという視点から、問題の見取り図が得られるのではないかと期待して記述を進める。

2──箕面忠魂碑違憲訴訟とは

問題の忠魂碑は、碑の裏面の記載によれば一九一八年（大正七）五月に帝国在郷軍人会篠山支部箕面村分会によって建立されたものである（**写真6-1**）。碑は花崗岩で作られており、高さは二・五メートル、幅一・五メートル、厚さ四〇センチで、表面には当時、帝国在郷軍人会副会長で陸軍大将の福岡安正揮毫によって「忠魂碑」と刻まれている（田中 1996: 59）。戦後になって、一九四七年（昭和二二）三月に基台を残して碑石はいったん撤去され、土中に埋められたが、一九五一年頃に掘り起こされて再建されている。場所は箕面市立箕面小学校の敷地の一角である。誰が再建したのかについては明らかではないが、翌五二年に箕面市遺族会が結成され、箕面地区の支部遺族会で碑を管理し、碑前で遺族会主催の慰霊祭が毎年行われるようになっている（大江 1984: 154）。

写真 6-1　問題となった箕面市の忠魂碑（筆者撮影）

ここで疑問が生じるのは、なぜそのような撤去や再建がこの時期に行われたかということである。それには、ＧＨＱが一九四五年一二月一五日に発したいわゆる「神道指令」[2]が関係している。その詳細については省略するが、国家が神道の教理や信仰を歪曲して国民を欺き、侵略戦争へ誘導するために意図的な軍国主義や過激な国家主義的宣伝に利用することが再び起こらないよう意図したものであった。日本政府は翌年、それを受けて「公葬等について」（昭和二十一年十一月一日発宗第五一号内務文部両次官通牒）と、「忠霊塔忠魂碑等の措置について」（昭和二十一年十一月二十七日公安発甲第七三号警保局長通牒）を出し、学校や公共の建造物、その構内への忠魂碑等の新たな建設が禁じられ、既存のものも多くが撤去されることとなった。箕面市の忠魂碑もこうしたGHQと政府の方針を受けて撤去・埋設されたのだということが分かる。

それでは、再建の経緯についてはどうだろうか。大原康男によれば、政府の戦死者への態度や忠魂碑撤去などの措置に不満を抱いた遺族や国民が、戦死者への慰藉の気持ちを表す対象として靖国神社や護国神社の方へ向かっていたことをGHQが懸念し、行政による戦没記念碑建設を条件つきで認めている。そこで出された条件とは、①適度な規模であること、②教育施設の用地内でないこと、③軍国主義・超国家主義的感情を奨励するような碑文でないこと、④宗教的なシンボルをもたないこと、の四つであった。この通知は口頭での勧告であったようで正確な日付の特定はなされていないが、大原は靖国神社・護国神社に対して国有境内地の無償譲与が認められた一九五一年九月一二日前後ではないかと推定している（大原 1984: 198）。箕面市の忠魂碑の再建もこれを受けたものだろう。こうした忠魂碑の取り壊しと再建は、前節で挙げた時期区分で言えば、⑴の「一九四五年の敗戦から一九五二年のサンフランシスコ講和条約発効による日本の主権回復までの占領期」に当たる。ただし、再建については⑵の「主権回復以降の戦死者慰霊・顕彰の強化から一九七四年の自民党による靖国神社国家護持法案廃案までの時期（忠魂碑訴訟の前史）」の段階を前倒しで準備したものと理解することも可能であろう。

次に、その箕面市の忠魂碑が問題視されるようになったいきさつを見てみたい。

きっかけは、一九七〇年代半ばに起こった、箕面小学校の児童数増加と校舎の老朽化に伴う増改築計画であった。そのために学校の敷地内にあった忠魂碑を移転する必要が生じた。所有者が明確でなかったことから、一九七五年に入ると箕面市は慰霊祭を執行していた箕面地区支部遺族会と交渉し、西小学校運動場北隅を土地開発公社から約七八八〇万円で買い受け遺族会に無償貸与し、忠魂碑を移設することになった。

これに対して同年一一月、「忠魂碑移転に反対する市民の会」を組織していた神坂哲・玲子夫妻をはじめとする住民有志は、忠魂碑の移設・再建、用地購入が違法であると主張して住民監査請求を行った。しかし、それが棄却されたため、翌年二月に市長、教育委員会、教育委員を相手どり大阪地方裁判所に提訴した。地裁においては、忠魂碑の移設・再建をめぐる訴訟と、その前で行われる慰霊祭に関する訴訟、遺族会に対する補助金支出に関する訴訟の三件が争われた。前の二つについて判決が出され、いずれも原告の訴えを一部認める形で市の対応が違法であるとしたが（一九八二年三月二四日、一九八三年三月一日）、大阪高等裁判所での第二審では逆転敗訴となった（一九八七年七月一六日。先述のように、最高裁への上告は棄却された）。

いずれの判決においても法的には様々なポイントが議論されているが、最大の争点であり本章の関心にも関わる点は、忠魂碑が宗教的性格を有するかどうかという部分である。第一審判決ではそれが認められ、問題の忠魂碑が現実の取扱いでも社会的評価においても、宗教上の観念に基づく礼拝の対象となり、宗教上の行為に利用される宗教施設であるとみなされた（平野 1995: 36）。それに対して、第二審判決では宗教施設ではなく地元出身戦没者の慰霊顕彰のための記念碑であり、遺族会も宗教団体に当たらないとされた（平野 1995: 68）。第一審判決ではまた、忠魂碑は戦前において靖国神社や護国神社に連なるもので、天皇に忠義を尽くして戦死した者をあがめ祀るために建てられたもので、そうした軍国主義的性格は敗戦後も残っているとされたが（平野 1995: 34-35）、第二審判決では、靖国神社との関係は否定された（平野 1995: 68）。

3―柳川啓一の忠魂碑理解――東京地裁における証人調書から

一九八一年六月二日午前一〇時より、東京地裁を出張会場として証人尋問が行われた。この時、証人として呼ばれたのは、柳川啓一と、神道学者で國學院大學教授の安津素彦であった。ここでは尋問に対する柳川の回答をまとめる。柳川の政治スタンスは必ずしも明確ではなく、柳川が忠魂碑をどのようなものとしてとらえており、そしてなぜ被告側の参考人として法廷に立ったのかを理解するためには、補助線を引く必要がある。そのため次節において考察を加えてみることにする。

柳川の主張のポイントを先取りして言えば、次のようになるだろう。⑴忠魂碑の記念碑性（忠魂碑そのものは、靖国神社や護国神社とは異なって宗教施設ではなく、記念碑的性格を持つに過ぎない）。⑵地域住民の自発性（忠魂碑は靖国神社や護国神社のように、上からの強制によってもたらされたものではなく、戦死者の遺族やそれぞれの地域住民の自発性で建立されていったものであり、むしろ政府はその動きを規制する側であった）。⑶戦前・戦後の非連続性（天皇への忠義を尽くして戦死したという戦前期の碑の性格は、戦後には継承されておらず、受け手側の解釈による）。

尋問では原告や被告の代理人、裁判官などが交互に質問をし、柳川がそれに答えるかたちで進められた。慰霊や忠魂碑に関する一般的な説明に始まって、争点となっている箕面の忠魂碑をめぐる具体的な問題に議論が及んでいるが、その流れは必ずしも整理されたものではない。そこで、法廷の問答においては行きつ戻りつしている議論を項目ごとに整理し、柳川の主張がわかるように若干の補足説明も加えつつ、見ておくことにしたい。

宗教社会学的見地からみた慰霊の意義

先に挙げた三つの論点に入る前に、柳川はまず、慰霊の意義についての説明から始めている。柳川は、「死んだ人をお祀りするのは、ほとんどの宗教に見られるところ」と述べ、日本の伝統的な宗教のなかでは、特に民間信仰、民間の習俗において大きな問題であったとする。そこでは、死者のために何かのお祭りをしないと、死んだ人が浮かばれず、生きている者が何かの働きかけをすることによって、その魂が落ち着くという観念がかなり広く存在していたことを指摘している。そうした死者への「お祭り」として、柳川はまず祖先崇拝あるいは先祖の祭りを挙げる。さらに、戦死や事故など天寿を全うしないで亡くなった場合、とりわけ亡くなり方が尋常ではない非業の死に際しては、祖先崇拝よりも念入りな祀り方を必要としていると説明する。

柳川が「死んだ人をお祀りする」と表現する現象は、学問的には死者儀礼と表現する方がおそらく正確であろう。「祀る」というのは、死者の神格化の観念を前提とするニュアンスがあるからである。しかし、柳川の語り方にはそうした前提は含まれていないようだ。すなわち、神格化や仏教的な追善供養など、日本における死者に対する、儀礼的態度一般を指す言葉として「お祭り」「お祀りする」という表現を用いている。柳川の尋問に対する回答の姿勢には、学問や政治的視点から概念間の厳格な使い分けを提起するということよりも、「民間の習俗」という表現に含まれているように一般的な社会通念における用法を把握し、それを説明しようとする意思が認められる。

そうした姿勢は、忠魂碑における慰霊について説明する際により明確になる。まず、忠魂碑が対象としているのが戦死者であることや、戦死者の多くが若くして子供もいないうちに亡くなることに言及した上で、遺族にとって祀られない霊魂が生じるということが心情的に不安定要因となることを説明する。ここで柳川は、霊魂を認めない立場の宗教もあるため、それに公共団体が関係する場合には十分に気をつけなければいけないと述べる。これは憲法の政教分離原則に照らした学問的視点からの指摘であろう。柳川はまた、霊魂を認めない宗教があるという意味では、慰霊は特定の宗教ということもできるとも述べる。

しかし柳川は、慰霊に対して否定的な見解をしているわけではない。というのも、右のような説明はそれに続く次のような一節の留保として述べられているからだ。

そういう慰霊というのが、これが多くの日本人にとりましての共通の、仏教とか神道という宗派によらない共通した一つの考え方であろうかと思います。

私共のかなりの部分はそういう霊を慰めるということが非常に大きな位置を占めております。ですから、それは特定の宗教というのが神道の何派とか、仏教の何派というものに限らない、かなりの広がりを持っていると思います。

ここから、慰霊というのは霊魂観を前提にしたものであっても、神道や仏教などの特定の宗教に限定されない日本人全般にある程度共有されたものとして考えていることがわかるだろう。忠魂碑における慰霊は日本国内に特殊な宗教的状況を前提に言うならば特定の宗教とは言えず、忠魂碑そのものも宗教施設ということにはならないという議論につながっていく。

忠魂碑の性格

では、忠魂碑自体の性格については、柳川はどのように理解しているのだろうか。ここには、(1)忠魂碑の記念碑性と、(2)地域住民の自発性の論点が関連して表れている。

まず、建立の経緯については、靖国神社や一九三九年(昭和一四)に護国神社と改称された地方の招魂社などのように神式で戦死者の霊魂を祀る施設と、各家の宗教に沿って建立された戦死者個人の墓とは分けてとらえている。つまり、それぞれの出身地域や町村の単位で、戦死者を記念するものとして建立したという理解である。ここでの柳川の力点は、地域主体というところにある。忠魂碑の歴史的展開を説明しながら、「政府が立《ママ》てるようにしたというよりは、それぞれの民間のほうが金を出し合って作ったという。在郷軍人会の主催が主なもののようです。そういう地域のものが建てるようにしたと思われます」と述べる。

それに対する政府のスタンスについては、戦死者が国民に尽くしたという遺族の満足感や、非業の最期という人心の不安を鎮めるために許可をしたのだという理解である。ただし、建碑は民間主導で進められて、政府の側はむしろコントロールに回ったとする。例えば、一八九八年（明治三一）四月二二日に出された内務省社寺局長回答第一六号（「建碑を参拝の目的物となし、神事又は仏式により其の祭事を経営せんとするは許可相成り難きなり」）が出されていることから判断して、こうした通達の出される背景として実際には参拝の対象物とみなされていたにもかかわらず、政府側の建前としてはあくまで記念碑であったのだという。また各市町村に一基ずつという数の制限に触れ、それぞれの地域でたくさん建てるという動きがあったことを反映した規制であるととらえている。こうしたことを踏まえ、「それぞれの郷土といいますか、その地域と密着したものであって、上からの指導という要素は薄いのではないかと思われます」と、忠魂碑建立は、政府主導の動きではなく、「地域」「民間」といった下からの動向であったと主張する。

忠魂碑の記念碑としての性格については、一九三九年（昭和一四）から大日本忠霊顕彰会によって全国的に建設が推進された忠霊塔との違いからも説明している。忠霊塔は戦死者の遺骨を納める機能を持っているが、その点で忠魂碑よりも宗教的な儀礼の対象、あるいは宗教施設としての性格を強めようとしたものであるという。それは、一九三九年二月二七日に出された陸軍省副官通達一一一〇号「支那事変に関する碑表建設の件」において、忠霊塔建設について「なるべく単純なる忠魂碑たらしむることなく」と謳われていることからうかがえるとする。

箕面の忠魂碑と慰霊祭の性格

では、懸案の箕面市の忠魂碑とその前で行われる慰霊祭についてはどうだろうか。神式および仏式で慰霊祭が行われているが、戦前の政府の見解と同様に忠魂碑そのものは記念的性格しか持たず、特定の宗教、宗派のものではない、とまず論点(1)の忠魂碑の記念碑性を指摘している。それを説明するために、柳川は国立千鳥ヶ淵戦没者墓苑（以下、千鳥ヶ淵墓苑）を比較の対象として挙げる。

千鳥ヶ淵墓苑は、一九五三年から五八年まで実施された海外の旧戦地における遺骨収集事業で集められた戦死者の遺骨のうち、身元不明のものや引き取り手もない遺骨を納めるために一九五九年に完成した国立の墓苑で、靖国神社から数百メートル、皇居北側の堀端に建っている。この墓苑そのものは国立の施設であるため無宗教式の施設であるが、戦友会や遺族会だけではなく、さまざまな宗教・宗派が、それぞれのやり方で慰霊行事を行っている（大谷 2004, 千鳥ヶ淵戦没者墓苑奉仕会編 2009: 73）。

柳川によれば、箕面の忠魂碑もこの千鳥ヶ淵墓苑のように、神式や仏式など複数の宗教儀礼をその前で行うことができる無宗教式の施設としてとらえることが可能であるという。もちろん、日本国憲法で保障された信教の自由を踏まえ、少数者の信仰は尊重されるべきであるとしながら、どのような宗教的やり方に沿って儀礼を行うべきかについては、その遺族会で決めることであるという考えを示している。

「忠魂碑」という名称については、国のために尽くしたことを強調する戦前の考え方に沿った名称で、戦後の社会通念としては慰霊碑という表現を使うことになるだろうが、だからといって忠魂碑を全部撤去しなければいけないものかというと、それも問題であると述べる（残念ながら、どのような意味で「問題」なのかについては説明していない）。「忠」という表現と天皇制との関わりについては、その関係は分からないとしつつ、遺族や遺族会が自分たちの関係者が亡くなったという痛ましい出来事を「忠」や「国のために尽くした」という解釈で受け止めているという理解を示す[3]。戦後においては「忠」は国のイデオロギーではないため、遺族会がそのような解釈をすることは（思想・信条の）自由であるとの考えも述べている。論点(3)の戦前・戦後の非連続性がここに認められる。

4──柳川説と忠魂碑訴訟のコンテクスト

柳川の説は、原告が法廷で中心的な論点として訴えた忠魂碑の宗教性を否定し（論点1）、同時に、原告が当初この問題の中心的な論点として考えた、忠魂碑を通して、国や天皇のための戦死を讃美する「忠魂」の思想が戦後に復活する危険性についても、忠魂碑がそうしたプロパガンダに基づいて建立されたものではないという理解（論点2）と、戦前の「忠」という国家的イデオロギーは戦後には残存していないと主張すること（論点3）によって反論した。

しかし、柳川説と原告の主張をより広い文脈に置き直してみると、これらの争点はまた違った様相を見せることに気づかされる。本節ではまず、忠魂碑訴訟に直接・間接的に関わった宗教学者たちの説や批判点を整理し、法廷における違憲問題として争点化された原告の置かれた状況をより歴史的かつローカルな状況に置き直してみることで、先の三つの論点を違った角度から照射してみたい。

柳川証言後の論争

柳川が法廷に立った約四カ月後の一九八一年九月二八日、原告側の鑑定証人となったもう一人の宗教学者村上重良に対して、証人尋問が行われた。場所は同じく東京地裁である。そこでの村上説は、原告の主張を再度代弁し、補強するような性格の答弁であった。

村上は、忠魂碑には記念物的な意味も備わっているものの、より本質的には神になった忠魂を祀った碑というとらえ方が一般になされており、極めて明瞭な宗教性をもつという理解を示している。これは、柳川の忠魂碑の記念碑性の論点1への批判である。村上は忠魂碑の宗教性を判断する上で、目的と建立主体から考える必要があるとする。目的については、「地元出身の戦没者の慰霊・顕彰」と「無縁化を避ける意味」を挙げ、この点では柳川と大きく異なることはない。建立主体については、明治末までは地方行政機関を主体として、明治四三年以降は帝国在郷軍人会の分会がリードしたという点、公有の土地の提供や政府の有形無形の監督・統制がおよんでいるという点から、半ば公的な事業で、民間主導とは言い難いと柳川説に反論している。柳川が千鳥ヶ淵墓苑との比較で忠魂碑が特定宗教の施設ではないとした点について、村上は次のように主張する。——宗教施設という場合には、特定の宗教に限定されるとは限らない。宗教的性格を持っている施設を、広く宗教施設と呼んでよい。霊璽（霊代）の内蔵や移築の際に脱魂・入魂の式を行っている事実から、「忠魂」を「祀る」という切り離しがたい二つの要素をもち、ある種の宗教的性格を帯びた施設である。――このように広義の「宗教」定義によって、忠魂碑は宗教的であると断ずる。

さらには、天皇のために忠義を尽くして戦死したものを慰霊顕彰するという点で、靖国神社や護国神社と共通しており、「自分達の仲間、自分達の派の犠牲者を篤く祀ることによって、あとに続くことをその霊の前で誓うという一つの教育的な効果をもった祀りでもあった」と論じ、宗教と教育にまたがった独特の施設であると説明している。

他方で、戦後の慰霊碑はそれらとは性格が異なるとする。本来宗教的性格を備える慰霊という語は公の慰霊碑では用いるべきではないが、広島の原爆慰霊碑の場合は、それ自体には「特定の思想上の主張があるのではなくて、亡くなった方をしのぶ、追憶する、あるいは記念する、メモリアル的な意味で作られている」として、忠魂碑、忠霊塔のように「忠」でくくられる特定の思想上の主張を表しているものとは違うと論じている。

こうした村上の議論に対し、同じく宗教学者の阿部美哉は、大阪高裁に提出した鑑定書において批判を加えている。阿部によれば、村上の場合は柳川とは異なり「事実認識を目指す宗教学の立場に立つとは認めがた」く、「国家神道の復活反対がその運動の至上命令である」「一定のイデオロギーに立つ運動に従属する」「それ自体一種のイデオロギーないし政治神学」であるとする。同時に、第一審判決が忠魂碑の宗教的性格の事実判断を村上の証言と著書（『慰霊と招魂』）に大きく拠っているとして、さまざまな宗教学説を挙げながら、判決の論点を一つ一つ批判している（阿部 1989a: 206-239）。また、一九八六年に出された村上の鑑定意見には、阿部への反論が記されており、それに対して阿部からも再批判が行われている。

そこでは、忠魂碑の宗教性をめぐる実証レベルの議論よりも、宗教の定義をめぐる学問論争がなされていると言える。阿部によれば、宗教学の研究対象は研究者の関心次第で「家、親族、地域社会などでの生活のなかから生み出した生活習慣ともいえるもの」に及び、津地鎮祭訴訟の最高裁判決で習俗と判定された地鎮祭をはじめ、神前結婚式や仏式葬儀などの宗教に関連する生活習慣が熱心に研究されている。そうした対象は、教義・儀礼・教団・宗教体験・施設などの構成要素が相互に密接に関連する宗教現象の中心部から見ればその周辺部に当たる。宗教学は人間の営みすべての局面から宗教現象を読みとる方向にあるため、そうした宗教現象の周辺部まで宗教とみなすような定義によっては、世俗的社会生活の規範である憲法上の宗教／非宗教の判定に説得力のある定義を提示することはできない、という。村上や裁判所が採用した宗教の定義は、ある理念に則った規範的なものであり、それに基づく宗教か非宗教かの判断は不可避的に恣意的になるとして、より厳密な学問的手続きを求めている（阿部 1989b: 243-252）。しかし、デイヴィッド・オブライエンによれば、阿部自身も宗教学者としては忠魂碑を宗教ではないという見方はとらない（すなわち、宗教学的には忠魂碑は宗教と言える）として、忠魂碑を宗教とは見なさなかった鑑定書での意見は「多分に策略や技術を要する」ことであり、「この特定の事件に限定し、どうすれば勝てるかに限定した」ものであることを告白したという（オブライエン 1999: 120）。

そうした阿部のスタンスを見透かしていたかのように、佐木秋夫からも批判が起こっており、阿部のように「宗教的現象の事実認識を表面的なものに限定し」「終始するプラグマティズムも一つのイデオロギー」であり、政教分離の否定に奉仕しているとされた（佐木 1986: 368）。

このように、同じ宗教学者同士でも忠魂碑の宗教性を判定する際の「宗教」の定義に大きな振れ幅があり、どこまでを宗教とみなすかによって、忠魂碑や慰霊祭を合憲とするか違憲とするかの判断が分かれるという事態が生じたのである。奥山倫明は、阿部と村上の論争に触れ、「戦没者に対する行事が宗教的ではないということを阿部は言おうとしている。そしてもちろんそれに対しては、村上重良のように宗教的だと論じる論者もいる。こうした相違が生じるのは、そもそも『宗教』についての理解が一致していないことに加え、『政教分離』という概念を用いることによって、そのあいまいなままの『宗教』が係争の場に持ち出されてきたことにもよるのではないだろうか」とまとめている（奥山 2016: 227）。

たしかに、「宗教の定義は学者の数ほどある」と言われるとおり、従来多様な定義が提出されてきた歴史がある。さらには「宗教」という概念自体の歴史的構築性が指摘されてきた近年の動向を考慮すれば、こうした宗教学者たちの定義の振れ幅と立場性の違いが生じるのは、ある意味必然であったと言える。(4)

柳川の宗教論と忠魂碑訴訟

柳川に関しては、村上と阿部、佐木のこうした柳川証言後の論争に関わった痕跡は見当たらない。彼自身の証言は、「宗教の定義」を立てて意見を組み立てるのではなく、すでに見たように「民間の習俗」や地域の主体性を強調するような論調であった。したがって、国家的イデオロギーの問題としてではなく、ローカルなコンテクストの問題ととらえようとしていたということができる。島田裕巳は、柳川の学問的関心について考察した論文において、彼の学問的関心や理想の宗教像が、自律的な小宗教集団に置かれてきたことを指摘し、初期に概念化した宗教モデルとして「共同体の宗教」を紹介している。また一九八〇年代当時の柳川が「生者と死者の共同体」の問題に関心を向け、祖先崇拝が今後どのように変化するかに大きな関心を寄せていたことを指摘している（島田 1989: 128-130, 142）。そこにこの忠魂碑訴訟に対する柳川の姿勢を理解するヒントが隠されているのではないだろうか。

一九八〇年八月、柳川は「祖先崇拝のゆくえ」という随想を、二回に渡って超宗派的宗教新聞の『中外日報』に寄せている。ちょうど旧盆の季節に掲載されたこの文章で、柳川は社交上の習俗である盆の根底に「祖先崇拝」というイデオロギーがあるとする。しかし、祖先崇拝は教義的、思想的裏づけを確固として持たずに常識として保たれているという。明治から敗戦までの「家族国家」論において、忠と孝を一本化した祖先崇拝説でしのいできたが、現在は通用しないため何をもって説明できるかと問う（柳川 1980a）。二回目の連載では、敗戦後、近代化を提唱した日本の知識人層によって、祖先崇拝は差別などを強化するものとして批判され、葬式・法要宗教からの脱却と普遍的・個人主義的原理への転換が叫ばれたことに触れつつ、次のように続けている。

しかし、実際に総体的な別の原理への転換は可能であろうか。特に、生死観の問題について、多くの日本人にとって、代替があるだろうか。われわれは、死んでからあとでも、子孫に祀ってもらえるという信念が、死の問題についての安心感を与えていた。それが祖先崇拝の重要なはたらきであった。祖先崇拝がこのままの形で続くとは思えない。欧米におけるキリスト教の退潮が「世俗化」であるとすれば、日本では、(中略)祖先崇拝への無関心が世俗化のしるしであろう。それが、家の結合力の弱化の原因になり結果になって、この傾向はさらに推し進められて行くに違いない。しかも、かつてわれわれが希望した、家の解体=個人の自立というバラ色のものではなく、家庭内暴力とか離婚とか、かなり荒涼とした状況になりつつある(柳川 1980b)。

柳川によれば、共同体の宗教とは、家族、村落、民族、国家という世俗社会の各成員が全員当然信ずべきものとなっており、そこでは世俗社会そのものが神聖なものとして批判を受けつけず、社会矛盾には目を向けない性格があることを説明している(柳川 1955: 190-191)。しかし、島田も述べるように「日常生活での利害関係が、共同体と宗教との一致をさまたげ、村落そのものが理想の共同体となることは稀」であり、共同体の規模が拡大するほど共同体と宗教の矛盾は大きくなる。そこで、社会から取り残されたり虐げられた者は、「別の種類の宗教を待たなければならな」くなる(島田 1989: 130, 柳川 1955:

191)。

もちろん、柳川は忠魂碑やその前で行われる慰霊祭を「共同体の宗教」とは呼んでおらず、仮にそれは忠魂碑や慰霊祭の宗教性を示すものではないかと問われれば、神道や仏教といった特定の宗教ではないと答えたであろう。ここではむしろ、柳川のそうしたローカルなコミュニティへのまなざしから、忠魂碑訴訟そのものをとらえ返してみることで、宗教性の有無をめぐる法廷闘争とは違った視野が開けるのではないかと考える。そこで、忠魂碑訴訟の歴史・社会的文脈に目を移してみることにしたい。

忠魂碑訴訟の歴史・社会的コンテクスト

箕面市は戦後大阪市のベッドタウンとして発展したところである。一九五八年、箕面小学校から南西三キロ圏内にあった伊丹空港は、占領軍の接収が解かれ大阪空港となり、翌年には大阪国際空港となって関西の空の玄関口となった。その時期、箕面市に隣接する豊中市から吹田市にかけて日本初の大規模ニュータウン開発であった千里ニュータウン計画がスタートし、一九六〇年代に開発が進んだ。また、箕面小学校から東に三キロ行くと、万博記念公園がある。これはその名が示す通り一九七〇年に行われた日本万国博覧会(大阪万博)の会場であり、一九六四年の東京オリンピックとともに日本の高度経済成長を象徴するイベントの一つであった。一九五五年には二万六五五六四人だった箕面村は、翌年の市政施行によってスタートダッシュを切ったかのような加速度で人口が増加していき、一九七〇年には約二倍の五万七四一四人、一九七五年には約三倍の七万九六二一人となり、一九八〇年には一〇万人を突破している（箕面市 2018）。こうした社会背景もあって、校舎の増改築の必要が生じたわけだが、それだけではなく、平野武が指摘しているように、遺族会員に代表される旧村時代からの旧住民と、ベッドタウン化によって転入してきた新住民との対立の様相も見せたのではないかと考えられる（平野 1984）。

原告の中心にいた神坂哲・玲子夫妻も、こうした箕面市のベッドタウン化によって一九七〇年に箕面市に移り住んできた新住民であった（田中 1996: 58）。訴訟を起こす前に、教育長に説明を求めた際、忠魂碑の移転をめぐる遺族たちの意向として先祖から受け継いだものをそのまま残してほしいという思いであると言い、教育長もそうした「先祖代々住みついている遺族会の気持ち」を尊重するのが「現実的な解決である」とした（田中 1996: 81, 85）。もちろん、先祖伝来とは言っても、すでに見たように忠魂碑そのものは何代も遡れるものではなく、建立以降もさまざまな変転を重ねてきていることは事実である。しかし、一九七五年当時の急激な人口増加という社会的文脈を考慮に入れれば、ここで遺族会員に代表される旧住民にとって、二〇年前の旧村時代の状況から街の様子が劇的に変化し、市民の人口構成から見れば少数者の側に置かれてきていることの実感はあっただろう。

さらに、遺族たちの置かれた状況の戦後の変化もそこには影響を及ぼしているはずである。戦前のように「誉の家」「軍国の妻」として周囲から賞賛を受けることもなくなり、戦時中の公務扶助料は占領期には停止され、戦後の遺族会活動は一九四七年に日本遺族構成連盟として、遺族たちの経済的困窮を改善する相互扶助組織として出発した経緯を持っている（田中・田中・波田 1995: 36–44）。

ただし、一九五二年に「戦傷病者戦没者遺族等援護法」が交付され、一九五三年に日本遺族会として組織変更すると、遺族の処遇改善よりも英霊の顕彰が具体的事業のトップに掲げられた（田中・田中・波田 1995: 63）。さらに一九六〇年代に入ると戦前の陸海軍省の管轄から戦後に一宗教法人となっていた靖国神社の国営化を求める動きが具体化する。一九六四年に自民党の遺家族議員協議会が国家護持を決議し、六九年から七四年まで自民党によって靖国神社国家護持の法案が国会に提出された。結局法案は全て廃案となって終了するが、忠魂碑移転の問題はちょうどそうした遺族と戦没者をめぐる社会動向のなかで登場した出来事でもあったわけである。

とはいえ、原告側のメンバーは新住民ばかりではない。たとえば原告の一人である古川佳子は箕面の旧住民でありかつ兄二人を戦地で亡くした遺族であった。このように箕面市のローカルな文脈や遺族を取り巻く一般的な動向だけでは整理がつかないこともたしかである。そこには、より個別的な事情も関係するだろうが、同時にどういう世代として戦争や軍国主義的体制を体験したかということも関係するだろう。

林淳が指摘するように、一九七〇年代の政教分離原則の訴訟は、靖国国家護持法案に象徴されるような当時の伝統主義的な国家主義の巻き返しばかりが原因ではなく、戦後の日本国憲法の理念が人びとの意識に浸透してきた面もあった。一九六五年の津地鎮祭訴訟や七三年に起こる山口の殉職自衛官護国神社合祀訴訟の原告たちは、小中学校の時に神社への集団参拝などを体験しており、林が指摘している箕面忠魂碑訴訟の神坂玲子だけでなく、古川佳子も同じ世代であった。こうした戦中世代は、戦前の国家神道体制から戦後の民主主義へ、大日本帝国憲法の天皇主権から日本国憲法の国民主権へという国家体制レベルの転換と、個人的なアイデンティティや世界観の転換が重なる世代であり、「戦後の日本国憲法、民主主義に出会い、反戦平和を擁護し、戦う市民となることは、珍しいことではなかった」のである（林 2010: 190–193）。

彼らは戦争の体験を、自らの被害の体験として身体的・生理的・情緒的レベルで共有し、それをそれぞれの思想的基盤にしながら戦後社会を生きてきた世代でもあり、忠魂碑訴訟当時は、仕事や子育てやさまざまな社会活動を通して社会の中核を担う層へと成長していた世代であるということができる。

このように整理してみると、戦後七〇年の折り返し時点で起きた忠魂碑訴訟とは、保守と革新という政治イデオロギー的な対立ばかりではなく、都市化する地域における旧住民と新住民、戦争遂行に加担した世代とその影響下から敗戦後の転換期に思想形成した世代との断層面に生じた出来事であったということができる。

冒頭の節で挙げた時期区分において主に本章が中心的に論じてきた(3)の「一九七五年の箕面市の忠魂碑問題の発生から一九九三年の忠魂碑訴訟上告棄却までの時期」の特徴を、以上のような学問的・社会的コンテクストを踏まえてとらえなおすとすれば、次のように言えるだろう。この時期には、法廷において政教分離が争われたが、しかし、原告側の当初の関心は戦中の軍国主義的状況に対する世代的経験に基づいてそうした体制に結びつくような動きを批判・牽制するという狙いがあった。その際、国家神道的性格を持つと思われるものの戦後的形態（すなわち、神道指令以降、一宗教として扱われるようになった神道のなかで国家神道的性格を残したものや、公的慰霊などにおいて神道的性格を残したもの）の「宗教」的性格を問うという形で、法廷闘争を組み立てることになった。そうした意味では、そこで目的と手段が奇妙にずれる運動とならざるをえなかったと言える。

他方で、被告側に回った忠魂碑に対する行政の関わりを容認した研究者たちは、阿部のように「宗教」概念を操作することによって政教分離原則上問題化しない方向に議論を持っていったり、柳川のようにそれまでの地域社会における慰霊の慣行を素朴に絶対化する形になった。ここで「素朴に絶対化」したという評価を別の側面から言えば、高度経済成長期の都市化の影響と戦後的な価値観の転換とか住民間の意識の違いを先鋭的に映し出すことになった箕面市の社会的・歴史的コンテクストへの視点を欠いていたということでもある。ローカルなコミュニティというものを静的に想定してしまい、実際にそこで起こっていることを見誤ったのだと言うこともできよう。

5――むすびにかえて――忠魂碑の現在

前節で見たように、箕面の忠魂碑の宗教性をめぐって宗教学者たちは主張を戦わせたが、その実、全国にどのぐらいの同様の碑があるのか、そしてそれぞれの碑の歴史的経緯や実態などについて、不明な点が多かった。そこで、国立歴史民俗博物館では、二〇〇〇年度から各都道府県単位で、忠魂碑や忠霊塔などの戦没記念碑を含む戦争記念碑の存在が実際にどの程度把握されているのかについて調査が行われ、二〇〇三年に『「非文献資料の基礎的研究」報告書　近現代の戦争に関する記念碑』という報告書にまとめられた。それによると約一万六〇〇〇基が確認され、愛知県には一〇〇〇基以上の記念碑が存在するとか、群馬県や熊本県には忠霊塔が多いといった興味深い実態が明らかになった。しかし、鹿児島県のようにほとんど把握が進んでいない県もあり、実際には全国の総数として三万基ほどが存在しているのではないかと推定されている。

戦後五〇年や六〇年といった節目を契機として、会員数の減少や会員の高齢化、後継者の不在などを理由に全国各地で遺族会の解散が相次いでいる。そうした動向は、忠魂碑の現状に影を落としている。二〇一四年度に厚生労働省が全国の都道府県を通じて民間で建立された慰霊碑等の管理状況を確認したところ、把握された約一万三〇〇〇基ほどのうち約四割に当たる五三八六基の管理状況が不明であるという（読売新聞二〇一五年八月二六日付夕刊）。また、各地の遺族会解散に伴う慰霊碑の管理の困難と先行きの不安を語る関係者の声を挙げた新聞記事も散見される（毎日新聞北海道版二〇〇六年八月一六日付朝刊、読売新聞西部本社版二〇一五年六月一〇日付朝刊など）。忠魂碑のデータとしての記録の取りまとめは進んだものの、忠魂碑そのものの管理は曖昧になっているとも言え、また逆に危機感から記録化が促されている側面もあるだろう。

このようなある種の無縁化状況のなかで、忠魂碑をはじめとした戦争や戦没の記念碑の存在は、これまでとはまた違った社会的脈絡のもとに置かれはじめている。戦争を知らない世代にとってはかえって、戦争を理解するよすがとみなされたり、地域の歴史の一端としてまなざされてもいる。各地で行われる碑めぐりや史跡ツアーのコースのなかにこうした忠魂碑などが加えられることも多い（いわて野田村F

AN 2016など)。

一方では、忠魂碑がたどった地域の戦争の記憶や歴史的文脈とは、まったく違ったコンテクストに置かれることも起こっている。茨城県大洗町の大洗磯前神社境内にある軍艦那珂の忠魂碑前で行われる忠魂祭には、近年ゲーム・アニメファンも参列するという。旧帝国海軍の軍艦を少女に擬人化した『艦隊これくしょん(略称、艦これ)』ゲーム(およびそのアニメ版)のキャラクター「那珂」にちなんだ現象で、そうした人々による戦死者追悼や平和祈念の絵馬も奉納されているということである(由谷 2016: 402-403)。また、ペット霊園に建立される忠魂碑も登場している。高知市の鷲尾ペット霊園内の忠魂碑は、ペットの合祀施設として建立され、基台に「家族の一員として　命ある限り　主人を愛し続けたペット　ここに眠る」と刻まれている(Rockeyわんわんファーム　ウェブサイト)。ここでの「忠」は、忠魂碑訴訟の原告たちが懸念したような天皇制イデオロギーと軍国主義思想の思想的キーワードとしてというより、忠犬ハチ公のように亡くなったペットの飼い主への忠実さの象徴としての意味であろう。

こうした忠魂碑の置かれた現在的状況は、ある意味でポスト近代的と言える。つまり、従来の歴史的・社会的文脈から切り離されて、まったく異なる文脈の中に置き直されているという状況が生じているのである(西村 2017)。

以上のような忠魂碑の戦後史的展開から見れば、忠魂碑とはある特異的な角度から、時代ごとの社会のあり方を映す鏡のような存在であったという理解も可能であろう。

（1）招魂については、本書第5章の小島論文（本文一五六頁および註（11））に説明があるので参照されたい。

（2）これは通称であり、正式名称は昭和二十年十二月二十五日連合国軍最高司令官総司令部参謀副官発第三号（民間情報教育部）終戦連絡中央事務局経由日本政府ニ対スル覚書「国家神道、神社神道ニ対スル政府ノ保証、支援、保全、監督並ニ弘布ニ関スル件」である。

（3）こうした解釈は、被爆死した長崎医科大学の学生たちが、軍医増産のために夏休み返上で講義を受けていたという公務中の死として靖国神社合祀に導いた遺族たちにも認められるものである（西村 2006）。

（4）一九六一年に文部省調査局宗務課が刊行した『宗教の定義をめぐる諸問題』には、一〇四の定義が挙げられており、一九七七年には日本宗教学会第三六回学術大会で、「宗教概念の再考」というシンポジウムが企画された。こうした動向を受けて土屋博は、「そこから現在にいたる二〇世紀後半の歩みの中で、日本の宗教研究は、宗教概念の流動化という時代の趨勢を敏感に受けとめながら、できる限り広い視野から宗教現象をとらえなおそうとする努力を重ねてきた」と述べている（土屋 2000: 15）。また二〇〇〇年代以降も、西洋語の翻訳概念としての「宗教」の構築過程を視野に入れた研究が継続されている（磯前 2003, 島薗・鶴岡編 2004 など）。

【文献】

阿部美哉 1989a「忠魂碑は宗教施設か——箕面忠魂碑訴訟鑑定書より」『政教分離——日本とアメリカにみる宗教の政治性』サイマル出版会。

阿部美哉 1989b「反神道運動の政教分離操作——村上重良氏の『鑑定書』を批判する」同右書。

粟津賢太 2013「地域における戦没者碑の成立と展開」村上興匡・西村明編著『慰霊の系譜——死者を記憶する共同体』森話社。

千鳥ヶ淵戦没者墓苑奉仕会編 2009『千鳥ヶ淵戦没者墓苑創建50年史』千鳥ヶ淵戦没者墓苑奉仕会。

海老根功 1984『忠魂碑』（第一巻）東宣出版。
海老根功 1985『戦争のいしぶみ』埼玉新聞社出版局。
林淳 2010「村上重良の近代宗教史研究――政教分離をめぐる生き方」安丸良夫・喜安朗編『戦後知の可能性――歴史・宗教・民衆』山川出版社。
平野武 1984「箕面忠魂碑違憲訴訟について」『宗教法』第二号、宗教法学会。
平野武 1995『政教分離裁判と国家神道』法律文化社。
平野武 1996『宗教と法と裁判』晃洋書房。
今井昭彦 2005『近代日本と戦死者祭祀』東洋書林。
磯前順一 2003『近代日本の宗教言説とその系譜――宗教・国家・神道』岩波書店。
いわて野田村ＦＡＮ 2016「野田村　石碑巡り」＜「のだむら歴史散歩」＜野田村情報発信サイト「野田村ＦＡＮ」（二〇一六年七月二〇日更新 http://nodamurafan.jp/sanpo/48362 二〇一七年一月一二日閲覧）。
籠谷次郎 1994『近代日本における教育と国家の思想』阿吽社。
国立歴史民俗博物館 2003『「非文献資料の基礎的研究」報告書 近現代の戦争に関する記念碑』国立歴史民俗博物館。
孝本貢 2009「戦後地域社会における戦争死者慰霊祭祀――慰霊碑等の建立・祭祀についての事例研究」『明治大学人文科学研究所紀要』第六四冊（のちに、村上興匡・西村明編著 2013『慰霊の系譜――死者を記憶する共同体』森話社、に再録）。
毎日新聞北海道版 2006「沖縄戦英霊碑――維持困難に遺族高齢化、存続の道模索」二〇〇六年八月一六日付朝刊。
箕面市 2018「第３章人口 8．国勢調査 その１人口推移」『市勢年鑑』（https://www.city.minoh.lg.jp/toukei/nenkan/30home.html 二〇一八年一一月一五日閲覧）。

西村明 2006『戦後日本と戦争死者慰霊――シズメとフルイのダイナミズム』有志舎。
西村明 2017「シズメとフルイのアップデート」『戦争社会学研究　第1巻』勉誠出版。
オブライエン、デイヴィッド・M 1999『政教分離の憲法政治学』晃洋書房。
奥山倫明 2016「『政教分離』を再考する」南山大学紀要『アカデミア』人文・自然科学編第一一号。
大江志乃夫 1984『靖国神社』岩波書店。
大原康男 1984『忠魂碑の研究』暁書房。
大谷栄一 2004「靖国神社と千鳥ヶ淵戦没者墓苑の歴史――戦没者の位置づけをめぐって」国際宗教研究所編／井上順孝・島薗進監修『新しい追悼施設は必要か』ぺりかん社。
Rｏｃｋｅｙわんわんファーム ウェブサイト「ペット霊園」(http://rocky-kochi.com/hpgen/HPB/categories/29342.html 二〇一七年一月一二日閲覧)。
佐木秋夫 1986「政教分離の否定に奉仕する宗教論――阿部美哉氏の忠魂碑論など」『宗教研究』二六七号、日本宗教学会。
島田裕巳 1989「ビヨンドの思想――聖と俗のかなた」『フィールドとしての宗教体験』法蔵館。
島薗進・鶴岡賀雄編 2004『〈宗教〉再考』ぺりかん社。
田中伸尚 1996『反忠――神坂哲の72万字』一葉社。
田中伸尚・田中宏・波田永実 1995『遺族と戦後』岩波新書。
土屋博 2000「日本における『宗教学』の特質と今後の問題」『南山宗教文化研究所研究所報』第一〇号、南山宗教文化研究所。
柳川啓一 1955「現代社会と宗教――それほどの力をもっているのか」岸本英夫・増谷文雄編『人間の科学5　人間と宗教』中山書店。

柳川啓一 1980a「土曜ずいそう6　祖先崇拝のゆくえパートⅠ」『中外日報』一九八〇年八月九日付。
柳川啓一 1980b「土曜ずいそう7　祖先崇拝のゆくえパートⅡ」『中外日報』一九八〇年八月一六日付。
読売新聞 2015「戦没慰霊碑　放置広がる　倒壊など『管理不良』734基　5386基は『不明』」二〇一五年八月二六日付夕刊。
読売新聞西部本社版 2015「戦没者悼む場　守りたい　慰霊碑　遺族高齢化で管理難しく」二〇一五年六月一〇日付朝刊。
由谷裕哉 2016「宗教的聖地とアニメ聖地」『宗教研究』八九巻別冊、日本宗教学会。

III 教団編

諸宗教の内と外

7章 キリスト教と日本社会の間の葛藤と共鳴

宗教的マイノリティが担う平和主義

小原　克博

1――はじめに――戦後を振り返るための基本的背景

本章では、日本のキリスト教に着目して、宗教と社会の戦後史をめぐる一断面を描写する。その際、日本のキリスト教がマイノリティであるがゆえに引き受けざるを得なかった苦悩や、戦前戦後の平和主義との関わりを通じて、平和構築に対する宗教の固有の役割について考察する。そのために、まず戦後七〇年余を振り返るために必要な基本的な背景と共に本章の概要を示したい。

戦前、日本のキリスト教は欧米流の政教分離（信教の自由）の必要性を主張したり、日本社会への適合（「日本的キリスト教」）を模索したりしながらも、結果的に戦争協力へと突き進んだ。内村鑑三や、その弟子たちによる非戦論は一定の影響力をもったものの、少数派にとどまった。

そうした戦前への反省から、戦後の日本の教会の多くは聖書的な絶対平和主義に立ち返り、憲法九条、政教分離を厳格に守る姿勢を貫いてきた。日本のプロテスタント最大教派である日本基督教団は、宗教教団としては初めての戦争責任告白を一九六七年に出している。また、一九六九年には日本基督教団は沖縄キリスト教団と合同し、沖縄キリスト教団は新たに「沖縄教区」となったが（一九七二年、沖縄の本土復帰）、それは実質的には「合同」ではなく「合併」「復帰」ではなかったのか、という批判がなされてきた。沖縄と本土の関係、沖縄における米軍基地の問題は、戦争の傷がなおも癒やされていないことを訴え続けており、教会に対しても重い問いを投げかけている。

キリスト教と戦後の日本社会の関係を考える上で、転機となった重要な出来事をさらにいくつか取りあげたい。一つは、中曽根康弘首相、小泉純一郎首相（いずれも当時）がそれぞれ一九八五年、二〇〇一年に靖国神社を公式参拝したことである。これ以降、歴代首相による靖国参拝は、現在に至るまで教会関係者から注視され、政教分離の視点から批判がなされてきた。各地で行われた違憲訴訟の一部には教会関係者も関わっている。A級戦犯が合祀されている靖国神社を首相が参拝することは戦争の美化につながるという批判は、戦後の教会が保持してきた平和主義の重要な一部を占めてきた。

また、殉職者の合祀との関係、および、信教の自由との関係で忘れられないのは、自衛官護国神社合祀事件である。戦前、軍人が戦死した場合には靖国神社に合祀されていたが、戦後、自衛官が公務で殉職した場合、靖国神社へは合祀されないものの、本人の出身地にある護国神社に合祀されていた。一九六八年、勤務中に事故死した自衛官の夫が、キリスト教徒である自分（その妻）の信仰に反して護国神社に合祀された（一九七二年）のは、憲法が保障する信教の自由および政教分離原則に反するとして、自衛官の妻が国などを相手に提訴した（一九七三年）。最終的に最高裁判決は、一審、二審における原告勝訴の判決を覆し、原告の訴えを退け、国の責任を全面的に否定した（一九八八年）。

これらの出来事からもわかるように、戦後のキリスト教と社会および国家との関係は、信教の自由、政教分離、平和主義を中心とする憲法論議として現れることが多かったと言える。教会が自衛隊の海外派遣に反対し、また、憲法改正や安保関連法案（二〇一五年）に反対するのも同じ線上にあるが、いずれの場合も、戦後憲法の精神とキリスト教の平和主義との親近性が土台にある。しかし他方、社会的な問題に積極的に関わっていくグループ（社会派、リベラル派）と、そうした問題から距離をとろうとするグループ（福音派、保守派）の間の溝が徐々に拡大してきている点も見逃すことはできない。

さて二一世紀になってからの転機をあげるとすれば、九・一一同時多発テロ事件（二〇〇一年）と三・一一東日本大震災（二〇一一年）であろう。九・一一以降、日本も対テロ戦争に巻き込まれ、教会はイラク戦争をはじめ、関連する戦争行為、および、自衛隊の海外派遣に反対してきた。後述するように、こうした状況に呼応するように現れてきた「一神教批判」の言説にもキリスト教はさらされることになる。平和主義者と自認する日本のクリスチャンの自己理解とは裏腹に、日本社会はキリスト教を好戦的な宗教として見ることが多く、このギャップの認識は重要であろう。日本社会では米国をひながたとしてキリスト教を理解することが多く、また、昨今のイスラーム過激集団の台頭もあいまって、一神教と好戦性を結びつける言説が繰り返されてきた。こうした一神教批判は事態を単純化しすぎているだけでなく、他者理解の難しさを如実に表している（小原 2018）。

しかし、三・一一以降の震災復興の取り組みにおいて、教会をはじめ、宗教界の社会的貢献に新たな光が当てられてきている。教派や宗教の違いを超えた救援活動はマスコミ等を通じても知られるようになり、それは教会の意識をも変えてきた。三・一一がもたらした課題の一つに原発問題がある。日本のキリスト教は、唯一の被爆国としての責任を果たすべく、核兵器への反対運動に関わってきた経緯があるが、三・一一以降、その一部は反原発運動として継承されている面がある（小原 2011）。日本の教会の中では、原発再稼働に反対する声が圧倒的に大きいと言ってよい（ちなみに、世界的に見れば、原発を容認する教会が多い）。

本章では、上述してきた出来事の歴史的な細部を探るというより、むしろ、それらを貫く思想的・神学的な次元を考察したい。その中でも中心となるのが平和主義である。平和主義の思想的源泉は多様であるが、その一つにキリスト教の平和主義がある。トルストイの平和主義は戦前の日本の知識人たちにも影響を与えた。戦後の日本の教会は、キング牧師の非暴力抵抗運動の影響も受けており、その平和主義は心の内面の平和にとどまらず、明確に社会的・政治的次元を有していると言える。

ただし、こうした日本の教会の平和主義的な立場は世界の教会から見れば、マイノリティであることにも注意が必要である。欧米などキリスト教の社会的影響力が強い国々においては、クリスチャンであっても、戦争を全面的に否定する平和主義の立場に立つことはまれである（近年、ローマ教皇は戦争に対し批判的なメッセージを発しているが、カトリックは正当防衛や一定の条件下での武力行使を容認する伝統も持つ（石川 2016: 22-31））。むしろ、必要悪として戦争を認める正戦論の立場がキリスト教世界では多数派を占めており、さらに言えば、それは宗教の違いに関係なく、国連を含む国際社会全体においても言える。つまり、日本のキリスト教は、日本社会の中でも、また、世界のキリスト教の中でも少数派の立場であり、二重の意味でのマイノリティであると言えるだろう。しかし、マイノリティであるがゆえに公的言論に対して鋭角的に切り込んでいくことのできる事例は、日本だけでなく、近年の台湾や香港での民主化運動（リーダーたちの多くはクリスチャンであると言われている）においても見ることができる。

他方、キリスト教、さらには一神教の伝統の中に見られる犠牲（自己犠牲）の論理が、近現代の戦争に及ぼした影響を無視することはできない。犠牲の論理は、近代国民国家においてより精緻化され、戦争協力に向けた国民動員の原理とされてきたことを顧みれば、犠牲の観念の批判的検証は不可欠である。個人の利他性・自己犠牲（私的領域）が国家の利己主義（公的領域）へと回収されていくメカニズムを分析することは、今後の日本社会の行く末を考える上でも重要な予備的考察となるはずである。

2――戦前における国家と教会

近代国家の形成

宗教と社会の戦後史を考えようとするとき、戦後七〇年余を振り返るだけでは決して十分ではない。戦争やナショナリズム高揚の時代は、日本の近代化の歴史と深く結びついており、一八六八年から始まる明治時代以降の近代国家形成のプロセスと、そこにおける宗教の位置づけを視野に入れる必要がある。ここでは本章の目的に即し、戦後史とのつながりを考える上で重要な点をいくつか取りあげることにする。

明治政府は、日本が欧米列強に対抗できるよう国家の近代化を最優先課題とし、アメリカやヨーロッパに使節団を送った。そして、当時のドイツ（プロイセン）において皇帝ヴィルヘルムとそれを支えるルター派教会の緊密な関係を見た日本の知識人たちは、ドイツの政教関係が天皇を中心とする日本の政治体制にもっとも適合すると判断した。当時のドイツの憲法が戦前の大日本帝国憲法のモデルとなっただけでなく、ドイツの政治神学が日本の政教関係に少なからず影響を与えた（深井 2013: 131-132）。もちろん、日本で中心的な役割を担った宗教はキリスト教ではなく、神道であった。神道（国家神道）が天皇と国民を結びつける国民道徳としての役割を果たした。

ドイツの場合も、日本の場合も、ナショナリズムと宗教が結びつき、結果的に宗教は戦争に協力していった。いずれの国においても、戦争に駆り立てられていく時代の中で反対勢力は存在したが、少数派であり、多くは弾圧された。しかし、ドイツの戦後史とキリスト教を考えるときに、ナチスに抵抗した「告白教会」の存在を無視できないように、日本の戦後史を考えようとするとき、少数派とはいえ、戦争批判（非戦論）の担い手であった内村鑑三の存在を見過ごすわけにはいかない。

戦前の平和主義

内村は日清戦争のときには、それを「義戦」と見なす主戦論者であった。また、キリスト教は明治政府の近代化政策を補完する役割を果たすことができると考えていた。しかし、戦争に勝った結果、日本の植民地主義政策の中に内村が見たのは、利権を拡大しようとする帝国主義的拡張政策であった。つまり、義戦ではなく単なる侵略戦争に過ぎなかった実態を知ることによって、彼の戦争に対する理解は大きく転換し、新約聖書の思想やクェーカーの思想の影響を受けて、非戦論者としての立場を明確にしていく（「余が非戦論者となりし由来」（内村 1990: 160-163））。内村の非戦論は絶対平和主義の特徴を際立たせている。「武装せる基督教国？　そんな怪物の世に存在しやう筈はありません、武装せるものは基督教国ではありません、武装せる者は強盗であります（後略）」（「平和の福音（絶対的非戦主義）」（内村 1990: 63））。この叙述が端的に示すように、キリスト教と武力、あるいはキリスト教と（武装する）国家は峻別されている。

また、次の箇所では正戦論（必要悪としての戦争を肯定）の論拠を批判しながら、絶対的非戦における平和理解を述べている。「若し戦争はより小さな悪事であって世には戦争に勝る悪事があると称へる人がありまするならば其人は自分で何を曰ふて居るのかを知らない人であると思います、戦争よりも大なる悪事は何でありますか、（中略）悪しき手段を以て善き目的に達することは出来ません、（中略）平和は決して否な決して戦争を透うして来りません、平和は戦争を廃して来ります（後略）」（同上（内村 1990: 63-64））。このように、内村の時代の日本においても、正戦論と絶対平和主義との間には、簡単に解消できない緊張関係があったことは明らかであり、実際、内村の非戦論は彼の無教会主義運動を通じて、南原繁や矢内原忠雄（いずれも、戦後、東京大学の総長を務める）のような弟子たちに継承されていく一方、弟子たちの中には戦争肯定の立場に立つ者も出てきた。内村思想の継承者たちですら、このような状況であったことを考えれば、圧倒的多数の他のクリスチャンたちが、葛藤を抱えつつも、戦争支持の立場に立ったのはやむを得ない時代の状況があったと言える。

こうした戦前の状況をもっとも端的に示し、また戦後、戦争責任を考える際に繰り返し言及されてきた文章として「日本基督教団より大東亜共栄圏に在る基督教徒に送る書翰」（一九四四年発表）を次に取り上げることにする。

日本精神とキリスト教

四章から成るこの書簡は、アジアの各地に送り出された日本人伝道者たちを鼓舞するために書き記された。とりわけ、第二章は日本の文化と西欧の文化を対比しつつ、「日本的キリスト教」の一つのあり方を提示しようとしている点で興味深い。そこで日本の文化は万世一系の天皇の存在によって神聖視され、他方、西欧の文化は「個人主義」的偏狭さを持ったものとして蔑視されている。そのような二つの文化の狭間にあって、日本のキリスト教は日本的な美徳や伝統、すなわち「日本精神」を体現し、その領域を押し広げていくことを使命とすべきだと記されている。第二章は次のように締めくくられている。

右の如き大精神は、ただ日本の国土内に留まるにはあまりに崇高にして広大無辺である。今より十余年前に独立し爾来益々発展を遂げつつある満洲帝国といひ、我らと協力して敵米英に宣戦した中華民国といひ、盟邦泰国、過ぐる日独立を祝祭した新生ビルマ国家、最近独立して新政府を組織した我らの兄弟フイリッピン、その他如何なる地域いかなる辺境といへども、恰《あたか》も太陽が万物を光被化育するやうに、この大精神に照し掩《おお》はれてゐないものはなく、相共に深い決意を以て互に扶《たす》け、互に尊敬し、互に愛し、正義と共栄との美しい国土を東亜の天地に建設することによって神の国をさながらに地上に出現せしめることとは、我ら基督者にしてこの東亜に生を享けし者の衷心の祈念であり、最高の義務であると信ずる（日本基督教団宣教研究所教団史料編纂室編 1998: 322）。

この文章から明らかなように、大東亜共栄圏に日本精神を充満させることこそが、「神の国」の出現であると理解されている。別の言い方をすれば、ここでの「神の国」は国家主義的な『神国』の役割を担わされている。西欧文明に毒された古い世界を放逐し、日本精神を中心とする新しい世界（大東亜共栄圏）を招来させようとする情熱の中で、「神国」と黙示文学的なパッションを持った「神の国」は交換可能なものとして理解されていたと言えるだろう。現人神としての天皇の至上の権威が、西欧の一神教的神理解に対抗して作り上げられたように、国家神道を支えた神国思想は、潜在的にキリスト教的な「神の国」と、特にその黙示的終末論と思想的な類比関係があったと言えるかもしれない。

ナショナリズムが高揚する時代の中で、日本精神を過剰なまでに注入されたキリスト教は、聖書が示す唯一なる神への信仰や暴力の否定を相対化せざるを得なかった。世俗権力といかに折り合いをつけるかは、キリスト教に限らず、日本のすべての宗教が直面した課題であるが、キリスト教の場合、特に「ローマの信徒への手紙」（ローマ書）一三章を用いて、世俗権力への適応がなされた。以下に一三章一―三節を引用する。

人は皆、上に立つ権威に従うべきです。神に由来しない権威はなく、今ある権威はすべて神によって立てられたものだからです。従って、権威に逆らう者は、神の定めに背くことになり、背く者は自分の身に裁きを招くでしょう。実際、支配者は、善を行う者にはそうではないが、悪を行う者には恐ろしい存在です。あなたは権威者を恐れないことを願っている。それなら、善を行いなさい。そうすれば、権威者からほめられるでしょう。

この手紙がパウロによって記された頃、キリスト教はローマ帝国の領内において圧倒的なマイノリティとして存在していた。引用文冒頭の「上に立つ権威」はローマ帝国の世俗的権威のことを指しているが、それは強力な皇帝崇拝と結びついていた。それを「偶像崇拝」として拒否したクリスチャンたちが大規模な迫害・殉教に遭ったことは言うまでもないが、そうした文脈でこの聖書箇所を理解すれば、世俗的権威に対し単純に迎合することを勧めたものでないことがわかる（「人間に従うよりも、神に従わなくてはなりません」（「使徒言行録」五・二九）という使徒ペトロの言葉もある）。しかし、日本の戦時下において、権威に対する繊細な思索は完全に雲散霧消し、「人は皆、上に立つ権威に従うべきです」という表現は、現状肯定・自己正当化のための論理としてのみ機能していた。ローマ書一三章の（意図的な）誤読が、近代日本の国体イデオロギーを支えたのである（小原 2010: 75-80）。

3——戦後社会とキリスト教

戦争責任告白

戦後の日本で、戦争を放棄し、武力を保持しないことを定めた新しい憲法が制定された。憲法の前文と第九条の精神は、戦後日本の平和主義の礎となった。二〇一六年、日本では憲法九条を拡大解釈し、自衛隊の活動範囲を広げる新たな安全保障関連の法案が与党・自民党によって提出され、それに対する大きな反対運動が各地で起こったが、日本のキリスト教会もその一部を担っていた。先に述べた戦前における国家主義への迎合、戦争協力への反省が、日本のキリスト教にとって、平和主義の重要性を再確認する機会を与えることになった。ここでは、戦後七〇年余を振り返る際に、しばしば、教会の戦争責任の参照点とされてきた日本基督教団（日本で最大のプロテスタント教団）の戦争責任告白（一九六七年）を紹介する。

もちろん、戦争責任に取り組んできたのは日本基督教団に限らない。たとえば、日本バプテスト連盟は「靖国神社問題に対する日本バプテスト連盟の信仰的立場」（一九八二年）、「戦争責任に関する信仰宣言」（一九八八年）、「平和に関する信仰的宣言」（二〇〇二年）、「憲法九条を守る声明」（二〇〇四年）など一連の宣言・声明を出している（日本バプテスト連盟靖国神社問題特別委員会編 2010: 300-338）。これらの名称からもわかるように、戦争責任告白は、靖国問題、天皇制、政教分離、信教の自由、憲法九条との連続性の中で問われてきており、この連続性は、戦後七〇年余のキリスト教と日本社会を理解しようとする際の重要な文脈となる。こうした文脈は日本聖公会やカトリック教会においても共有されている（石川 2016: 188-192）。

さて、日本基督教団が当時の議長名で発表した「第二次大戦下における日本基督教団の責任についての告白」（http://uccj.org/confession）についてであるが、これは一〇〇〇文字程度の短い文章であるにもかかわらず、日本の宗教界では最初の戦争責任告白であったため、他の教団や宗教からも関心を向けられることになった。全体として、戦争に荷担したことに対する深い懺悔の念が記されているが、そのいくつかを抜粋してみたい。

「『世の光』『地の塩』である教会は、あの戦争に同調すべきではありませんでした。まさに国を愛する故にこそ、キリスト者の良心的判断によって、祖国の歩みに対し正しい判断をなすべきでありました」。戦時下においては、よきクリスチャンであることと、よき愛国者であることは等しいものとされたため、その両者の間に本来必要とされた緊張関係が著しく失われていた。しかし、国を愛すればこそ、国家が主導した戦争に同調すべきではなかったと記されている点に、戦後の教会と国家の基本的な関係を見ることができる。

「まことにわたくしどもの祖国が罪を犯したとき、わたくしどもの教会もまたその罪におちいりました。わたくしどもは『見張り』の使命をないがしろにいたしました。心の深い痛みをもって、この罪を懺悔し、主にゆるしを願うとともに、世界の、ことにアジアの諸国、そこにある教会と兄弟姉妹、またわが国の同胞にこころからのゆるしを請う次第であります」。ここでは、本来の使命を放棄し、国家に同調した結果、アジア諸国にまで影響を及ぼしたことへの懺悔が述べられている。先に「日本基督教団より大東亜共栄圏に在る基督教徒に送る書翰」において一瞥したように、戦前における教会の国家観・アジア観が戦争協力を正当化していたのであり、そうした態度への反省と、アジアとの新たな関係構築が戦後の教会の歩みの中に含まれることになった。しかし、七〇年以上たった今も、その道半ばであると言わざるを得ない。和解とゆるしを主題とした、特に東アジアにおける対話は断続的に続けられているが、十分な相互理解がなされたとは、まだ言えないからである。その意味でも、この戦争責任告白は戦後の教会が担うべき課題が、どの程度達成されたのかを計る指標としての役割を果たし続けている。

国際情勢は刻々と変化し、その中でアジアの隣国との関係も変化するが、政治情勢とは別に民間レベルでの和解のプロセスは続けられるべきであり、教会がその一端を担うことができるかどうかは、いつも問われている。二〇一六年における憲法九条の解釈をめぐる議論は、特に韓国や中国の教会関係者にも大きな懸念を抱かせることになった。そこで次に、日本国憲法および戦後の教会が保持してきた平和主義、および、それを取り巻く状況について考えてみたい。

平和主義の多様性とそれを取り巻く現状

戦争放棄をうたった憲法九条をどのように保持するかは、それ自体としては日本の問題であるが、それが表明する平和主義は日本に限定される事柄ではない。憲法九条の平和主義の背景にある、より大きな人類史的な思想的源流を理解することによって、それが日本のナショナルな課題にとどまらず、人類的な課題であることに注意をうながしたい。

日本ではキリスト教は圧倒的マイノリティであり、その意味で、キリスト教の影響力は限られているが、憲法九条が示す平和主義は、キリスト教の平和主義に通じる面がある。そして、それこそが、戦後の教会の多くが憲法九条の守護を信仰的な課題として受けとめてきた理由である。平和主義は人類の歴史の中で主流となったことは一度もないが、幅広い多様な思想的源流を持っている（松元 2013）。インドにおける不殺生（アヒンサー）の伝統は仏教に引き継がれ、東アジアに広がっていった。その思想は、二〇世紀にはガンジーによる非暴力抵抗運動として結実した。初期キリスト教はイエスの非暴力の教えを文字通り実践しようとし、迫害の時代を耐え忍んだ。キリスト教がローマ帝国の宗教となってからは、平和主義はキリスト教の傍流となったが、その思想は少数教派（ワルド派、カタリ派、メノナイト、クェーカーなど）によって受け継がれ、二〇世紀にはマルティン・ルーサー・キング牧師らによる公民権運動の中で非暴力（Nonviolence）が運動の理念とされた。また、トルストイのような文学、あるいはカントの哲学（特に『永久平和のために』）は、近代日本の知識人に平和主義を考えるきっかけを与えた。憲法九条が体現している平和主義は、こうした平和主義の多様な潮流を背景にして理解されるとき、日本の歴史的事情だけでなく、人類の普遍的な課題を負っていることがわかる。

しかし、平和主義に疑問を投げかける声は、日本の内にも外にも存在している。特に国際政治の中では、平和主義は単なる理想論に過ぎないとして、議論の対象にすらならないことが多い。世界の国々の圧倒的多数が軍隊を持ち、軍事力によって国を守り、敵国の攻撃を抑止することができると考えている。この立場に立てば、すべての戦争が悪いわけではなく、平和の実現のためには、やむを得ず行わなければならない戦争もある、ということになる。このような考え方は「正戦論」（Just War Theory）と呼ばれてきたが、世界のほとんどの国が正戦論の立場に立っていると言える。また、国連も正戦論を基本としており、人道的な危機がある場合の武力介入を決議することができる。

ここで正戦論の詳細を論じることはできないが、平和主義、正戦論、聖戦論はキリスト教史の中で形成されてきた戦争論の類型であり（小原 2002）、いかに平和を希求し、また暴力を抑止してきたか、そして時に戦争を正当化してきたかという歴史的経緯を振り返ることは、戦後七〇年余の次の時代を展望する上でも有益である。正戦論が基本となっている世界の中では、原則的にすべての武力を否定する平和主義は圧倒的に少数派である。それはキリスト教世界においても同様である。イエスは暴力の行使を否定しているが（必ずしもそうではないとする解釈の歴史もある）、現代世界のクリスチャンの多くは平和主義者ではなく、戦争や武力の必要性を容認する正戦論者である。この現実を見据えずに、ただ平和主義の重要性をやみくもに唱えるだけでは、少なくとも国内および国際社会への影響力は期待できないだろう。しかし、マイノリティであるがゆえに、支配的な政治の影響力から自由になって、鋭角的に本質に切り込む議論を展開できる場合もある。そのためには、時代状況に合う形で平和主義の意義を社会に対し論理的に訴えていくことのできる思想的・政治的な基盤を整えていく必要があるだろう。

しかし、日本のキリスト教は、戦後の一時期のキリスト教ブームをのぞけば、戦前・戦後の区別なく、日本社会から十分に理解されてきたどころか、批判的なイメージで見られることが少なくない。日本ではクリスチャン人口が少ないため、キリスト教の実像をつかみにくく、アメリカのキリスト教の（単純化された）イメージを経由して理解されることが多いと言えるだろう。端的に言えば、それは好戦的なキリスト教である。視点を変えれば、キリスト教あるいは一神教に対する言説を通じて、日本社会の戦後史の一端を見ることもできる。

4――日本における一神教批判

戦後の日本の論壇の中で繰り返されてきた言説の一つが「一神教と多神教」である。総じて言うなら、それは一神教を批判し、多神教およびそれに代表される日本文化を称揚する言説である（小原 2010: 90–96）。日本社会は一神教と、まずキリスト教として出会うことになった。「一神教と多神教」は、キリスト教と日本的伝統の対立として長い前史を持っている。一言で言うなら、反キリスト教的な感情や思想は、キリシタン時代以降、形を変えて現代に至るまで受け継がれている。江戸時代においては、緻密なキリスト教論駁の思想も見受けられるが、激しいキリシタン弾圧により、キリスト教が日本社会の表舞台から消え去った後、キリスト教は単に反体制的なものの代名詞として言及されることが、もっぱらであった（大橋 2014: 124）。明治時代になると、キリスト教は「反国家的」あるいは「愛国的」でない宗教として批判されることになる。

得体の知れないもの、直視できない対象に対し、人はしばしば単純なレッテルを貼り、恐怖を低減しようとする。キリスト教はまさにそのような対象であった。「一神教と多神教」言説の第一の機能は、こうした単純化作用である。キリスト教一つをとっても、日本社会の中で十分な理解をされてきたとは言い難いが、それを含めて「一神教」と呼ぶ場合、その多様な内部構造は無視されてしまっている（小原・中田・手島 2006: 21-22）。

ただし、問題はキリスト教や一神教を敵視する側にとどまらない。多くのキリスト教宣教師や日本人キリスト者は、日本宗教の多様性に関心を向けることなく、それらを「偶像崇拝」「異教」「多神教」として一括りに批判してきた。こうした相互の単純化が「一神教と多神教」言説の前史に存在しており、結果的に、双方が向き合うことを疎外してきたと言える。

しかし、この問題が単に宗教的な言説にとどまらず、現実の社会問題の見方にまで影響を及ぼしていることに注意を喚起しておきたい。東日本大震災以降、自然観や宗教の社会的役割にかかわる議論が活発になってきているが、その中にも「一神教と多神教」言説は登場している。その一例を原発問題との関係で取りあげたい。

中沢新一は、原子力技術を一神教的な技術として理解し、一神教の神を「抽象そのものの神」「環境世界の外部にいて、そこから世界そのものを創造した神」（中沢 2011: 32）として特徴付け、自然の内的関係を重んじる日本の神々と対比的に描き出す。そして、モーゼの前に「無媒介に」出現した神の前では「生身の人間は心に防護服でも着装しないかぎりは、心の生態系の安定を壊されてしまうだろう」（中沢 2011: 36）と語る。ここで聖書の神は放射能の恐怖にたとえられている。中沢の一神教批判から学び取るべき認識の一つは、日本社会において、キリスト教を含む一神教は、放射能にも比する危険な存在として見られているということである。中沢の論は単純化の一例であるが、日本の読者の中には少なからず共感を呼び起こすと思われる。

同型の議論が今後も再生産されていく可能性は高い。特に二〇〇一年の九・一一同時多発テロ事件以降、一神教批判の対象としてイスラームが注目される傾向が強まってきた。十字軍に代表されるように、キリスト教史において、教会の暴力性が振り向けられた対象の一つがムスリムであったことを考えると、今日のイスラーム世界に対する武力行使だけでなく、イスラームに対する暴力的言説をいかにコントロールするかは、広く安全保障上の課題であると同時に、神学的な課題であるとも言える。いずれにせよ、キリスト教は自らに内在する暴力性を自覚することなく、信頼に足る平和主義を語ることはできないだろう。他方、マイノリティに属するとはいえ、平和主義の伝統がキリスト教史において受け継がれ、戦後の日本の教会の場合のように、その意義が積極的に再認識され、日本国憲法の平和主義と共鳴し合ってきた意義は決して過小評価されるべきではない。マイノリティであるがゆえに可能となる社会的貢献の一例を、そこに見ることができるからである。また、世界の諸教会の多くが日本と同じ平和主義の立場に立たないとしても、現代では、それぞれの社会の中で、戦争抑止の働きをしていることを忘れてはならないだろう。キリスト教を「好戦的」と一般化する論は、この点でも妥当性がない。

最後に、近代化のプロセスの中で、平和主義を麻痺させる力として機能した「犠牲」の概念について論じたい。これは戦前・戦後を貫き、さらに今後も影響を与え続ける可能性のある理念であり、国家と社会とキリスト教の相互関係を理解する上でも重要な概念である。

5――犠牲をめぐるキリスト教と国家の論理

戦争と犠牲

戦争と平和に具体的に向き合おうとするとき、「犠牲」は深く考えるべきキーワードの一つである（小原 2018: 195–212）。なぜなら、犠牲の観念が、しばしば、ナショナリズムを高揚させ、戦争を正当化するからである。たとえ自分の命を落とすことになっても、尊いもののために死ぬことは、時として正当化される。戦争中、国家のために死んだ者は尊い犠牲として称賛された。同じように、神のために死ぬ者は殉教者として称賛される。尊い使命のために死ぬことが称賛されるという論理を国家も宗教も持っており、そのことが、ナショナリズムと宗教が接近しやすい構造を生み出している。言い換えれば、国家が求める犠牲の論理を、宗教が補完する可能性があるということである。

犠牲の論理の最大の問題は、ある者への忠実や自己犠牲が、他の者の犠牲を引き起こす点にある。言い換えれば、ある者（国家）への責任が、他者（他国民）への無責任となる、ということである。国家に対する絶対的な自己犠牲が、他国民の犠牲を要求するという「犠牲のパラドクス」は戦争において極大化する（高橋 2005: 230）。

ルネ・ジラール、ジョルジュ・バタイユ、ミッシェル・フーコーらに代表される戦後の現代思想の一部は、犠牲のシステム（メカニズム）に対する批判から始まった。近代国家は二つの世界大戦を通じて未曾有の犠牲者を生みだすことになったが、何が問題であったのかが問われたのである。結論を端的に言えば、近代国家は宗教的な供犠（犠牲）のシステムを克服・解消したのではなく、それをより精密な形でバージョンアップしたということである（藤本 2007: 108）。すなわち、今我々が問題にしようとしている犠牲は、聖書時代のような遠い過去における犠牲の祭儀にとどまらず、近代から現代に引き継がれている問題なのである。しかし、そのことをより正確に理解するために、歴史的な背景としてキリスト教内部における犠牲の理解を次に追ってみたい。

犠牲とキリスト教

キリスト教はその初期の頃から犠牲を捧げない宗教、すなわち、非供犠的な宗教として出発しているが、それはその当時においては異例なことであった。ローマ帝国においては、犠牲を捧げる儀礼こそが宗教であったので、初期キリスト教は「宗教」（religio）ではなく「迷信」（superstitio）と見なされた。キリスト教が非供犠的な宗教として始まったのには二つの理由がある。一つは同時代の（非供犠的な特性を強めた、律法を中心とする）ユダヤ教からの影響であり、もう一つはイエスの十字架に対する贖罪的理解である。

伝統的な贖罪理解では、イエスの十字架は人類の罪をあがなうための犠牲と考えられた。イエスが人類のための犠牲となったのだから、我々はもはや別の犠牲を捧げる必要はないということである（特に新約聖書「ヘブライ人への手紙」に顕著に見られる）。しかし、イエスの十字架が犠牲のリアリズムの中に位置づけられている点は見逃すことはできない。

同じことは、最後の晩餐に関しても言える。最後の晩餐は、イエスの「体」と「血」が分け与えられる場となっており（「コリントの信徒への手紙一」一一章二三―二六節）、伝統的な犠牲の祭儀を強く想起させる。犠牲を通じて共同体の連帯が再確認されるという点では、伝統的な犠牲の祭儀との連続性の中にある。ただし、自ら積極的に「体」と「血」を分け与えようとするケノーシス（自己無化）的な給仕の場となっている点で、他の犠牲的神話・伝承とは異なる点を有している。

イエスの犠牲の特徴をつかむためには、最後の晩餐はイエスの食卓との連続性において理解される必要がある。イエスの食卓は、異邦人、サマリア人、徴税人、「罪人」と見なされた人々を招き入れた、当時の清浄規定という境界線を越境する行為であった。つまり、清浄規定のゆえに犠牲、スケープゴートとされてきた人々の「犠牲を終わらせる」という意味をそこに汲み取ることができる。

「ヘブライ人への手紙」等による十字架解釈、最後の晩餐、イエスの食卓はいずれも「犠牲の終わり」を告げるものであった。しかし、後に展開されていく十字架理解の一部には、イエスの十字架を自己犠牲の模範として、信仰者（さらには一般の人々）にも同様の犠牲を求めるものも出てくる（タラル・アサドはそれを「不正な苦痛のモデル」として批判している（アサド 2008: 123–124））。特にその理解の一部がクリスチャンの殉教にも影響を及ぼした点に注意を払う必要があるだろう。初期キリスト教神学の中だけでなく、後の殉教文学の中では、イエスが十字架において神への信仰を貫き通したように、信仰者も同様に自らの死をもって、信仰を証しすべきであるという考え方が形成されていった。尊い目的のために死ぬことは立派なことである、という殉教を美化する考え方がもつ根源的な危うさを意識するためにも、犠牲の神学的な意味を批判的に問い続けることが必要である。

ここでその問題点をより明確にするために、高橋哲哉の議論に言及しておきたい。高橋はキリスト教の贖罪信仰を彼の語る「犠牲の論理」と同型のものと見ており、その一例として内村鑑三が非戦主義者こそ積極的に戦地に赴くべきだと主張した事例（「非戦主義者の戦死」一九〇四年）を取りあげている（高橋 2012: 130–132）。クリスチャン、とりわけ非戦主義者の死によってこそ、これまで戦争を繰り返してきた人類の罪悪があがなわれるという内村の論理は、結果的にキリスト教の贖罪信仰に基づいて「尊い犠牲」を正当化していると高橋は批判する。彼は伝統的な贖罪論を問題の根源と考えているようであるが、むしろ問うべきは、どのような贖罪論において死の美化（殉教の美化を含む）が生じるのか、であろう。

贖罪論が、イエスの食卓・最後の晩餐を含む、その生涯から切り離され、十字架に収斂される自己完結したシステム（たとえば「イエスは人類の罪のあがないのため、十字架にかかって死ぬために生まれてきた」という伝統的理解）として了解されるとき、高橋が指摘するように、自己犠牲的な死を美化する論理として機能するおそれがある。罪が精神化され、犠牲が元来もっていた「体」と「血」という身体性が失われていくとき、イエスの生涯と十字架が「犠牲の終わり」を指し示していたことが忘れられ、犠牲の再生産が始まるのである。犠牲の正当化と再生産がもつ、その侮りがたい力の前でこそ、平和主義の真価が問われると言ってもよいだろう。

犠牲のシステム

先に述べたように、近代国家は伝統的な「犠牲」の観念を迷信として破棄したのではなく、「犠牲のシステム」としてアップグレードした（国家の疑似宗教化）。その時代、多くのクリスチャンにとって、国のために戦って死ぬことと信仰とは矛盾しなかった。なぜなら、そこでは尊い目的のために命を差し出すことが模範的な自己犠牲として称賛され、殉国と殉教はほぼ同義となったからである。そのことはマーク・ユルゲンスマイヤーによる次のような指摘にも明確に現れている。

〔世俗的ナショナリズムと宗教は（引用者注）〕包括的な道徳秩序の枠組み、すなわちそれに所属する人々に究極的な忠誠を命じる枠組みを与えるという、倫理的な機能を果たす。（中略）すなわち、ナショナリズムと宗教の殉教と暴力に道徳的裁下を与える能力ほどに忠誠の共通の様式が明らかに現れているものは、他のすべての形の忠節のなかにはないのである（ユルゲンスマイヤー 1995: 28-29）。

また、集団の秩序維持のために特定の人（人々）を犠牲にすることを「スケープゴート」と呼び、それが太古の昔から続いてきたこと、そして、広く宗教と暴力の関係は、ルネ・ジラールの『暴力と聖なるもの』（ジラール 1982）（原著一九七二年）以降、人類学や宗教学においても重要な主題とされてきたが、ジラールの言う「犠牲のメカニズム」は今なお形を変えて存在し続けている。特定の人々や特定の地域に犠牲を強いることによって成り立っている現代の社会構造やエネルギー供給（特に原発）に対して神学的あるいは宗教倫理的な視座からの批判が求められるゆえんである。「犠牲」の観念は様々な宗教伝統に深く埋め込まれているが、それを健全に保ち、また、国家的価値やナショナリズムに先導される「犠牲のシステム」と批判的な距離を確保するためには、犠牲の観念に対し精緻かつ幅の広い議論を促していく必要があるだろう。先に、キリスト教内部における犠牲の理解を少し丁寧に記したのは、まさにそのような理由による。

6——おわりに

本章では、戦後七〇年余とその先の時代を考えるために、戦前の日本における宗教と社会の関係、さらには、キリスト教の起源の一部をも射程に入れ、長い歴史軸の中で平和主義の可能性と困難を俯瞰してきた。近代国家の形成以降、平和主義の困難の一つは国家やナショナリズム・愛国心との関係に起因し、国家が求める「犠牲」がしばしば平和主義を麻痺させることになった。また、そこには単に外圧に屈したというだけではなく、「犠牲」を正当化する内的な論理が機能していたことを指摘した。世界の各地で排外主義的な愛国心が高まりつつある時代の中で、個人の利他性・自己犠牲（私的領域）が国家の利己主義（公的領域）へと回収されていくメカニズムをあらためて確認しておくことは重要な課題である。そこで、アメリカの神学者ラインホールド・ニーバーの言葉（『道徳的人間と非道徳的社会』原著一九三二年）を引用し、時代や国の違いを超えたその課題に注視したい。

愛国心はそのなかに倫理的パラドクスをもっており、最も鋭い凝った批判でなければいかなる批判も受けつけないものである。そのパラドクスとは、愛国心は、個人の非自己中心主義が国家の利己主義に転化する、ということである。国家への忠誠心とは、もしより低い忠誠心や地方的利害などとくらべるならば、それは高度な利他主義の形態である。それゆえ、それはすべての利他的衝動の担い手となるのであり、そして、あるときには、その忠誠心は、個人が国家とその事業にたいしてもつ批判的態度をほとんどまったく破壊してしまうほどの熱烈さをもって、表現されるのである。この献身の無条件的性格が、まさに国家的権力の根拠そのもの、またその力をなんの道徳的抑制なしに行使する自由の根拠そのものなのである。このようにして、個人の非自己中心主義は、国家の自己中心主義を助長するのである（ニーバー 1998: 109）。

ニーバーが前提とした歴史的文脈と近代日本のそれとが異なることは言うまでもないが、ここで指摘されている愛国心の倫理的パラドクスは、当時の日本にも当てはまるだけでなく、かなりの程度、他の国々においても類似した構造を見出すことができるであろう。その構造的類似性を、本章では、宗教伝統に起因する「犠牲」と、近代国家によってアップグレードされた「犠牲」の相互関係から生み出されたものとして説明した。引用文中後半にある、国家権力が道徳的抑制なしにその自由を行使できるということは、近代日本の場合、「信教の自由」を含むいかなる自由も、「道徳」によって抑制されていたことと表裏一体の関係にあった。そして、その際の最大の問題は、個人の非自己中心主義（＝私的領域）を国家の自己中心主義（＝公的領域）に直結させる仕組みを近代日本の政教関係が内包していたという点にある。

こうした構造は決して終戦によって解体したわけではない。むしろ、戦後七〇年余のさらに先の時代において、新たな形でナショナリズムのエネルギー供給源となる可能性がある。二一世紀の平和主義はこのような現実を見据えながら、国家を相対化する視野を開いていく必要があるだろう。ポストモダンと言われる時代の中で、あえて（国家的な原理に回収されない）「大きな物語」を語り続けることが、キリスト教をはじめとする諸宗教における平和主義が愚直に取り組まなければならない課題である。そして、それは単一の「物語」ではなく（平和主義の多様性と響き合う）多声的な「物語」であるべきなのだ。

【文献】

アサド、タラル 2008『自爆テロ』（苅田真司訳）青土社。

藤本一勇 2007「ポスト構造主義の基本理念」藤本一勇ほか編『現代思想入門――グローバル時代の「思想地図」はこうなっている!』ＰＨＰ研究所、一〇六―一〇九頁。
深井智朗 2013『神学の起源――社会における機能』新教出版社。
ジラール、ルネ 1982『暴力と聖なるもの』(古田幸男訳) 法政大学出版局。
石川明人 2016『キリスト教と戦争――「愛と平和」を説きつつ戦う論理』中央公論新社。
ユルゲンスマイヤー、マーク 1995『ナショナリズムの世俗性と宗教性』(阿部美哉訳) 玉川大学出版部。
松元雅和 2013『平和主義とは何か――政治哲学で考える戦争と平和』中央公論新社。
中沢新一 2011『日本の大転換』集英社。
ニーバー、ラインホールド 1998『道徳的人間と非道徳的社会』(大木英夫訳) 白水社。
日本バプテスト連盟靖国神社問題特別委員会編 2010『光は闇の中に輝いている――靖国・天皇制・信教の自由バプテスト40年の闘い』新教出版社。
日本基督教団宣教研究所教団史料編纂室編 1998『日本基督教団史資料集』第2巻(戦時下の日本基督教団(1941～1945年)) 日本基督教団出版局。
小原克博 2002「戦争論についての神学的考察――宗教多元社会における正義と平和」『基督教研究』第六四巻第一号、一四―三二頁。
小原克博 2010『宗教のポリティクス――日本社会と一神教世界の邂逅』晃洋書房。
小原克博 2011「原発問題の神学的課題」新教出版社編集部編『原発とキリスト教――私たちはこう考える』新教出版社、一〇四―一一四頁。
小原克博 2018『一神教とは何か――キリスト教、ユダヤ教、イスラームを知るために』平凡社。
小原克博・中田考・手島勲矢 2006『原理主義から世界の動きが見える――キリスト教・イスラーム・ユダヤ教の

真実と虚像』ＰＨＰ研究所。
大橋幸泰 2014『潜伏キリシタン――江戸時代の禁教政策と民衆』講談社。
高橋哲哉 2005『国家と犠牲』日本放送出版協会。
高橋哲哉 2012『犠牲のシステム 福島・沖縄』集英社。
内村鑑三 1990『非戦論』（内村鑑三選集２）岩波書店。

8章 戦後の仏教をめぐる言説と政治
近代性、ナルシシズム、コミュニケーション

川村 覚文

1——はじめに

本章の目的は、戦後の仏教教団および仏教者たちを規定し続ける近代的な認識構造を明らかにしつつ、彼らの言説と活動を分析することである。近年、グローバリゼーションの進展によってさらに拍車のかかってきた社会の多様化に伴い、日本社会においても「多文化共生」という言葉がある種の流行語となっている。そして、それに相関する形で、仏教教団においても「公共性」や「多様性の尊重」を問うといった姿勢が見られ始めるようになった。しかし、果たして仏教教団は「公共」圏や「多様性を尊重した」社会の構築に本当に貢献しうるのか。あるいは、貢献するためには、どのような営みが仏教教団や仏教者たちにとって必要となるのか。このような問いに答えるためにこそ、戦後の仏教教団および仏教

者たちの言説や活動を分析することが必要となろう。

本章では、特に以下の二つのことに注目する。一つは、戦前との関係性である。戦後の日本社会は言うまでもなく戦前との関係に規定されており、それは仏教界も同様である。そのため、本章では戦後の仏教教団および仏教家たちの言説や活動が、いかに戦前のそれによって規定されているのか、ということに注目する。そして、もう一つは、コミュニケーションのあり方である。この問題は特に、仏教がいかにその他者との関係を構築しうるのかという問いに関係する。これは、多様性や公共性を考えるにあたっての、本質的な問いである。そこで、本章では仏教がこれまでとってきたコミュニケーションの様態について、批判的に検討する。

2——近代と仏教

徳川時代の終焉から明治維新をへて、近代国民国家としての「日本」が形成されることになった。そして、この近代化の過程が日本仏教教団にとって、神仏分離令の発布や大教宣布の渙発にともなって、廃仏毀釈運動の嵐が吹き荒れるという受難の時代であったことは広く知られている。このような状況に対して、仏教教団側は新政府の方針に対して批判的に対応することで抵抗を試みた。ここで重要なことは、仏教側が抵抗のために持ち出した論理が「近代的あるいは文明的であるとはどういうことか」というものであったということである。そもそもこれまで無批判に自己同一的な本質をもつものとして前提され、時代を超えて存在すると見なされてきた「仏教」自体が、近代において初めて形成された概念なのではないかということが、近年批判的に検討され始めている[1]。その概念形成は、近代西洋の学知においてキリスト教や啓蒙主義などとの比較において見いだされ、多分にオリエンタリズム的要素を含んでいる「仏教」概念をみずから引き受ける形をとった。そして、日本「仏教」の担い手達はいかに自分達の奉じる「宗教」が近代合理主義と整合性を保てるものであるのか、ということの弁証を試みたのである。

しかし、ここで注意しなければならないのは、このような近代性や文明化に適合するものとして自己を定立したことによって、ある政治的問題が生じたことである。それは、日本仏教を担う者達が、国民国家の形成にとって仏教を欠くべからざる要素とすることで、国民国家批判という契機を決定的に失うとともに、近代的世界観に内在する西洋中心主義的な発想をそれと意識することなく、そのまま引き継ぐことになってしまったということである。

この問題をより明確に理解するために、酒井直樹による議論を参照してみよう。酒井は「対‐形象化の図式」という概念を提示しつつ、非西洋における近代以降の想像力は、「西洋との」という比較枠組みによって統制されてしまっていると批判する。そのため、日本をふくめた「非西洋世界の知識人が自文化や伝統を特殊として自己言及するときに、まず『西洋』を一般的な参照軸」(酒井 1997: 66) としてしまうのが常であり、西洋のみを自身の自己同一性を保つための対話＝コミュニケーションの相手と見なしてしまうようになっていったという。酒井によれば、「西洋」も「日本」も何ら実体的なものではなく、むしろ「対‐形象化の図式」を通して、鏡像的に構築された想像的なものに過ぎない。しかし、にもかかわらずこの図式のもと「西洋」に自ら属すると想像する知識人は、「西洋」を普遍的で文明的な実体的存在として、他者に対して定立せんとするナルシシズムに陥ることになる。そして、同じく「日本」に自ら属すると想像する知識人は、西洋との比較において、自己同一的なものとして「日本」を確立しようという欲望を満たすために、西洋のナルシシズムを認めつつコミュニケーションを図ろうとすることで、そのナルシシズムと共犯関係に陥っているのである。

同様の問題が日本仏教においても見られるといえよう。すでに「仏教」なる概念が近代の発明であることが明らかにされつつあることは述べたが、それは「日本」という概念そのものが「西洋」との比較において見いだされた近代的なものである、ということとパラレルな関係にあるということだ。西洋における国民意識の形成と国民国家の登場は、近代化＝文明化の必然的な成り行きとして広く日本の知識人に認識されており、西洋を模範とした国民国家としての日本を立ち上げることこそが、開明的な知識人の主要な目的であった。それゆえに、日本仏教に関わる者達が「仏教」の近代性や合理性を主張することは、「仏教」こそがネイション＝国民共同体として「日本」を立ち上げるための精神的支柱になるという認識をもつことに直結していたのである。ここからは、「仏教」を尊重しない政府への批判はまだなしうるが、日本という国民国家そのものへの批判はなされえない。そして、西洋は、「日本」の自己同一性を保つためのコミュニケーションの相手として措定され、目指すべき普遍＝文明であると認識されていたのと同じく、日本「仏教」の自己同一性を支えるコミュニケーションの相手としても措定されていたのである。この結果、「仏教」と「日本」は、共に西洋をコミュニケーションの相手として措定しつつ、非西洋的なものとして同じ外縁を共有するものとしてお互いを参照し合う関係となった。そして最終的には、十五年戦争時において、日本がその特殊性を保持しつつ、西洋に取って代わり普遍の位置を占めたいという欲望が暴力的に全面化した際、日本「仏教」はその普遍を原理的に担うものとして期待され、仏教教団はその期待に応えんとしたのである。

新野和暢が指摘するように、十五年戦争当時、日本最大の規模を誇る浄土真宗教団は、「他宗派の追随できないほどの戦争協力」（新野 2014: 18）を行った。また、新野やブライアン・ヴィクトリア（ヴィクトリア 2015）、そして市川白弦（市川 1970）らが厳しく批判するように、禅宗系の教団・仏教者たちもまた、総動員体制構築[2]に大きく貢献していた。そして、このような日本仏教による十五年戦争への積極的な参与は、当時流行した「近代の超克」と連動するものであったといえよう。この時代の日本の知識人の間で共有されていた認識は、西洋からもたらされた近代的な知や制度によって、日本を含む世界全体が危機に陥っているというものであった。ハリー・ハルトゥーニアンによれば、このような危機意識は、西洋から導入された近代化＝資本主義化によって「不均等が持続的に産み出され」（ハルトゥーニアン 2007: 22）た結果、日本国内で生じた近代化の行き詰まりと社会不安に起因するものであったという。そして、この様な状況に対する多くの知識人達の反応は、日本人が本来持っているはずとされている「真正な文化への呼びかけや歴史の外にある（したがって資本主義の社会的抽象化に汚されていない）共同体の永遠なる形態を呼び起こそうとする多様な努力へと屈折した」（ハルトゥーニアン 2007: 29）ものとして現れたのであった。しかもそのような共同体は、近代化＝資本主義化そのものを根本的に否定することなく、その問題点のみを解消したものとしてイメージされていた。このようなイメージを説いた最も代表的な論者達こそが、「近代の超克」の座談会に参加した京都学派の哲学者達である。彼らは自分達の哲学を背景に、日本の「真正」な「永遠なる共同体」の原理が、国内的な不均等だけでなく国際的な不均等をも克服しうるものとして、すなわち「世界史的な任務」を持つものとして、主張したのであった。そして、この京都学派の哲学こそ、浄土教（特に親鸞）と禅を中心にした仏教（＝東洋）哲学によって、西洋哲学を弁証法的に止揚した新たな普遍哲学を提示しているものとして、広く受容されていた。つまり仏教は、「近代の超克」において原理的に中心的な役割を果たすように、京都学派からお墨付きを与えられたのである。

このお墨付きの付与には、著名な仏教者である鈴木大拙が大きく貢献した。鈴木は「近代の超克」座談会の直接の参加者ではないが、実際、彼こそが浄土と禅をして、東洋的・日本的かつ普遍的な精神的原理であるという理解を、京都学派的論理を用いつつ広めた人物であるといえよう。彼は一九四四年に出版された著書『日本的霊性』において、鎌倉時代の浄土教と禅こそが、日本的霊性の覚醒であると主張した。それによれば、「日本民族の霊性」が「鎌倉時代」になり「自ら主體性を持つやうになった」（鈴木 1968: 74）という。ここでは無前提な所与として、日本というネイションの存在が実体的に措定されている。そして、そのようなネイションの進歩の結果として民族的な霊性がみいだされることになる、と主張しているのである。こういった鈴木の議論を支える認識は、彼にとっての「仏教」とはそもそもネイションとしての日本を抜いては成立し得ないものである、ということだ。そして、このような言説から理解できることは、ネイションへと回収されて行く「仏教」は本来の「仏教」からの逸脱などではなく、日本において形成された近代日本「仏教」のそもそもの本質である、ということである。つまり、日本「仏教」が今このようにあるのは、それを受容し解釈する主体にネイションの活動があるからだ、ということが無意識に前提されているのだ。これこそ、「対‐形象化の図式」によって統制された想像力の産物であるといえよう。

以上のような理解をもとに、鈴木は「日本的靈性は具體的事實の上に育てられている」（鈴木 1968: 118）と述べ、その具体的事実とは「敦厚純朴」な「農夫」が「その誠を儘くし、私心を離れて」（鈴木 1968）働きかける「大地」の経験であり、「越後へ流されて大地の上に起き臥しうる百姓」（鈴木 1968: 117）となった親鸞こそ、その様な具体的事実としての「大地」を経験したという。このように、日本的霊性としての仏教を、名もなき農夫達がそこで生活を営むプリミティブな「大地」に根ざしたものとして論ずることで、まさに資本主義に汚されていない「真正」な「永遠の共同体」の存在を浄土教と禅の背後にあるものとして鈴木は提示したのである。しかも、鈴木の論理に従えば、仏教を媒介することでそのような国民的な「大地」の原理と、普遍的な原理を繋ぐことさえできたのであった。なぜなら、仏教は本来インドにはじまり中国を経て日本にやってきたという汎アジア的な宗教であり、それは日本においてその進歩の頂点を極めた上に、西洋近代の思想の問題点を弁証法的に解決してくれるものである、と主張されていたからである(3)。

「近代の超克」座談会の参加者の一人である西谷啓治が「主体的無」という明らかに仏教からインスピレーションを得た概念を提示し、それを「我が国の伝統的な国家精神をなすもの」（西谷 1979: 29）としつつ、危機に陥っている「近代西洋の宗教性の限界」（西谷 1979: 28）を超える原理であるとも主張したが、鈴木による日本仏教解釈はこのような理解と全くパラレルなものである、と考えることができよう。しかし、このような仏教に裏打ちされた国民共同体を、西洋近代を超える真の普遍的原理を孕むものとして提示する試みは、西洋の普遍主義と同じく、すべてがそこに収斂するものとして見なされている、ナルシシスティックなものである。つまり、日本仏教の普遍性は、そのナルシシズムを認めてくれる相手のみとコミュニケーションをとることが可能なのであり、それを認めない他者に対しては、その存在を抹消・殲滅するという暴力的な手段——帝国日本がその「大東亜」という大義を認めない敵に対して処したように——に訴えることになるのだ。この意味で、日本仏教の普遍性は、決して全てに開かれている訳ではないし、本質的に戦争に敵対しているものでもないのである。

3——「戦後」をめぐる「捩れ」と仏教

一九四五年の敗戦は、ある種の捩れを日本社会にもたらした。この捩れは、「敗戦」という歴史的事実にたいして向き合うことが、明治維新以来一貫して追求されてきた「日本」という国民的自己同一性に危機をもたらすことに由来しているといえよう。たとえば、戦後の保守勢力は「敗戦」という契機をそもそも否定し、それを「終戦」と呼び変えつつ、戦後の日本社会のあり方を外部勢力による不当な改変の押しつけであると主張してきた。白井聡はこのような主張の背後にある認識構造を「永続敗戦」と名付け、「敗戦を否認しているがゆえに、際限のない対米従属を続けなければならず、深い対米従属を続けている限り、敗戦を否認し続けることができる」（白井 2013: 48）という形で保守勢力の精神性を規定していると指摘している。言うまでもなく、保守勢力にとって何ものにも代え難く重要なものこそが「日本人」という自己同一性であり、その同一性を担保するためには、一方で敗戦という戦前と戦後に断絶を持ち込む事実を否認しつつも、敗戦の結果もたらされた「対米従属」を受容しなければならない、という捩れた構造がここにはあるのだ。そして、このような捩れた認識構造は、保守勢力だけでなくむしろ多くの「日本人」の精神性を規定しているものであるといえよう。

このことは、仏教教団をめぐる状況にも当てはまる。今日、戦後に導入された日本国憲法に関して、多くの日本の仏教教団や仏教者達は、その基軸の一つである「平和主義」を「不殺生」や「慈悲」といった仏教の理念にかなうものとして、進んで評価する態度が見られる。具体的例を挙げれば、古くは水野弘元[4]が「民主主義仏教をひらく」と題した一九六八年の論稿において述べた、「世界のあらゆる宗教の中で、仏教が最も寛容で平和を愛好する」（水野 1968: 108）という主張がある。また、その次の年に発表された渡辺照宏[5]の論稿「仏陀の平和観と現在の問題」における、「仏典の中から、人命尊重、暴力反対、平和を説くことばを挙げることは極めて容易である」（渡辺 1969: 27）などといった主張が挙げられよう。最近では二〇〇五年に梅原猛が「『不殺生の戒律』を内包する九条」と題する論稿で、「仏教の不殺生――人を殺してはいけない、生きとし生けるものを殺してはいけない――という戒律は、人類が核戦争を避けるための重要な指針になると思います」（梅原 2005: 51）と主張している。さらには、山崎龍明[6]が二〇一三年に発表した「憲法九条は『仏』の願い」において、戦争の放棄と交戦権の否定する憲法九条の平和主義は「仏の志願」であり「ブッダの金言そのもの」（山崎 2013: 24）であると主張している。

一方で、仏教教団や仏教者達の戦前の活動やその責任に関する発言や言説においては、どちらかというと消極性が目立つ。その証拠に、ヴィクトリアが指摘するように（ヴィクトリア 2015: 226）、日本の仏教教団のうちの四教団（真宗大谷派：一九八七年、浄土真宗本願寺派：一九九一年、曹洞宗：一九九二年、天台寺門宗：一九九四年）が、自身の戦争責任について敗戦後四〇年以上も経ってからようやく公式に声明を発表している。それは日本キリスト教団が一九六七年に発表したのから遅れて二〇年もあとのことであったのだ。そして、二〇〇〇年代に入ってから新たに二教団（臨済宗妙心寺派：二〇〇一年、浄土宗：二〇〇八年）が戦争責任を表明し、現在では六教団が戦争責任を公式に表明していることになっている。

これらの表明について、具体的に見てみよう。一九八七年に東本願寺の宗務総長である古賀制二は「全戦没者追弔法会にあたって」と題して、「わが宗門は戦争を〈聖戦〉と呼」んだことを認めつつ、「私たちは単に過ちといって通り過ぎるにはあまりにも大きな罪を犯してしまいました。わが宗門は聖人の仰せになきことを仰せとして語ったのであります。私たち僧分の者はその罪をおもうとき、ただ皆様の前に沈黙の頭をたれる他ありません」と大谷派による戦争責任への反省を述べた。そして、「かつて、仏弟子央掘摩がそうしたように、石もて打たれ、血を流しつつ、教法が照らし出す、明らかな批判と全戦没者の悲しみに身を曝して、真宗門徒本来の姿にたち帰ることのほかに今、私たちのなすべきことはありません」(7)と主張した。

また、一九九一年には西本願寺が本願寺宗会の名のもと「わが宗門の平和への強い願いを全国、全世界に徹底しようとする決議」と題した声明を発表した。そこでは、「戦前・戦中を通じて、軍部を中心とした国家の圧力があったとはいえ、結果的に戦争に協力したこと、また教学的にも真俗二諦論を巧みに利用することによって、浄土真宗の本質を見失わせた事実も、仏祖に対して深く懺悔しなければならない」と述べている。そして、「過去の戦争協力への深い反省を表明し、『世の中安穏なれ、仏法広まれ』との宗祖の御遺訓に添うべく、全国、全世界に念仏者の平和への願いを行動に示す」ことを総局(教団の執行部)に対して要望している(8)。

さらには、一九九二年には曹洞宗の宗務総長大竹明彦が「懺謝文」を発表し、「われわれ曹洞宗は、明治以後、太平洋戦争終結までの間、東アジアを中心にしたアジア地域において、海外開教の美名のもと、時の政治権力のアジア支配の野望に荷担迎合し、アジア地域の人びとの人権を侵害してきた」と述べた上で、「われわれは過去の海外伝道の歴史の上で犯してきた重大な過ちを率直に告白し、アジア世界の人びとに対し、心からなる謝罪を行い、懺悔をしたいと思う」と表明した。そして、過ちを反省する根拠として、「仏教においては、他との共生は必然である。他との共存こそが自らの生きる根拠なのである。自を見つめ、自を律し、他と共に生き、他と共に学ぶ生き方こそ仏教の平和思想なのである。われわれは過去において、この視座を見失い、仏教と遠く離れた位置にあった」と述べたのであった[9]。また、天台寺門宗による「核廃絶を求める宗門アピール」と題した一九九四年の声明では、「過去の侵略戦争への協力加担を懺悔」(ヴィクトリア 2015: 233) すると述べられていた。

以上に加えて、新たに二〇〇〇年代に表明された声明では、まず臨済宗妙心寺派が二〇〇一年に「宗議会非戦と平和の宣言文」を発表し、「たとえ国策とはいえ結果として、戦時の高揚した国民感情の中で、我が宗門が砥柱のごとく反戦を貫くことが出来得ず協力して来たことに対し誠に遺憾に思うものでありますと戦争責任への反省を述べつつ、「悲惨な人生を送り、不条理な死を余儀なくされる人が、この地球上に一人たりとも存在することのないよう釈尊の御心を体して、宗門人一人一人がこれを主体的に受けとめて実践することができるようここに決意」すると述べている[10]。

そして、浄土宗は宗務総長稲岡康純の名で「浄土宗平和アピール」を二〇〇八年に発表し、「本宗の近代において、軍用機を陸海軍に献納するなど、様々な戦争協力の事実は否定することができません」と戦争責任を認めつつ、「浄土宗が世法の国策に従いいかなる言動を行ってきたか、歴史的検証を行うことを通じて、「わたしたちは、法然上人の念仏の教えにより、再び同じ過ちを犯さないこと」を宣言すると述べている[11]。

これら六つの声明文には、仏教教団による戦争加担の責任を反省し懺悔するという共通の態度が見られる。この意味で、彼らは少なくとも敗戦という事実に向かい合っており、自分達の自己同一性の保持のために歴史的事実の否認をするといったような、捩れた認識構造を持っていないように見える。しかし、ここで注意しなければならないのは、彼らはある問題群に対する解答を実は慎重に避けているということである。それは、(1)国民的な「日本人」という自己同一性を持つことと戦争遂行のための国民的主体を構築することとの根本的な関係性、そして(2)それらの形成と仏教の自己同一性の形成との本質的な相関関係、の二つである。こうした深刻な問いをさけ、「平和主義」という錦の御旗のもと、戦争一般への抽象的な反対しかしていないということだ。そして、この種の平和主義は、戦争責任をあえて表明していない教団においても、例えば天台宗による「比叡山宗教サミット・世界宗教者平和の祈りの集い」[12]や日蓮宗による「世界立正平和運動」[13]などにおいても、見られるものである。

この態度の背後には、仏教教団による平和主義そのものが、仏教教団の自己同一性を担保するために唱えられているという事情が存在するように思われる。例えば、上記声明のうち五つ（真宗大谷派、浄土真宗本願寺派、曹洞宗、臨済宗妙心寺派、浄土宗）は、いずれも「国家の抑圧」や「政治権力・国策」への「迎合・加担」により、「本来」のあるいは「あるべき」仏教の教えから外れてしまったという認識を提示し、その点を懺悔や反省の中心的な問題として措定している。しかし、ここでより問われるべきなのは、敗戦以前において「仏教」というものが国民的共同体の存在を抜きにして構想され得たのか、ということである。すでに前節で見たように、西洋との対比において見いだされた自己イメージ、そのイメージを肉付けするための近代的思惟の採用、そしてそれらの結果としての国民の精神的支柱としての自己確立が、戦争遂行への主体的関与と密接に結びついている以上、その関与を非「本来的」な逸脱だと片付けることなどできない。

　そうだとすれば、上記五つの声明文に見られる「本来的」な仏教という認識には、すでにそこになんらかの事実の否認が存在しているということになろう。ここでは、一種の敗戦の否認が行われており、仏教教団や仏教者達は実際のところ一度も根本的には敗けてはおらず、それゆえ自分達の信仰は本質的には「無謬」なものであるということになってしまう。仏教教団や仏教者達にとって、国家や政治によって汚染された表層的な問題さえ除去すれば、「本来」的で「無謬」な仏教はすぐに現れるものなのである。そして、そのような「本来」的仏教は、本質的に「平和主義的」なものであるとされるのだ。ここに、敗戦を表層では受け入れつつ、根本的には認めないという「捩れ」を見て取ることができよう。

　このような「捩れ」は、戦後日本の仏教教団や仏教者達に、敗戦以前からのある種の反復を行うことを可能にした。それは、自分達の「本来」の仏教は、近代的な国家や文明などを超越した普遍的なものであると見なす態度である。このような態度は、いわば国家抜きの「近代の超克」の再来とも呼ぶべきものであり、近現代日本も含めた――これが敗戦以前と違うポイントである――国家や社会を形成している近代的（あるいは西洋的）な文明を仏教よりも一段下のものとしてみなし、自分達の領域から切り離すという認識によって支えられている。こういった新しい「近代の超克」の典型例として挙げられるのは、梅原猛の主張である。たとえば「ベーコンやデカルトの知恵によって文明を作ってきましたが、その知恵は、今日において地球環境の破壊を招き、人類の生存すらも脅かす」ものとなっていると、梅原は西洋由来の（近代国家も含む）近代文明を批判する。そして、それを克服するものとして「共生と循環の原理が色濃く働いている」「日本の仏教」を称揚する（梅原 1996: 57-66）。この様な主張は、国家や社会を相対化する批判的態度をとっているかのように見える。しかし、たとえ国家から切り離されたとしても、敗戦以前と同じく非西洋的であることを優越性の根拠とするような自己同一性のもとで構想されている仏教は、結局はナルシシスティックな自己同一的主体を構築する原理として機能することになってしまう（しかも、しばしば国民的自己同一性のイメージもそこには潜んでいる）。つまり、「本来」的な仏教のみを真理として特権的に奉じる主体となるよう、個人に呼びかけるものとなるのである[14]。そして、このようなナルシシスティックで自己同一的な主体は、すでに見たように、そのナルシシズムを認めてくれる他者とのみコミュニケーション可能であり、その意味で排他的かつ独善的であるのだ。

このようなナルシシスティックな自己同一性は、スチュアート・ホールが指摘するように、潜在的な複数性の中から差異化を通じて「自らとは異なるもの」（すなわち他者）あるいは「構成的外部」を「排除し、追い出し、『外側』に放棄する」ことを通じて構築される（ホール 2001: 13-14）。つまり、主体の生成に先立って潜在する内なる複数性＝他者性を排除することで初めて、主体は特定の自己同一性を自らにとって必然的なものと見なすのだ。しかし、ウィリアム・コノリーが指摘するように、人々の多様性を尊重した民主的な社会の構築のためには、いかなる自己同一性も真理に基づくものではなく、あくまでも偶然的なものであるという認識が不可欠である[15]。ある一つの自己同一性のみを特権的かつ必然的なものとして認識するように促される状況こそ、敗戦以前の日本社会において見られた顕著な特徴である。このような状況を批判的に反省し、一つの自己同一性に回収されえない様々な他者との開かれたコミュニケーションをするためには、ナルシシズムに陥ることを避けなければならない。

このような自己同一性にたいする偶然性の認識は、宗教者にとっては根本的に困難なことと考えられるかもしれない。しかし、むしろ特定の信仰を自身の活動原理として不可欠なものであると公共空間において表明することを通じて、自己同一性の独善的な絶対性を克服する可能性を構想することもできよう。コノリーによれば、そのような可能性は、それぞれの個人が公的な場に持ち込むパースペクティブが、抗争性（contestability）を持つことを認めることで志向しうるという（Connolly 1999: 8）。すなわち、自己と他者の信仰の関係は抗争的であることを認めつつ、お互いがそれぞれの立場であった場合を想像することを通じて、その譲れなさをお互いに承認することで、より強い寛容性を醸成させることができるということだ。ここでは、他者のあり方を自らのものとして想像することを通じて、今ここにあるものとは異なるものでありうる可能性を喚起させることで、偶然性が呼び込まれることになるであろう。

このような観点から鑑みれば、新しい「近代の超克」的主張をも生み出した「本来」的な仏教の措定は、多様性を重んじる民主的な社会の構築にはむしろ不都合であると考えられる。しかも、戦後の政教分離原則を隠れ蓑に、仏教者達は自らの信仰を公共空間における他者との開かれたコミュニケーションにおいて問うということを避けており、この結果、仏教者達のナルシシズムが温存され続けているという事態が生じているのではないだろうか。

4――「戦後」社会における「仏教」をめぐるポリティクス

戦後見いだされた「本来的」な仏教が、多様で民主的な社会の構築にとって不都合という分析には、反論が予想される。なぜなら、すでに見たように（水野、渡辺、梅原、山崎の各主張）、仏教は敗戦後しばしば、戦後憲法の民主的・平和主義的理念に背馳しないものとされてきたからである。しかし、そのような議論は、そもそも「本来」的な仏教の無謬性を弁証するため――つまり、仏教教団のナルシシズムを支えるため――になされてきたのではないだろうか。言い換えれば、敗戦後民主的な価値の勝利が明らかになったからこそ、我々は元よりそちら側にいた、と仏教教団や仏教者達は主張しているのではないだろうか。この問題について、仏教と社会の関係において画期となる出来事をとりあげつつ、考察してみよう。

まず考察したいのは、一九六九年の国会において提出された靖国神社法案への全日本仏教会などによる抗議声明「靖国神社側の宗教法人離脱声明および自由民主党総務会の決定に対する抗議声明」の発表である。これは、自民党総務会が靖国神社の国家護持を目的とした法案を提出することを決定したことと、それに連動して靖国神社が宗教法人を離脱して特殊法人へと移行する用意があることを表明したことへ、全日本仏教会と新日本宗教団体連合、日本キリスト教協議会、そして靖国神社問題連絡会議が抗議を表明したものである。この声明によれば、靖国神社法案は「あきらかに宗教に対する政治の干渉であり、憲法が規定する『信教の自由』、『政教分離』の大原則を踏みにじるもの」であり、これは「『神社は宗教にあらず』の詭弁によって国家神道を樹立し、他の宗教を弾圧した戦前の宗教政策を再現し、思想統制への道をひらく」ことになる。そのため、「このようなことは、戦没者の尊い犠牲を空しくするものであり、また遺族の方々の願いにも反する」と主張する。[16] ここでは、国家神道を基にした宗教政策と戦争との関係を前提にした上で、戦後憲法の理念を侵害することへの批判がなされており、この声明自体が法案を廃案へと追い込むのに大きな役割を果したという（鈴木 1987）。しかし、注目しなければならないのは、この批判においては仏教もまた被害者であると想定されている点である。つまり、日本仏教もまたアジア太平洋戦争遂行に加担していたという事実が、ここではいとも簡単に隠蔽されているのだ。ここでは、敗戦以前の自分達の行いを反省する意識は一切見られず、ただ一貫して（＝自己同一的に）国家に対立していたとだけ主張をしているのである。

次に検討したいのは、一九七九年に問題となった「町田発言事件」と、それを発端にして八〇年代から始まる部落差別問題への仏教教団による取り組みである。「町田発言事件」とは、一九七九年に北米のプリンストンで開催された第三回世界宗教者平和会議において、世界の差別問題を討議していた席上で、当時全日本仏教会理事長であった曹洞宗宗務総長町田宗夫が「日本の部落問題は今はない」と発言したと同時に、会議の報告書から部落問題に関する発言を削除させてしまったという事件である。これは一種のスキャンダルとなり、それをきっかけとして部落差別問題への宗教教団や宗教者の自覚のなさが社会的に露呈し、仏教教団をはじめとした諸宗教教団は部落解放同盟から糾弾されるようになった。

そして、その糾弾を受け一九八一年には「同和問題に取り組む宗教教団連帯会議」(同宗連)が結成されることになった。この会議には全日本仏教会、新日本宗教団体連合、日本キリスト教協議会といった靖国法案に対する抗議声明を共に出した団体をはじめ、神社本庁などもふくめた様々な教団が所属することになり、現在に至っている。

同宗連の結成を受け、各仏教教団は同和問題対策を担う部局を設置し[17]、教団によって歴史的になされてきた差別問題(最も知られているものとしては、死んだ際に差別的な戒名・法名をつける「差別戒名問題」であろう)に取り組み始めた。それは、戦後憲法によって初めて明確に規定された「民主主義」と、「基本的人権の尊重」という理念に歩調を合わせる形でなされてきた。しかしこのことが意味するのは、戦後憲法が「民主的」であり「基本的人権の尊重」を謳っているからこそ、ほとんどの仏教教団は教団を挙げてまで取り組んでいるということではないだろうか。事実、いずれの教団も敗戦以前においては差別問題を教団全体で共有すべき問題としては意識しておらず、放置していたのである[18]。にもかかわらず今日の仏教教団は、部落差別問題に取り組み、人権意識の向上をはかることは、仏教本来のあり方に沿うものであると主張しているのだ。真宗教団連合、浄土宗、曹洞宗、臨済宗妙心寺派、天台宗の各公式ウェブサイトには、いずれも人権や同和問題の啓発を目的としたページが存在し、例えば「すべて国民は、法の下に平等であって、人種、信条、性別、社会的身分又は門地により、政治的、経済的又は社会的関係において、差別されない」と憲法を参照しつつ、「人と人とのまじわりを深めて、共に部落解放=人間解放の仏道を歩もうではありませんか」と述べている[19]。しかし、どの教団においても欠けているように見えるのは、憲法における「基本的人権の尊重」という近代的理念が、なぜ仏教の理念と繋がりうるのかという原理的な問いである。「近代を超克」することさえも可能であるとされる仏教が、なぜ近代的な理念である人権に拘泥する必要があるのか[20]。このような原理的問いが欠如したまま、部落差別問題や人権問題への取り組みが行われているという状況自体が、結局は仏教教団のナルシシズムを傷つけないことが目的であることを示しているように見える。

さらには、オウム真理教が一九九四年から九五年にかけてひき起こした、一連の重大事件をめぐる仏教教団の対応について注目したい。オウム事件をめぐっては、その社会的なインパクトの深刻さから、様々な知識人がその背景について論じている。その中には中沢新一、島田裕巳、山折哲雄などのように、オウム真理教への理解を示すものもいた。この三者によるメディアでのオウム真理教をめぐる言説を批判的に分析した塚田穂高と平野直子らによると、特に中沢と山折は「『宗教は本来的に世俗の論理・倫理を超克・挑戦する求道的なもの』というラディカリズムの肯定」という点において通じており、オウム真理教がそういったラディカルさによって「日本社会」や「近代」への挑戦を行っているということを、評価していたという（平野・塚田 2015）。中沢も山折も、現代文明への批判・批評によって広く知られており、特に西洋由来の近代文明の限界を主張し、日本仏教にも見いだされるとされる非西洋的原理[21]によって、その限界の克服を主張していた。彼らにとっては、オウム真理教もまた近代の限界を超える非西洋的原理の一つとして、捉えられていたのであろうと考えられる。

それに対して、オウム真理教は現代日本社会への挑戦というよりも、むしろ八〇年代以降の社会状況を規定しているポストモダン的原理を反映したものであるとする議論が存在する。例えば、大澤真幸による議論がそれである。大澤はオウム事件を「虚構の時代の終焉（極限）を代表するような位置」（大澤2009: 42）にあるものとして論じ、あらゆる理想がその訴求力を失い虚構として暴露される時代（具体的には一九七〇年代以降）において、虚構だと理解しつつも虚構をあえて現実であるかのように捉える「アイロニカルな没入」と呼ばれる行為の極点として、オウム真理教を捉えている。大澤によれば、今日の我々にとって「アイロニカルな没入」は特別なものではない。例えば、テレビコマーシャルにおける誇張やおふざけは、それが虚構であると我々は認知しているが、その一方で「むしろCMの影響ですすんでその商品を『本気』で買う」（大澤 2010: 180）のである。そして、このような「アイロニカルな没入」を行っている最も顕著な例が、オタクであると大澤は指摘する。つまり、大澤はオタクとオウム信者の共通性を認めた上で、オタクがアニメなどの「虚構」を「虚構」と理解しつつ自分達の行為や存在を意味づけるために「本気」で参照しているのと同様に、オウム信者もまた麻原の「虚構」性を理解しつつその（過激で破壊的な）教説を「本気」で受け取ってしまっていたというのである。ここで「虚構」はある種の超越性として機能しているが、それは内部に対立した外部にある超越性ではなく、むしろそういった外部を虚構として否定した超越性なのである。

以上のような世間における議論の沸騰とは裏腹に、ほぼ全ての仏教教団はオウム事件に対して公式の発言をなんら行うことなく沈黙するままであり、わずかに自分たちがいかにオウム真理教とは違うのか、つまりオウム真理教は「本来」の仏教とはいかに異なるものであるのか、ということを主張するに過ぎなかった。その例としては、「仏教には、末法・末代という語（思想）はありますが、この世の終わり（終末思想）はありません」などと述べた真宗大谷派によるもの[22]や、オウム真理教についてQ＆A方式で仏教との違いを詳しく述べた曹洞宗によるもの[23]がある。このような、既存の仏教教団による弁明の背後にも、ナルシシズムの問題があると考えられないだろうか。たとえば、仏教としてのオウムに共感した中沢や山折、それに島田と異なり、塚田、井上順孝、島薗進らの宗教学者は「市民社会の倫理からオウムを批判的に見ていた」と堀江宗正はまとめている（堀江 2016: 98）。しかし、このような視点は、そもそも国家や社会よりも自らを上位においている、仏教教団や仏教者からは導き出され得ないものであろう。また、一方で大澤が指摘するように、もはや外部が存在しないような状況においてオウム真理教が訴求力を持ったのであったとすれば、仏教は訴求力をそもそも持ち得ないことになろう。なぜならば、仏教教団や仏教者のナルシシズムは、自分達が国家や社会の外部にあってそれらを超越していると認識していることで、満たされているからである。つまりオウムにアイロニカルに没入する者たちにとっては、仏教教団や仏教者の認識とナルシシズムの方こそ、虚構として暴かれる対象以上の何ものでもなかったのである。オウム真理教がいかに本物＝本来的ではない、「虚構」の仏教であるかを説いたところで、それほど意味はないことを薄々感じていたからこそ、仏教教団は沈黙するしかなかったのではないだろうか。

最後に、最も新しい出来事として、二〇一一年の東日本大震災によって引き起こされた東京電力福島第一原発のメルトダウンを契機に、二〇一一年の一二月に全日本仏教会が発表した「原子力発電によらない生き方を求めて」と題した宣言について検討してみよう。この宣言では「過剰な物質的欲望から脱し、足ることを知り、自然の前で謙虚である生活の実現に向けて最善を尽くし、一人ひとりの『いのち』が守られる社会を築く[24]」ことが主張されている。このような原発を物質的欲望一般の問題に還元するような主張は、まさに近代物質文明から超越していると自らを規定している、ナルシシスティックな視点によって可能となっているといえよう。しかし、こういった批判はつまり「みんな悪い」と主張しているのであり、結局原発を実質的に推進し、そこから利潤を得ている者たちの責任を不問にしてしまうか、あるいは少なくとも軽減してしまうという、大変保守的な効果を発揮してしまうのではないだろうか。原発問題を批判するには、その背後にある国民国家と植民地主義の抜き差しならない関係を考察しつつ、それによって特定の人たちが犠牲となるという構造＝システムがどのように構築されているのか、ということを検討する必要がある[25]。その上で、欲望がこのシステムによってどのように制御されているのか、ということを批判する必要があるのだ。さもなければ、欲望一般を批判することで、支配的な側にいる者の欲望を結局は放免するということになりかねないだろう。

5―おわりに

以上、仏教教団のナルシシズムの問題という観点から、戦後日本の仏教と社会の関係において画期をなすと思われる出来事をとりあげ、批判的に考察してきた。その結果、日本の仏教教団は近代的でナルシシスティックな自己同一性の認識に支えられ、しかもそういった認識の持つ問題性が問われるような、他者との開かれたコミュニケーションに消極的であるがゆえに、多様で民主的な社会の構築には貢献しえないのではないかということが明らかにされた。

このような状況に対し、一縷の望みがあるとすれば、次のようなことかもしれない。それは、東日本大震災を契機として、多くの僧侶によるボランティア活動が行われ、それを各仏教教団も支援する方針を打ち出してきているということである(26)。

このようなボランティア活動を通じて、仏教者は自らのナルシシズムを打ち壊す形で、コミュニケーションをとることを迫られる事態が、生じる可能性があるのではないだろうか。特に、被災者の人々の「心のケア」を目的とする傾聴ボランティアに、それは見られるように思われる。例えば、カフェ形式(カフェ・デ・モンク)で傾聴ボランティアを超宗教的に取り組んできた金田諦應住職は、次のように証言する。「個々の教派の教義や垣根などは、この現場では無意味で、救いを必要とする人々に宗教者が生身でぶつかるしかないのです」(北村 2013: 275)。人々に「寄り添う」傾聴のためには、仏教者自身のナルシシズムを捨てることが必要とされる可能性があろう。そしてそれは、自らを開いて他者とコミュニケーションをとることを意味するだろう。このような活動を通じて、果たして本当にナルシシズムが打ち壊されるのか。そして、もしも打ち壊されるとしたら、それが今後仏教教団にどのように影響して行くのか。我々は、注視して行く必要があるであろう。

(1) オリオン・クラウタウ『近代日本思想としての仏教史学』(2012)、末木文美士『日本仏教入門』(2014)などを参照。また、これらよりも早く、宗教概念自体の近代性を問うた画期的議論としては、磯前順一『近代日本の宗教言説とその系譜——宗教・国家・神道』(2003)を参照。

(2) 山之内靖らによる近年の研究によれば、日本の十五年戦争期に見られた戦時総動員体制の確立は、近代国民国家というプロジェクトのある種の必然であることが明らかにされている。この研究の大変重要な意義は、皇道主義や超国家主義などの問題を、封建主義の残滓としてではなく近代的なものとして捉えるべきことを我々に迫っているという点にあると考えられる(山之内 2015 参照)。

(3) 鈴木は仏教の北伝(インドから中国)と南伝(インドから東南アジア)の系譜を述べた後、次のように述べている。「『大東亜』を引くくつて一つにして、それを動かす思想がどこにあるかと云ふと、それは『日本』佛教の中に探がすより外あるまい。勿論、佛教そのままの形では諸方へ持ち出しても役に立つまいが、その中に流れて居る渾然たる日本的霊性なるものを見付けて、それを近代的思索の方法で宣布しなければならぬ。日本的霊性には世界的に生きるべきものを包攝して居るのである」(鈴木 1968: 71)。

(4) 曹洞宗系の仏教学者。駒澤大学名誉教授。

(5) 真言宗系の仏教学者。東洋大学元教授。

(6) 浄土真宗系の仏教学者。武蔵野大学名誉教授。

(7) 『文化時報』一九八七年四月八日。

(8) 『文化時報』一九九一年三月六日。

(9) 曹洞宗公式ウェブサイト(http://www.sotozen-net.or.jp/wp2/wp-content/uploads/2012/12/sanjyamon_20121206.pdf 二〇一七年一月にアクセス)。

(10) 大本山妙心寺ウェブサイト(http://www.myoshinji.or.jp/about/heiwa_back_01.html 二〇一七年一月にア

クセス）。

（11）浄土宗公式ウェブサイト（http://jodo.or.jp/jinkendowa/jodo_heiwa.html 二〇一七年一月にアクセス）。

（12）天台宗公式ウェブサイト（http://www.tendai.or.jp/summit/ 二〇一七年一月にアクセス）。

（13）日蓮宗公式ウェブサイト（http://www.nichiren.or.jp/information/shuumuin/20140709-2285/ 二〇一七年一月にアクセス）。

（14）ここでの主体化への呼びかけに関する理論は、ルイ・アルチュセールの議論を念頭においている（アルチュセール 2005参照）。

（15）ウィリアム・E・コノリー『アイデンティティ／差異——他者性の政治』（1998）における議論、特に八四頁参照。

（16）『全仏』No. 146（昭和四四年五月号）。

（17）同和対策に関しては、浄土真宗は多くの被差別部落の門徒をかかえているため、他の教団より先駆けて、とりくむ僧侶や門徒がいた歴史がある。『講座　同朋運動——西本願寺教団と部落差別問題』第一巻（同和教育振興会編 2011）参照。

（18）これは浄土真宗においてさえ例外ではない。本願寺派の大谷尊由管長事務取扱による、全国水平社と水平運動への批判がそれにあたる（同和教育振興会編 2011: 22–23）。

（19）真宗教団連合公式ウェブサイト（http://www.shin.gr.jp/activity/publish/dowa/ 二〇一七年一月にアクセス）。

（20）最近になり、仏教と社会的規範や倫理の関係を原理的に問う著作が出始めている。例えば、末木文美士『仏教vs倫理』（2006）や島薗進『日本仏教の社会倫理——「正法」理念から考える』（2013）など。しかし、これらの著作を通じて明らかになっているのは、むしろ両者を関係づけることの困難さであるように思われる。さらには、これらの著作が特定教団に属する者ではなく、むしろその外部にいる学者によってなされていること自体が、象徴的であるように思われる。

(21) 山折はとくに一神教に対する多神教の優位、中沢は大地に根ざした野生の思考の重要性を主張している。例えば、山折哲雄「宗教と文明」(1996)や中沢新一『カイエ・ソバージュ』(2010)などを参照。

(22) 浄土真宗ドットインフォ(http://jodo-shinshu.info/2015/04/28/925/ 二〇一七年一月にアクセス)。補足だが、仏教にも終末思想は存在し、時輪(カーラチャクラ)タントラにおいて説かれている。田中公明「『時輪タントラ』とハルマゲドン」(1996)および『超密教時輪タントラ』(1994)参照。もちろん、時輪タントラで説かれている「終末思想」とオウムのそれが異なるものであるのは、言うまでもない。

(23) すでに曹洞宗の公式ホームページからは削除されてしまっているが、Wayback Machineなどのデジタルアーカイブを通して閲覧することができる(https://web.archive.org/web/20120409174401/www.sotozen-net.or.jp/soken/qaoumu)。

(24) 全日本仏教会公式ウェブサイト(http://www.jbf.ne.jp/news/newsrelease/archive_news/170.html 二〇一七年一月にアクセス)

(25) 犠牲のシステムと国家の関係については、高橋哲哉『犠牲のシステム――福島・沖縄』(2012)を参照。また、国民国家内外の植民地主義と原発の関係については、塚原東吾「震災のイドラ――科学、正常性、コロニアル・テクノロジー」(2012)を参照。

(26) 全日本仏教会・日本仏教社会福祉学会監修『東日本大震災における日本仏教各宗派教団の取り組みに関するアンケート調査報告書』(2015)によると、ほぼ全ての教団で震災後の被災者支援のために、支援金や義捐金を拠出しており、また教団を挙げてボランティア活動を支援した主な宗派としては、浄土宗(西山派を含む)、浄土真宗本願寺派、真宗大谷派、曹洞宗、天台宗、日蓮宗、臨済宗妙心寺派、高野山真言宗などが挙げられる。

【文献】

アルチュセール、ルイ 2005「イデオロギーと国家のイデオロギー諸装置――探求のためのノート」『再生産について――イデオロギーと国家のイデオロギー諸装置』（西川長夫・伊吹浩一・大中一彌・今野晃・山家歩訳）平凡社（原著一九九五年）。
コノリー、ウィリアム・E 1998『アイデンティティ／差異――他者性の政治』（杉田敦・齋藤純一・権左武志訳）岩波書店（原著一九九一年）。
Connolly, William E. 1999 *Why I Am Not Secularist*, Minneapolis: University of Minnesota Press.
同和教育振興会編 2011『講座 同朋運動――西本願寺教団と部落差別問題』（第一巻）明石書店。
ホール、スチュアート 2001「誰がアイデンティティを必要とするのか？」『カルチュラル・アイデンティティの諸問題――誰がアイデンティティを必要とするのか？』（宇波彰監訳）大村書店（原著一九九六年）。
ハルトゥーニアン、ハリー 2007『近代による超克――戦間期日本の歴史・文化・共同体』（上）（梅森直之訳）岩波書店（原著二〇〇一年）。
平野直子・塚田穂高 2015「メディア報道への宗教情報リテラシー――『専門家』が語ったことを手がかりに」井上順孝責任編集・宗教情報リサーチセンター編『〈オウム真理教〉を検証する――そのウチとソトの境界線』春秋社。
堀江宗正 2016「島田裕巳――『心の時代』からオウム真理教へ」苅谷剛彦編『ひとびとの精神史8 バブル崩壊――1990年代』岩波書店。
市川白弦 1970『仏教者の戦争責任』春秋社。
磯前順一 2003『近代日本の宗教言説とその系譜――宗教・国家・神道』岩波書店。

北村敏泰 2013『苦縁――東日本大震災 寄り添う宗教者たち』徳間書店。
クラウタウ、オリオン 2012『近代日本思想としての仏教史学』法藏館。
水野弘元 1968「民主主義仏教をひらく――仏教は現象を批判し、平等と平和を愛する」『大法輪』昭和四三年四月号。
中沢新一 2010『カイエ・ソバージュ』講談社。
新野和暢 2014『皇道仏教と大陸布教――十五年戦争期の宗教と国家』社会評論社。
西谷啓治 1979「『近代の超克』私論」河上徹太郎・竹内好ほか『近代の超克』冨山房百科文庫。
大澤真幸 2009『増補 虚構の時代の果て』ちくま学芸文庫。
大澤真幸 2010『現代宗教意識論』弘文堂。
酒井直樹 1997『日本思想という問題――翻訳と主体』岩波書店。
島薗進 2013『日本仏教の社会倫理――「正法」理念から考える』岩波現代全書。
白井聡 2013『永続敗戦論――戦後日本の核心』太田出版。
末木文美士 2006『仏教vs倫理』ちくま新書。
末木文美士 2014『日本仏教入門』角川選書。
鈴木大拙 1968『日本的霊性』(『鈴木大拙全集Ⅷ』)岩波書店。
鈴木徹衆 1987「宗教と同和問題――平和運動の立場から」『部落』No. 490(一九八七年一一月号)。
高橋哲哉 2012『犠牲のシステム――福島・沖縄』集英社新書。
田中公明 1994『超密教時輪タントラ』東方出版。
田中公明 1996「『時輪タントラ』とハルマゲドン」『大法輪』平成八年五月号。
塚原東吾 2012「震災のイドラ――科学、正常性、コロニアル・テクノロジー」『現代思想』二〇一二年三月号。

梅原猛 1996『共生と循環の哲学――永遠を生きる』小学館。
梅原猛 2005「『不殺生の戒律』を内包する九条」井上ひさし・梅原猛・大江健三郎・奥平康弘・小田実・加藤周一・澤地久枝・鶴見俊輔・三木睦子『憲法九条、未来をひらく』岩波ブックレット。
ヴィクトリア、ブライアン・アンドレー 2015『禅と戦争――禅仏教の戦争協力』(エイミー・ルイーズ・ツジモト訳) えにし書房 (原著二〇〇六年)。
渡辺照宏 1969「仏陀の平和観と現在の問題――仏教平和論の立場からみた戦争抛棄憲法の重み」『大法輪』昭和四四年一月号。
山之内靖 2015『総力戦体制』(伊豫谷登士翁・成田龍一・岩崎稔編) ちくま学芸文庫。
山折哲雄 1996「宗教と文明」山折哲雄・中西進編『講座文明と環境13 宗教と文明』朝倉書店。
山﨑龍明 2013「憲法九条は『仏』の願い」『大法輪』平成二五年三月号。
全日本仏教会・日本仏教社会福祉学会監修 2015『東日本大震災における日本仏教各宗派教団の取り組みに関するアンケート調査報告書』。

9章 新興宗教から近代新宗教へ

新宗教イメージ形成の社会的背景と研究視点の変化

井上 順孝

1——はじめに

ある一人の人間の抱く宗教的信念が周囲の人間に強い影響を及ぼし、信奉者が増加していく現象が目立つ段階になったとき、社会に驚きや警戒といった反応が生じるのは、歴史的に広く見られる現象である。戦後まもなくの時期、新興の教団に対してこの種の反応が生じたのには、そうした団体が数多く生じたという量的な要因と、そこで説かれた教えや活動の中に、独特なものが見られたという内容面での要因の両方が介在している。当時、法的な面での大きな変化があったとはいえ、短期間に数多くの新しい宗教法人が設立されたという事実は、宗教界に何か大きな変動が生じたような印象をもたらした。また敗戦によって生じた価値観の変容に呼応するかのように、一部の新興の教団は戦前の天皇制のあり方に言及したり、家父長的な社会秩序に反旗を翻すような主張をしたりした。こうした内容の激しい物言いは、多くの人々の耳目を集めた。そもそもメディアが飛びつき大々的に報道したというのが、その何よりの証拠である。

その後、これらの新しい教団には一種の社会的淘汰が作用した。大教団になるものもあれば、短期間で消滅する教団もあった。さらに高度成長期を経て、戦後社会の動向も変わっていくと、本格的な活動を展開しつつあった教団の教義や活動形態にも変化が生じた。運動が社会的に広く展開するようになった時期によって、教団の活動形態も少しずつ変わるというのは、戦後の新宗教を通して観察されることであるが、とくに一九八〇年代以降は、以前とはかなり異なったタイプの教団の出現が注目されるようになった。

社会変容に対応したような宗教自体の変化の一方で、こうした新興の教団を研究する視点も、この間に大きく変わった。しかしながら次々と設立される教団に対し、これらを調べる研究者の数はそれほど多くなかったのも事実である。歴史的宗教についての研究の量に比してはるかに少数であった。またこのことが関係するであろうが、中には表層をなぞっただけの研究も散見された。研究の厚みという点では、しだいに改善の方向に向かったとはいえ、現在でも決して十分な数の研究者がいるとは言えない。

研究視点の変化だが、新しい教団をどう評価するかという研究者側の隠れた価値観は、避けようとしても入り込んでくる。このことが対象に対する評価の揺れにつながる。そして新宗教の研究の場合、揺れの幅が歴史的宗教の研究の場合に比べて大きいと言える。肯定的な評価がある一方で、戦前の淫祠邪教観を引きずったようなものもある。戦後の研究において、新宗教が最初から歴史的宗教と同じような扱いがなされたわけではなかった。新宗教研究という領域が日本の宗教研究において一定の認知を受け、研究者もしだいに増えるようになるのは一九七〇年代頃である。

研究者が近代に新しく形成された宗教運動や宗教団体をどのような視点から研究してきたかは、対象をどういう用語で表現したかによくあらわれている。これまでよく用いられたのが、民衆宗教、新興宗教、新宗教である。そして研究が進むと、対象をより細かく論じる必要性が感じられるようになり、それに伴ってサブカテゴリーも提起されるようになった。新新宗教（あるいはネオ新宗教）、近代新宗教、ポスト近代宗教、ハイパー宗教などである。これらの言葉はたんに研究者ごとのネーミングの違いというだけでなく、視点の違いにも関わっている。とくに新宗教を何との対比で、あるいはどのような見取り図の中に布置しているかが重要である。この点も整理する必要があろう。

2――戦後七〇年の変化の波

ネーミングの問題は後に触れるとして、戦後七〇年ほどの間に新しく興った教団の大まかな特徴づけと、関連する社会的事象について概略を述べておく。これについては新宗教研究者の間でそれほど大きな見解の相違はない。

敗戦直後から新たに多くの教団が独立した宗教法人として登記した。これには明確な理由がある。敗戦の年の一二月二八日に宗教団体法が廃止され、宗教法人令が公布・施行される。五一年四月三日には宗教法人法が公布・施行された。後者の方が法人化へのハードルはやや厳しくなったが、それでも戦前の一九三九年に公布された宗教団体法に比べると、戦後は宗教法人となるのが容易となった。宗教団体法のもとでは、税制上の優遇を受けたのは宗教団体というカテゴリーに含められた神道教派、仏教宗派等であった。これとは別に宗教結社というカテゴリーがあったが、宗教結社として認められたものは、宗教的活動を公に行うことができたが、税制上の優遇は得られなかった。

戦後の大きな法律上の変化に対応しての、多くの宗教法人の出現であるが、それらの一部はすでに戦前から公認された神道教派もしくは仏教宗派の一教会あるいは一支部として活動していた。神道教派は一三派、仏教宗派は一三宗が公認されていたが、仏教宗派に属していた例として、真言宗に属していた解脱会、真如苑（当時はまこと教団）、天台宗に属していた念法眞教などがある。また神道教派に属していた例として、神道大教に所属していた丸山教や自然社などがある。これらの団体が属していた宗派、教派を離脱して独立した宗教法人となった。こうした例は明らかになっているだけで七〇以上ある。

また戦前には宗教結社として活動していた多くの団体があった。これらも比較的簡単な手続きによって独立した宗教法人になれるようになった。孝道教団、松緑神道大和山、生長の家などが、宗教結社から宗教法人になった例である。さらに敗戦を機に新しく教団を設立した少数の例がある。一元の宮、天照皇大神宮教などである。新しく設立された教団の中には敗戦後の社会的混乱、文化的変容への対応という性格が如実にあらわれたものがあったが、天照皇大神宮教はその典型と言える。

「もはや戦後ではない」という言葉が広く使われたのは一九五五年であるが、この年から一九七三年にかけての高度成長期には、新宗教の中に巨大化するものが相次いだ。筆頭が創価学会であり、立正佼成会、霊友会などがこれに次ぐ。戦前に信者数が一〇〇万人を超えていたのは天理教のみであったが、これらの教団はいずれも一〇〇万人を超え、創価学会はピーク時には数百万に達したと推定される。これは新宗教が全体として大きな社会的勢力となったことを意味する。大教団となった新宗教は、宗教活動のみならず、政治、経済、文化、教育、医療など多くの面で影響を及ぼすこととなった。新宗教教団の設立した政党、教育機関、病院などが増えた。

一九七〇年代後半から八〇年代になると、少し新宗教の展開の様相が変わってくる。教団の大型化があまり見られなくなり、戦後に拡大した教団であっても、信者の中で二世信者、三世信者と呼ばれる人々の割合が多くなる。二世信者とは親が新宗教の信者であったため、生まれた時から、その団体のメンバーとして育ったような信者であり、三世信者とはさらにその子供たち、つまり最初の入信者からすると孫にあたるような人たちである。いわば新宗教が「家の宗教」化してきたとも言える。天理教や金光教などはすでに戦前にそうした段階にはいっていたが、戦後の新宗教も同じような道をたどったわけである。

他方で従来の新宗教とはやや様相の異なる教団が出現し始める。幸福の科学、オウム真理教、法の華三法行などがその代表例である。何が新しいかについては、研究者によって少し着眼点が異なる。一つの着眼として提示できるのは、それまでの新宗教が大教団となったものをはじめ、ほとんどが神社神道もしくは仏教宗派から大きな影響を受けているのに対し、幸福の科学などの教団はそれがほとんどないという点である。従来の神道系の新宗教であると、儀礼や教えに神社神道の影響が明らかである。例えば一部の神道系新宗教では、教団内で教師となる予定の者が、國學院大學で神職養成のコースがある学科に入学し祭式を学ぶということが行われていたりする。また仏教系の新宗教であると、大半が日蓮・法華系、もしくは密教系と区分されるのだが、影響を受けた宗派がどこであるかは用いる経典にもあらわれている。法華経、涅槃経など、伝統仏教宗派も重視する経典を同様に重んじる。

ところが法の華三法行(一九八七年に宗教法人)、オウム真理教(一九八九年に宗教法人)、幸福の科学(一九九一年に宗教法人)などは、そうした伝統宗教との連続面がきわめて希薄である。幸福の科学はエル・カンターレといったまったく新しい崇拝対象を掲げる。オウム真理教は原始仏教あるいはチベット仏教、さらにはヒンドゥー教への近さを強調した。法の華三法行は「超宗教」と称し、それまでの宗教とは別格であることを強調した。当事者の意識としても、また客観的に見ても、日本のそれまでの伝統的宗教を基盤にするとか、それらとの連続性を保とうとする意図はうかがえない。

3――研究視点の変容

戦後の社会変容が新しい宗教の形成のされ方、運動や組織の展開、教えの内容などにかなりの影響を及ぼしたことは明らかである。創成期にある教団は、すでに教義や組織などが確立された歴史的な教団よりも、社会環境の影響を強く受けがちである。人間でも幼少期の方が、成人したあとよりも環境からの影響が大きい。それと似ていると考えられる。

他方で研究者もまたそのときどきの社会環境の影響を受ける。社会全体そして対象としている宗教現象の現実の展開の様相が、研究の視点にも影響を及ぼす。対象としている新宗教同様に、新宗教研究も宗教研究の分野の中では新しい。方法論が確立していなかったこともあったが、他の関連分野における研究成果を比較的柔軟に受け入れる研究者が少なくなかった。

敗戦直後の時期には新奇な運動や団体についての辛辣な論評などもあったが、その中には戦前の研究視点がいくぶん尾を引いているようなものがある。天理教、金光教などは、現在では神道系新宗教の代表的な教団として扱われているが、戦前の研究ではこれらは神道一三派の一つとして位置づけられていた。鶴藤幾太、中山慶一らの研究は、戦前の教派神道研究の代表であるが、そこでは天理教、金光教、黒住教などは神道教派として研究対象になっていた[1]。戦後の法律の下では神道教派というカテゴリー自体がなくなったわけであるが、認識としてはかつての神道教派とそれ以外の神道系新宗教は同列ではなかった。

神道教派以外の神道系の教団、たとえば大本、生長の家などは、戦前においては類似宗教的な扱いを受けることが多かった。敗戦直後にもこうした戦前の分類枠がしばらくは影響力をもったと考えられるのである。小口偉一は『日本宗教の社会的性格』(小口 1953) の中で、敗戦直後にあらわれたやや奇抜な宗教団体にも目を向けて紹介しているが、その視点の置き方や記述の仕方には戦前の枠組みがいくらか影響している。渡辺楳雄『現代日本の宗教』（渡辺 1950）も、霊友会など急成長を始めた教団を注視している。

しかし、その後、神道系においても仏教系においても、次々と新しい教団が組織を拡大していく事態を目の当たりにし、新宗教が本腰を入れて対応すべき対象であると考える研究者がしだいに増えた。その意味では、新宗教研究という分野は高度成長期に至って大きく展開したと言える。一九六〇年代以降は研究もしだいに本格化していくが、そこには村上重良、高木宏夫らの先駆的研究があり、以後の研究に大きな影響を与えた。主として歴史学の方法論に依拠した村上重良が民衆宗教という用語をよく用い、社会学の方法論に近かった高木が新興宗教という用語を用いたことは興味深い点である[2]。村上はとりわけ幕末維新期に形成された新宗教に着目し、国家神道に対する民衆主導の宗教として新宗教を見ていこうとする姿勢があった。高木は戦後急成長した教団に注目し、社会運動との比較で新しい宗教運動の短期間の巨大化のメカニズムを探ろうとした。何が広範な影響力の原動力となったかの組織論に強い関心をもったわけである。

こうした先行研究に大きな刺激を受けて当時の比較的若い世代の研究者が、新宗教教団についての事例研究を展開させていったが、その中心となったのは一九七五年から九〇年まで続いた宗教社会学研究会（宗社研）に属して積極的に研究会や共同調査等を行っていたグループである。仮に「宗社研グループ」と呼んでおく。宗社研グループの研究においては、民衆宗教、新興宗教よりも新宗教という用語が、より広く用いられるようになった。それまではマスメディアでは新興宗教という言い方の方が一般的であった。当時マスメディアが新興宗教という言葉を使うときには、ときとして蔑視するかのようなニュアンスが含まれていることが多かった。また民衆宗教というのはやや対象の範囲を狭めるものであった。近代に形成された多くの新しい教団を歴史的宗教と並べて一つの特徴ある宗教現象として位置づけていくという姿勢にとっては、新宗教という用語が包括的で、かつ中立的に感じられたというのが、この語が用いられた大きな理由である。『新宗教研究調査ハンドブック』（井上ほか 1981）が宗社研グループに属する人たちによって一九八一年に刊行されているが、本のタイトルも、またその構成内容も、新宗教を宗教研究の一分野にしようとする意図が込められたものであった。

宗社研グループによる新宗教へのアプローチ方法は多様であった。宗教学、社会学、文化人類学、心理学、歴史学、民俗学、文学など多様な研究分野の研究者が集まっていたからである。このことが逆に新宗教もさまざまな研究分野の対象たりうることを示すことになったとも言える。それまで神道、仏教、キリスト教、イスラム教といった歴史的宗教に対して用いられていたアプローチの方法が、ほぼすべて新宗教に対しても採用されるようになった。社会学、心理学、文化人類学といった視点からだけでなく、思想面、教学面への注目も深まった。これは多分に新宗教自体が教学研究を深めていったことに対応している。宗社研グループによる新宗教研究の水準は、一九九〇年刊行の『新宗教事典』（井上ほか編 1990）に反映されている。これによって新宗教についての研究はどのような視点からなるかについての大枠が提供された。

すでに『新宗教研究調査ハンドブック』の編集時点で、新宗教の時代区分というものが一つの議論になっていた。幕末維新期に形成された天理教、金光教などと、戦後本格的に活動を展開した創価学会や立正佼成会、世界救世教などとは、いくつかの点で違いが見られた。社会変動と宗教の関係を重視する立場からは、近代化の過程で日本社会は変容したのであるから、その変容に応じて新たに形成される新宗教はその変容の影響を受けたのではないかという仮説が生じる。そして新宗教を二期、四期、あるいは六期などに分ける案が提起された。

また旧新宗教と新新宗教という二区分から新新宗教という言葉が生まれ、マスメディアでも広く使われるようになった。ただし新新宗教は四期に分けたうちの第四期の新宗教を指すという解釈もあり、必ずしも内容が一定ではない。

新宗教を時期区分することは、どこまでを新宗教と呼ぶかという問題へと展開した。新新宗教は新宗教のうちの新しいグループという考えになるが、新宗教全体をある特徴を持った教団群と考えるならば、それと異なるものが出現したのではないかという見方もありうる。ポスト新宗教、ハイパー宗教、近代新宗教といった用語は、そうした新しい視点から提起された用語である。

このうち、近代新宗教という用語は、新宗教の中でも伝統的な宗教とのつながりが深く、伝統宗教の近代的形態としてもみなしうるようなものを指している。とくに仏教系の新宗教は、創価学会、立正佼成会、真如苑をはじめ、在家仏教教団としてみなすことさえできる。伝統的な宗教との連続性が希薄なハイパー宗教などが出現したことで、伝統的宗教とのつながりの深いタイプの新宗教が大半であることが明確になったのである。(3)

一九九五年三月に起こったオウム真理教による地下鉄サリン事件によって、新宗教研究は一つの転換点を迎える。この事件の直接間接の影響によって、新宗教研究者が明らかに減少した。また調査方法も再考が迫られた。とりわけ教団の主張を丸のみするような研究には厳しい視線が注がれるようになった。オウム真理教を擁護したとして社会から批判を浴びる研究者が少数出たが(4)、この問題の背後には社会における新宗教観が戦前の淫祠邪教観の影響を未だ脱していなかったという現実が控えている。歴史的宗教に対するのと同等の視点から研究されるようになってはきたが、差別的な視点の存在の認識は、どうしても研究者のスタンスに影響を与えた。それが冒頭に述べた評価の大きな揺れにもつながっていた。

新しい教団であるというだけで批判的に見る傾向は社会には依然として強かったことに対し、宗教研究者の一部はそうした扱いを斥けようとしたのだが、しかしそういう作業にとって必要な基礎作業が必ずしも十分でない場合があった。すなわち個別教団の展開に関する資料の蓄積には教団ごとの差が大きく、なかなか全体を俯瞰しづらかった。また評価の視点も揺れが大きかった。一方に過度の擁護と他方に過度の批判とがあった。両者の突合せがまだまだ不十分であった時期にオウム真理教による地下鉄サリン事件は起こったのである。

事件後集中的に批判を浴びることになった研究者たちが、いずれも五〇名にのぼる『新宗教事典』の執筆者・協力者に含まれていなかったということは、この事態を考える上で一つの参考になる。調査対象としている新宗教教団の活動を擁護したり共感を抱くことなどは、ある程度は避けられないものの、研究者としては深入りすべきではないという了解が、少なくとも『新宗教事典』の編集者たちにはあった。[5]だが、そのことは必ずしも一般的な了解ではなかったということである。

4―新宗教研究から何が見いだされたのか

新宗教研究は多様な方法論のもとに行われてきた。また対象が同時代的な現象であるので、自ずと宗教と社会に関わるさまざまな現代的視点を提起することとなった。そのうちの主なものをいくつか示す。

新宗教が近代に数多く形成された社会的背景として指摘されてきたのは、都市化と産業化、あるいはそれに伴う家族形態の変化などである。大半の人が生まれた土地で成長して生活を営み、そして死んでいくのが普通であった江戸時代に比して、明治以降は人口の流動化が加速度的に進行した。農業などの第一次産業から第二次産業、そして第三次産業の比重が増えていった。檀那寺と人びととのつながり、地域の氏神とのつながりはしだいに希薄にならざるを得なくなった。

そうした社会変容の中で新宗教の集会への参加が新たな人の結びつきの機能を果たすようになった。こうしたマクロな社会変化は、宗教の活動形態にも影響を及ぼさずにはおかないということを、新宗教研究は地域や教団を具体的に定め実証的に研究してきた。人びとの結びつきの原理については、地縁、血縁とは別に社縁という語が用いられるようになったが、新宗教に関しては同志縁というような考え方も適用できる。[6]宗教は人と人のつながりを媒介する機能をもつが、新宗教は同じ地域に住むことで生じるつながりやイエ的なつながりが弱まっていく時代に信者を増やした。社会変化の中で新しいつながりを求める人びとが出てきて、その一つとして新宗教は機能したとみなせる。同志縁によるつながりがもつ特性は、今日のネットワーク論で展開される議論につなげていくことができる。

新宗教研究は、政治と宗教のボーダーについても新しい視点を生んだ。政治と宗教との関わりというテーマ自体は、歴史的宗教を対象とした研究において数多く存在する。だが政教分離が原則となった戦後の日本社会において、新興の教団がまたたく間に政治的な影響を増したという現象を生んだ創価学会と公明党（一九六四年結成）の関係は、ヨーロッパにおける宗教政党の存在やイスラム圏における政教一致の問題とは、また少し異なる様相を含んでいた。国立戒壇論を主張していた創価学会が、藤原弘達に対する言論出版妨害事件（一九六九―七〇年）を機に政教分離を表明し国立戒壇論を放棄するに至る過程は、政治と宗教の境界線をめぐる議論を刺激した。

オウム真理教の真理党結成（一九八九年）、幸福の科学の幸福実現党結成（二〇〇九年）は、主観的な目的はともかくとして、傍目には選挙活動が議席獲得につながるものであるよりも、もっぱら教団の主張の広報の場として機能する現代社会のありようが観察される結果となった。現在の日本の選挙制度は、宗教の広報活動にも自由に利用できるようなものであることが了解されたがゆえに、その分析の視点はより複雑なものになる。つまり、政治と宗教というテーマが日本国憲法に定められた政教分離や信教自由に関わる問題だけでなく、選挙活動が教団の主張をどのような形で具現化できるか、誰に向けての発信が可能であるか、といったきわめて具体的な宗教活動の場面の一つとして捉えられることを示した。さらにはメディア利用の問題、パフォーマンスの問題などとも絡まってくることも示している。

新宗教の入信理由についての研究は、どのような理由で人々が新しい宗教に惹かれていくのかに関する社会的要因をいくつか取り出した。経済的要因はその一つである。社会全体が厳しい経済状態にあるか、比較的安定しているかによって、いくらか変わるのではないかという推測が出された。というのも貧病争が新宗教の主な入信理由という議論は、高度成長期が終わる頃から少し修正がされるようになったからである。貧つまり経済的な問題が入信理由になる割合が明らかに減った一方で、病気や人間関係のストレス（争）は、重要な入信理由であり続けた。ただし、宗教社会学的な観点からは、貧困の問題は相対的剥奪というような観点から捉えるのが適切とされた。[7] 単純な経済貧困の問題ではなく、誰と比べての貧困であるか、とくに準拠集団論の導入が必要であることが多くの研究で指摘された。

宗教の広まり、とくに短期間の組織拡大という現象には、教育の広まりも重要な要因であることが論じられるようになった。日本は戦前に初等教育、中等教育がある程度普及していた。一九四五年の時点で、中等教育に進む者の割合は約四五％であった。戦後は高等教育の普及が進行する。教育の普及は印刷物、その他を媒介して伝達される情報の受信能力、さらにその発信能力が社会全体で高まることを意味する。多くの新宗教が教団刊行物（教祖伝、教義解説書、定期刊行物など）を出版するようになるのも、教育の普及が大前提である。

機関紙誌、教祖伝、教学書、教団史など多様な教団刊行物の存在、そして一九七〇年代以後のビデオ、衛星放送、インターネットといったメディアの利用は、宗教と情報化との関係という視点を導いた。梅棹忠夫は『情報の文明学』（梅棹 1999）の中で「宗教は情報産業の先駆的形態である」と指摘しているが、新宗教が示す情報発信の多様さについては、すでに『新宗教事典』で多くの頁を割いて紹介されている(8)。情報化が本格化して以後の新宗教研究では、新宗教の情報ツールの利用と、それが高等教育の広まりと関係していることに注目する研究も出てきた。とくに一九九〇年代後半以降の日本社会におけるインターネットの大衆化は、いち早くこれを布教に取り入れた宗教に新宗教が多かったということもあり、情報化が宗教の教えや活動、その他にどのような影響をもたらすかの研究を刺激せずにはおかなかった。

一つの宗教の地域差を新宗教研究が細かにかつ実証的に明らかにしてきた点も重要である。社会学的手法や文化人類学的手法などによる新宗教の地方的展開の研究によって、数万人ないし数十万人程度の規模の教団であっても、地域によって、あるいはローカルな指導者の方針によっては活動にかなりの違いが出ることが明らかになった。このことは一つの宗教における活動の特徴を一括りにして論じるのは、非常に困難であるということを強く実感させる結果にもなった。概説書、入門書あるいは啓蒙書の類は別として、学術書や学術論文において、キリスト教、仏教、イスラム教などをひとまとまりに論じるなど無謀極まるということを、新宗教の研究もまた如実に示したことになる。文字化された教典の研究さえ、さまざまな解釈が存在する。ましてある宗教が異なった地域に異なった時期に展開するなら、すべては異なった姿になるという想定から始めるべきであろう。かろうじて共通に見いだせるものは何かという発想の方が、各地に展開する宗教活動の研究にはむしろ必要である。

さらに、新宗教研究の深まりによって、新宗教と近代化以前に日本に定着していた宗教との関係がきわめて密接であり、かつ複雑な関係の中にあることが分かってきた。島薗進は、初期の新宗教が民俗宗教との深い関わりとそこからの一種の飛躍によって形成された側面に着目した。西山茂は、日蓮系新宗教が日蓮・法華系の宗派との密接な組織的な関わりの中にあることに着目し、内棲宗教という概念を提起した(9)。こうした見解がある程度共有され、さらに調査研究の対象となる教団が増えると、新宗教と民俗宗教や神社神道、仏教宗派との関係は、教団ごとの特徴はあるにしても、それぞれに想定されていた以上のつながりが見いだされるようになった。三木英らの生駒山の宗教に関する実証的研究は、新宗教と民俗宗教の分かちがたい様相を明らかにしている(10)。そうすると、逆に新宗教の何が新しいのかをあらためて考えざるを得なくなってきた。

オウム真理教事件以後、新宗教のみならず、宗教一般についてそのいわば「負の側面」に対する議論が研究者の間でも多くなされるようになった。新宗教についての戦後の批判的な言説は、主としてジャーナリストや伝統宗教の関係者から出されてきている。先に述べたように新宗教研究者の多くは、なるべく価値判断を込めない記述を心がけた。しかし、事件後、カルト問題が社会的にも広く関心を抱かれるようになり、負の面にはあまり目を向けないというような態度そのものが批判にさらされることになった。こうした中にカルト問題の一環として新宗教を研究する研究者も出てきた。

櫻井義秀は統一教会問題を中心にカルト問題の研究を行ってきているが(11)、カルト問題を扱う多くの研究はやはりオウム真理教に焦点を当てる。宗教団体が無差別テロを行うというのは、近代日本の宗教史においては未曾有の出来事であったので、研究者は多少なりとも認識の転換を迫られた。端的に言えば、一部の新宗教研究者にも暗黙裡に存在した一種の宗教性善説のようなものが再考を迫られたということである。

このようにさまざまな視点が提起されたが、このことは宗教が社会のどのような要因から影響を受けるかの具体的事例を積み重ねることとなった。新宗教を通して見いだされたことは、新宗教だけに起ることではなく、宗教全体が大なり小なり被る影響であると考えられる。たびたび述べるように、新宗教の場合は社会からの影響が顕著に観察されるので、何に影響を受けたかが観察しやすい点が特徴である。

5——宗教研究のフロンティアとしての新宗教研究

新宗教研究の最大の特徴は、ほぼ同時代的に身の回りに展開する現象を扱うことである。むろん現代の神道、現代の日本キリスト教、現代の日本仏教も同時代的に展開する宗教現象として扱うことができる。ただしこうした歴史的宗教に関する研究手法はかなりの蓄積があり、それを度外視して研究するわけにはいかない。それに歴史的な長さに比べて現代の展開は時間的にはほんの一部である。どちらかと言えば付随的現象として扱われる傾向もある。

これに対し新宗教、とくに戦後に本格的な活動段階に入った新宗教のような場合、その展開の大半が同時代的なものとして存する。同時代的な現象は多様な研究方法を試みる余地が大きい。創始者や中核的な信奉者に対し、直接面談調査することが可能である。ある教団を離脱した信者を探し、なぜ離脱したかの理由を探ることもできる。教団の行事やイベントなどのおりに参与観察を行い、文字化されない情報を得ることができる。複数の教団について独自の視点から比較研究を試みることもできる。研究が着手されていない教団もあるので、対象に即した新しい研究方法を考えることができる。

新宗教研究が歴史的研究に比べて、とりわけ重要な情報を収集できる可能性について指摘しておきたい。それはその教団の形成過程に関して、教団が発信する情報だけでなく、ときにそれを上回る量の、その教団に関する外部からの情報を参照できることである。歴史的宗教の場合、初期の形成過程はむろん、その後の現在に至る展開過程も、大半は当該宗教側に残されている資料から過去の出来事を推測していかなければならない。世界に広まった宗教であっても形成期にはそれを批判する人びとがおり、反対勢力が形成された場合もある。だが、彼らがどのような立場からどのような批判を投げかけたかが、系統立てられた歴史的資料として残る場合は滅多にない。反対勢力が別の宗教なり別の組織なりであれば別だが、不特定多数からなされた批判は残りにくい。一方、宗教側の資料は信奉者たちを中心に神学的見解、教学的見解を含めて体系的な継承への努力がなされる。言うなれば「生き残った宗教」からの見解が歴史的言説の主軸をなす。

新宗教の場合、幕末維新期に形成された初期の教団においても、教団外からの見解が存在する。新聞、雑誌、その他の活字媒体、戦後であればテレビという映像媒体の中にそうしたものを見つけることができる。さらにインターネット時代になると、特定の宗教に関する無数の情報が発信されている。これらには肯定的なものも否定的なものも、また事実をできるだけ客観的に記述しようと努めたようなものもある。教団側が蓄積し、発信してきた情報とこれらを総合的に検討することで、宗教が形成される過程では、どのようなことが起きるのかが、より多角的に論じられる。

一つの新宗教にも、非常に熱心な、教祖にすっかり傾倒したような信者もいれば、形だけ所属しているに近い周辺的な信者もいる。批判者も真っ向から批判して、できればその教団を壊滅させたいというような意図を持つ人までいれば、是々非々的な批判をする人もいる。またその意図がどうあれ、ある新宗教の活動を肯定的にとらえ、高く評価する人もいる。形成途上の宗教の変容には社会の政治的経済的変容という要因だけでなく、こうした教団のウチとソトの複雑な人間関係が関わっている。新宗教研究は近代以前の歴史的宗教の研究に比べると、そこにどのような人的な要素が介在したかをより細かく調べることが可能である。単に事例を重ねるだけでなく、これらをネットワーク論的な視点から考察するなら、どのようなファクターが、宗教の変容に際して大きな関わりをもつかについて具体的に提示できる。

新宗教には多くの分派教団を出した教団があるし、広く他の教団の創始者にも思想的影響を及ぼした教祖がいる。世界救世教系の教団は二〇以上にのぼるし、霊友会系の教団は二〇ほどを数える。天理教にも一〇教団以上の直接間接の分派教団がある(12)。宗教の分派は歴史的宗教にも観察される出来事である。なぜそれが起こるのか。一つ一つの事例は固有の事情を持っていると考えるべきであるが、分派という現象に関して何か注目すべき要因というのはあるのか。そうした関心にとって、新宗教の分派は具体的な手がかりを与えてくれる。世界救世教や霊友会の場合は、組織の構造が一つの大きな要因である。支部の独立性が高い教団の場合、分派は起きやすくなる。また創始者が死去したあとに後継者争いが起こると、それも分派の形成につながることが多い。世界真光文明教団の教祖岡田光玉が一九七四年に死去後起こったことはその典型である。関口栄と岡田恵珠が互いに後継者であると主張し、その争いは最高裁判所まで持ち込まれたが関口栄の主張が認められた。そこで岡田恵珠側は七八年に崇教真光を設立したという事例である。

宗教は時代や地域という環境に応じて変化するものであるという前提から見ると、これらの事象はきわめて納得のいくものである。指導者が世代交代するときには、時代環境への対応が非常に大きな課題として教団にのしかかってくる。その対応の違いが後継者争いには付随する。また各地に支部ができれば、その地域に応じた活動のあり方も必要になる。それが分派につながる。新宗教に数多く生じた分派問題は、宗教の展開の縮図とも理解できる。

このような現象についての研究が数多く蓄積されると、ここでもまた逆の関心がふくらんでくる。人びとがある宗教を受け入れる事情や受け入れてそれを実践する形態は、時代や地域の違いによってさまざまにバリエーションが生まれて当然であるのに、どうして一つの宗教としてのつながりを保てるのかである。そのためになされてきたのが何であったのかという疑問をもって歴史的宗教の展開を考える視点が、新宗教研究からいくつか浮かび上がってくる。

6――二一世紀の新宗教研究の課題

今後も新しい教団が形成される可能性がある。新しく生まれたものはすべて新宗教ということでいいだろうか。新しさだけで新宗教を定義するなら、仏教もキリスト教もイスラム教も形成されたときは新宗教であったという、お馴染みの規定になる。時間が経つと新宗教ではなくなっていくということになる。だがそのときどきの新しい宗教も、そのときの環境において、何らかの特徴をもった新しさがある。その特徴の違いが重要である。

たとえばキリスト教はユダヤ人の宗教という枠を超えたところに新しさの一つの特徴がある。仏教はバラモン宗教の世界にカースト制度を超克しようとしたところに新しさの一つがある。イスラム教は多様な部族社会の中にウンマという信者共同体を生み出したところに新しさの一つがある。いずれも社会的次元での大きな革新であるが、その背後には環境の変化が想定される。ここでの環境には自然環境、社会環境、文化環境といった外的環境と個人の脳内に形成されている内的環境とがある。[13]

数多くの新宗教が形成され、一部が大教団になったという現象を支えた条件として、近代化がもたらした生業形態、都市化、家族形態、教育の広まりといった要因が複雑に関係していることは、多くの事例研究を通して明らかにされてきた。ただし、その変化は地域や社会階層、あるいは年齢層によっても異なった意味合いを持っている。認知宗教学的な発想を導入すると、それぞれの固有の状況に対応して新宗教が社会に定着した現象を、ニッチ的適応という観点から捉えることが可能である[14]。

寺院消滅、宗教消滅といったような表現で、近い将来に日本の伝統的宗教が組織面での危機的段階を迎えることが指摘されている。神社数、寺院数という側面に限れば、そのような予測は十分な根拠があるが、しかし伝統的宗教が今後どのように展開するかも環境への適応として捉えれば、伝統宗教と新宗教の展開は同じ分析枠組みから議論できる。

この議論に際しては、社会的変動だけでなく、文化的要因への着眼がより重要になる。個々の教団が見出すニッチは、社会環境と文化環境の双方が密接に絡み合ったものだからである。神仏のイメージ、死後の世界への観念、祈りのときの作法、あるいは因果応報の説明の仕方といったものでも、その地域や時代により、受け入れられやすいものとそうでないものが出てくる。さらにニッチ形成に影響する要素として、社会慣習や習俗といった外的環境の他に、人間の脳内の思考回路や情緒的反応などの内的環境も作用する。そして、このうちのどれが個別のニッチ形成の上で大きな要因になったのかは結果から推測していくしかない。

このようなことを考慮して新宗教研究を行うときには、昨今の情報化、グローバル化がもたらしている新しい環境について、これまで以上に細かな注意を払わなければならない。宗教の展開は環境に大きく左右され、どこまでを宗教と考えるかの境界線さえも動く可能性があるとするなら、二一世紀の環境がそれ以前とどこが異なってきているのかは、重要な検討課題である。情報媒体の刷新は日進月歩である。宗教の教え、儀礼、実践活動に関わる情報は、しだいにネット上で拡散する割合が増え、人々が抱く宗教イメージもそれに影響を受ける。ネット上でのバーチャル宗教の展開は、日本で形成されたかどうかなどはあまり関係なくなっていく可能性がある。

日常的に国境を越えて日本に到来する宗教の数も増えている。一九六四年の東京オリンピックの前後の年をみるなら、一年間で日本を訪れた外国人の数は二〇—三〇万人程度である。二〇一〇年代には一〇〇〇万人台から二〇〇〇万人台になっている。半世紀の間に国外の人との交流の機会は、ほぼ二桁増加している。日頃の人間関係、人と人のつながりのネットワークというものが、宗教が伝わっていく主要基盤であるとすると、そのつながりの各段の多様化は、少なくとも日本にとって未曾有の環境の出現である。

このような環境は日本宗教全体を覆うものであるが、先に述べたように、新宗教は環境の影響を伝統的な宗教より受けやすいと考えられる。それゆえ新宗教の今後の展開に関しては、国内の環境変化の議論だけでは、その様相を十分とらえきれない側面がある。[15] グローバルな視点からの比較研究を蓄積することの重要性が増している。

(1) 鶴藤幾太『教派神道の研究』(1939)、及び中山慶一『教派神道の発生過程』(1932)を参照。

(2) 民衆宗教という表現を用いた研究者として小沢浩がいる。新興宗教を用いた研究者に佐木秋夫がいる。小沢浩は『生き神の思想史——日本の近代化と民衆宗教』(小沢 1988)、『民衆宗教と国家神道』(小沢 2004)などを著している。ただ小沢は親鸞会などを扱った『新宗教の風土』(小沢 1997)では新宗教という表現も用いている。佐木秋夫は『新興宗教——それをめぐる現代の条件』(佐木 1960)、『新興宗教の系譜——天皇制の落とし子』（佐木 1981）を著している。
（3） 近代新宗教という用語を提起した背景については、拙論「〝新宗教〟研究の射程――新興宗教から近代宗教へ」（井上 2014）を参照。
（4） 具体的には平野直子・塚田穂高「メディア報道への宗教情報リテラシー――『専門家』が語ったことを手がかりに」（2015）を参照。この問題は、現在でも非常に重要なのだが、議論の場は減っている。これについては拙論「オウム真理教を契機に創発した議論の展開――深まらない分析の背景にあるもの」（井上 2018b）を参照。
（5） 英国の宗教社会学者で日本の新宗教も研究したブライアン・R・ウィルソンは、sympathetic detachment という表現をしているが、共感をもっても距離をとる（デタッチメント）立場は、当時の新宗教研究ではかなりの程度共有されていたものであった。
（6） 同志縁という概念については、拙論「信仰共同体の今――変質しつつある絆」（井上 2004）を参照。
（7） グロックの相対的剥奪理論では、経済的、社会的、有機体的、倫理的、精神的の五つの剥奪の類型が出された。森岡清美はこれを日本の状況に即して、基本的、下降的、上昇的、派生的の四つの剥奪に組み換えた（『現代社会の民衆と宗教』（森岡 1975））。
（8） とくに「V 実践」の「布教・教化メディア」、「教祖祭」、「教団イベント」といった項目において、数多くの具体例が紹介されている。
（9） 島薗や西山の基本的見解は、それぞれ『新宗教事典』の「（1 新宗教の概念と発生）伝統の継承と革新」及び「（2 新宗教の展開）時代ごとの特徴」の項において、分かりやすく示されている。
（10） 三木が属する宗教社会学の会が編集した『生駒の神々――現代都市の民俗宗教』（宗教社会学の会編 1985）、『聖地再訪 生駒の神々――変わりゆく大都市近郊の民俗宗教』（宗教社会学の会編 2012）などは民俗宗教と新宗教の境界線の問題を扱っている。

(11) 櫻井義秀は『「カルト」を問い直す——信教の自由というリスク』(櫻井 2006)、『統一教会——日本宣教の戦略と韓日祝福』(櫻井・中西 2010)、『カルト問題と公共性——裁判・メディア・宗教研究はどう論じたか』(櫻井 2014) などにおいて、多様な事例をあげながらカルト問題を論じている。

(12) 天理教系の分派影響関係はかなり複雑である。これについては弓山達也『天啓のゆくえ——宗教が分派するとき』(2005) に緻密な紹介がなされている。

(13) 外的環境、内的環境と宗教の関係については拙論「現代日本宗教のリバースエンジニアリング——今を観察することから始める」(井上 2016) を参照。

(14) 宗教研究におけるニッチ概念の適用については、拙論「教祖論への認知宗教学的アプローチ——カリスマ論を一つの足場に」(井上 2014) を参照。

(15) 本稿ではあえて扱わなかったが、これに関しては、拙稿「グローバル化のプロセスからみた新宗教」(井上 1997) において、その時点での見解を示したが、その後の事態の変化を踏まえたのが、拙稿「現代宗教の広がりに見る二重のボーダレス化」(井上 2018a) である。

【文献】

井上順孝 1996『新宗教の解読』〔増補版〕筑摩書房。

井上順孝 1997「グローバル化のプロセスからみた新宗教」脇本平也・田丸徳善編『アジアの宗教と精神文化』新曜社。

井上順孝 2004「信仰共同体の今——変質しつつある絆」池上良正ほか編『岩波講座宗教 6 絆:共同性を問い直す』岩波書店。

井上順孝 2014「〝新宗教〟研究の射程——新興宗教から近代宗教へ」市川裕編『世界の宗教といかに向き合うか 月本昭男先生退職記念献呈論文集1』聖公会出版。
井上順孝 2014「教祖論への認知宗教学的アプローチ——カリスマ論を一つの足場に」『中央学術研究所紀要』四三号。
井上順孝 2016「現代日本宗教のリバースエンジニアリング——今を観察することから始める」國學院大學日本文化研究所編『〈日本文化〉はどこにあるか』春秋社。
井上順孝 2018a「現代宗教の広がりに見る二重のボーダレス化」『神道宗教』第二四九号。
井上順孝 2018b「オウム真理教事件を契機に創発した議論の展開——深まらない分析の背景にあるもの」『ラーク便り 日本と世界の宗教ニュースを読み解く』第七九号。
井上順孝・孝本貢・塩谷政憲・島薗進・対馬路人・西山茂・吉原和男・渡辺雅子 1981『新宗教研究調査ハンドブック』雄山閣出版。
井上順孝・孝本貢・対馬路人・中牧弘允・西山茂編 1990『新宗教事典』弘文堂。
梅棹忠夫 1999『情報の文明学』中央公論新社。
小口偉一 1953『日本宗教の社会的性格』東京大学出版会。
小沢浩 1988『生き神の思想史——日本の近代化と民衆宗教』岩波書店。
小沢浩 1997『新宗教の風土』岩波書店。
小沢浩 2004『民衆宗教と国家神道』山川出版社。
佐木秋夫 1960『新興宗教——それをめぐる現代の条件』青木書店。
佐木秋夫 1981『新興宗教の系譜——天皇制の落とし子』白石書店。
櫻井義秀 2006『「カルト」を問い直す——信教の自由というリスク』中央公論新社。

櫻井義秀 2014『カルト問題と公共性――裁判・メディア・宗教研究はどう論じたか』北海道大学出版会。
櫻井義秀・中西尋子 2010『統一教会――日本宣教の戦略と韓日祝福』北海道大学出版会。
島薗進 2001『ポストモダンの新宗教――現代日本の精神状況の底流』東京堂出版。
宗教社会学の会編 1985『生駒の神々――現代都市の民俗宗教』創元社。
宗教社会学の会編 2012『聖地再訪 生駒の神々――変わりゆく大都市近郊の民俗宗教』創元社。
宗教情報リサーチセンター編 2015『〈オウム真理教〉を検証する』春秋社。
高木宏夫 1959『日本の新興宗教――大衆思想運動の歴史と論理』岩波書店。
寺田喜朗・塚田穂高・川又俊則・小島伸之編 2016『近現代日本の宗教変動――実証的宗教社会学の視座から』ハーベスト社。
鶴藤幾太 1939『教派神道の研究』大興社。
中山慶一 1932『教派神道の発生過程』森山書店。
村上重良 1958『近代民衆宗教史の研究』法藏館。
平野直子・塚田穂高 2015「メディア報道への宗教情報リテラシー――『専門家』が語ったことを手がかりに」宗教情報リサーチセンター編『〈オウム真理教〉を検証する――そのウチとソトの境界線』春秋社。
森岡清美 1975『現代社会の民衆と宗教』評論社。
渡辺楳雄 1950『現代日本の宗教』大東出版社。
渡辺雅子 2007『現代日本新宗教論――入信過程と自己形成の視点から』御茶の水書房。
弓山達也 2005『天啓のゆくえ――宗教が分派するとき』日本地域社会研究所。

終章　宗教と社会の「戦後」の宿題
やり残してきたこととその未来

黒住真・島薗進・堀江宗正

からみあう世俗化と宗教復興

堀江　「宗教と社会の戦後史」というテーマでこの章まで進んできたわけですが、ここで、戦後日本の宗教と社会がやり残してきたこととは何か、またその未来はどのようなものになるかということについて、話し合っていきたいと思います。

　まずは、これまでの本書の内容についておさらいをしておきたいと思います。第Ⅰ部の「理論」編では、主に「世俗化か宗教復興か」ということが、さまざまな形で問題になっています。とくに、この世俗化と宗教復興的なものが同時に進行していたのではないかという問題が扱われました。つまり、一方では近代的な憲法、それから政教分離、また信教の自由が尊重される社会になってきたと思われている。けれども、その背後において、戦前の国家神道的なものを復興させようという動きもずっと続いてきた。そういう二つの異なる動きが同時進行的に生じていると。中野論文の言葉で言いますと、公式の戦後社会と非公式の戦後社会が同時に進行しているという事態です。本の順番としては前後しますが、この理論編の議題を受けて、序章では「二重の時間性」のせめぎ合いという観点から戦後史の転機をたどりました。

これと強く関連するのが第II部の「歴史」編で、島薗論文が、国家神道の復興、立憲主義の危機を警戒するという趣旨で書かれています。そのターニングポイントになるのが靖国神社をめぐる動きで、そのことを小島論文は扱っています。それから「村の靖国」といわれる忠魂碑についてですが、西村論文においては、何をもって宗教とするのかという、その宗教の定義次第で政教分離か否かが決まるということが指摘されております。

第I部、第II部では、主に国家、あるいは行政と政治の関わり、また公的祭祀に当たるような儀礼が宗教か、宗教ではなく習俗かということが問われてきました。そこには「宗教」は「戦後社会」からみて周縁的なものだとみなすような宗教観が背景にあります。もっといえば、世俗化しようとする戦後社会において宗教はそれ以前のもの、つまり「戦前」に位置づけられる。

次の第III部「教団」編においては、それに対して宗教教団がみずからを戦後社会にふさわしい平和的存在として提示する様が記述されます。キリスト教を取り上げた小原論文の場合、キリスト教は平和主義であると見なされてきたけれども、実はこれは日本に特殊な現象であると指摘されます。諸外国のキリスト教は、その国においてマジョリティを形成している場合、戦争を正当化する役割を担うこともある、と。米国における福音派が良い例です。それに対して日本のキリスト教は、マイノリティであるがゆえに、平和主義を堅持し、政教の接近に反対することが、ある意味で容易だった。そのことが、かえって宗教の暴力性に対する反省や自覚を妨げている。九・一一後は国内でも一神教は好戦的だという批判が起こっているが、自分たちキリスト教徒は平和主義なんだというだけでは社会とすれ違うばかりだと。

川村論文では、仏教も自分たちは平和的だと主張してきたことが問題とされます。戦時中はもちろん平和的でなかったわけですが、戦後になると仏教は本来は平和的だったと突然主張される。また部落差別問題についても、部落差別に取り組む姿こそが仏教の本来のあり方であるととらえ返される。このように常に過ちの歴史的事実と向き合わずに自己正当化を仏教教団がしてきたと。オウム真理教事件の際にも、やはりオウムは仏教の本来の姿ではないという形で批判をかわそうとした、このように川村論文は指摘しています。

井上論文では、新宗教に対する見方が検討されます。戦後すぐの研究者とメディアは戦前からの「淫祠邪教」観を当てはめ、その次の世代の研究者は国家神道に対抗する民衆宗教という見方を当てはめたとします。しかし、オウム真理教事件で、世間の「淫祠邪教」観はむしろ強化され、新宗教研究者の数は激減してしまったと言われます。

その後、新宗教のなかでも国家よりの教団があることが注目されますが、いずれにしても、この本全体を通して国家と宗教の関わりが議論されてきました。その中で宗教とは何なのかという定義の問題、それが色々なところで議論の鍵を握っています。そして、宗教に対するマイナスのイメージをどうにかして避け、自分たちの宗教は本来すばらしいものだということを、各教団、あるいは当事者が主張する、と。

権威主義による社会的組織の解体

堀江　このような全体の流れを踏まえて、この章では、今まで日本の社会、あるいは日本の宗教、教団が、まだきちんと取り組んできていない問題を整理して、今後の日本の社会と宗教にとって、どの問題が重要となるのかを話し合っていきたいと思います。

この論集のこれまでの章は、二〇一五年の「宗教と社会」学会のテーマセッションを下敷きにしております。その際、コメンテーターであった黒住さんが、戦前の思想史からさかのぼって天皇と政治の関係に言及されて、日本においては「社会的な組織」というものが明治以降次第に解体させられてきて、ある種の権威主義的な体制ができてきたという主張をされています。まず、その議論をもう一度ここで提示していただければと思うのですが。

黒住 これは近代の宗教史、近代日本の宗教史をどう見るかという問題になりますよね。幕末、明治初めの宗教の位置付け方と、明治一〇年代半ば「神道大会議」頃からの近代的帝国の国家と神道の結び付き方とでは、神道内部から見えてくる宗教に実はすごく幅があります（藤井 1977）。天皇の位置や働きなども内容がすごく違っています。例えば明治の初めの「五箇条の誓文」のときは、「旧来の陋習を破り、天地の公道に基づくべし」などと、天地があって、そこで天皇や人々の営みがどのようなものかのモデルがはっきり主張されています。また「広く会議を興し、万機公論に決すべし」とあり、人々が合議しながら決めていくこともあって、それが誓願になっています。さらに「天下億兆一人も其処を得ざる時は皆朕が罪」といった「宸翰《しんかん》」と一緒になっています。ところが「大日本帝国憲法」とか「教育勅語」になったら、そういう構造全部がさっと落とされて、上から決めたことに従うという形になってしまった。それで教育とか会社などが、社会学でいわれる「タテ社会」の構造に入れ込まれていく形ができた。

堀江 上意下達という。

黒住 そうですね。それで、地位とか権力とか経済力が全部上に集中して、学校にしても会社にしても、それを「どうもらうか」ということばかり気にしなければならない構造に入れ込まれてしまう。そこでは、社会的な組織が自立していないわけですよ。勉強するときも、より上の場所にどう入るか、落ちるかという構造に入れ込まれている。それは大きな歴史から見ると、すごく変わった構造だけど、入っている人、特にうまくいっている人は、何とも思わない。でも落ちこぼれた人は思い悩む。すごいスピードでこうした変わった構造に近代の人間が介入されていく。宗教的組織もその内部にだいたい入れ込まれている。

そもそも「第II部　歴史編」のタイトルですが、ここで「国家と宗教の関係性」って書いてある。だけど「国家と」というふうに何でまず考えるのか。そもそも宗教から見たら、国家は後のことですよ。まず、宗教そのものがどうなのか、それで国家との関係はどうかとか、経済との関係はどうかとかいうふうに考えてもいいはずです。にもかかわらず、まず国家があって、それに関係するものはどうなっているのかという議論を進めていいのか。国家と違った形の自立性を持つことが、本当は宗教とかさまざまな社会的組織にとって重要なはずです。「宗教と社会」というけど、そのときの社会が、国家に押さえ込まれた形になっているという問題が、近代史にはあると、僕には見えますね。

戦前はそういう形からむちゃくちゃな戦争をやりました。これは生活しつつ判断をする自立した社会的組織がないからですよ。逆に、メディアとかも、権力と結び付いた宣伝や情報なんかがひどい。それに人々が入れ込まれている。それでちゃんとした判断ができないまま、国内的にも国外的にもむちゃくちゃな営みをする。ところがそういう組織の構造は、戦後になっても変えていない。あえて言うと反省していないです、日本での思考において理性は成り立っているのでしょうか。

戦後の初めの段階で、天皇が「人間宣言」をやりますね。あのとき、実は「五箇条の誓文」を先に言っています。戦前の天皇像はもちろん国家主義的な構造につながるけど、誓文・宸翰では、天皇の方は「天地」「天下」といったモデルが元来ある、それは天人相関的な位置をもって稲作とも関係している。もともと天皇という存在には稲作というテーマがあります。もともとの保守は稲作から出てきているんです。けれど、権力者の側は、近代化がすすむと、そんなことあんまり考えない。もう稲作を壊そうと全然構わないみたいな、保守でも何でもない形の権力構造が、戦後は発達してしまう。昔の人から見ると、もう悪の権化じゃないかと見えるぐらい、おかしいことになっていると思うのですよ（笑）。だからそれを「保守」だとは言いたくないですね。力に取り憑かれているだけなので。

ゲノッセンシャフトとしての教団

堀江　今のお話だけでも、たくさんの論点が出てきているので、少し整理します。すごく平たく言うと、戦後はいちおう民主主義社会にはなったけれども、社会のさまざまな部分に、民主的ではない上意下達的なもの、あるいは権威主義といってもよいと思いますが、そういうものがあるというのが一つ。二つ目は宗教の国家に対する超越性が本来あるはずだけれども、教団は戦前から戦後へと常に国家との関係を強く意識してきたということです。最後の三つ目は、天皇と農耕の問題です。地域の村落社会の祭祀とか、共同体の宗教なども、一方にはあるわけですよね。そういったものの象徴として、天皇をとらえてらっしゃるのでしょうか。

黒住　というか、「象徴」は、元来は権力と違った宗教的な権威についてのものです。近世まではそれが主流で、武力とは別です。それは近代に立ち上がったもの、権力に融合したものとは違う。江戸期ではそれが主流だったのじゃないかなと思います。

堀江　なるほど。ちょっと一個だけ、言葉の定義を確認したいんですけれども、「社会的組織」という言葉を使うときには、これは、例えばゲマインシャフト（共同体）とゲゼルシャフト（利益社会）とかいう言い方で言うと。

黒住　それで言うと、さらにゲノッセンシャフト（協同体）って呼ぶ方がいいと思うんですね。

堀江　なるほど。

黒住　ゲマインシャフトは、ある意味では閉じた、もう決まったような共同体ですよね。ゲゼルシャフトは、どんどん動いていくような感じの活動ですね。ゲノッセンシャフトは学校とか教会とか組合・講のようなものです。社会学的にはヨーロッパにまだだいぶあったということですね。そこから色々なものが決められていくプロセスがだいぶあった。それを初めて知ったのは、玉野井芳郎という経済学・社会学系統の先生の本です。彼は、戦前はものすごい警察国家だったと、自分が若いときそれにいつも追い掛けられるような不安があったと述べています（有沢・玉野井編 1973）。それに対して近代日本で対抗していたのはマルキシズムです。けれども、それ以前に人々が関係したグループがある。それをヨーロッパの歴史学の視点から見て、実はゲノッセンシャフト的なものが東アジアや日本にもあるのじゃないかと思って、彼は近世や沖縄に探し始めたようです。

例えば江戸時代だったら「講」のようなグループの宗教的な活動があります。富士講などありますよね。完全じゃないとしても自立して動いていたと思うのです。ところが近代は、それを育てるのじゃなくて壊していくような構造になる。その国家的な中心の構造に入らないと不安だ、入ると安心で上ると偉いという形にさせられてしまう。

堀江　そのゲノッセンシャフトは、例えば英語で言うとアソシエーションとかに訳されるかと思うんですが、一方で先生が先ほど学校も入るということを言ったときには、いわゆる近代以後の義務教育の学校とかではなくて、もともと自治的性格の強い、中世の大学とかのイメージでしょうか。

黒住　そうですね。僕が中世のことに関心を持ち出したのは、国家との関係だけでないような社会的組織をかなりつくっていたからです。「アジール」ともいわれ、駆け込み寺にもなる。それは、近代史において完全に壊れたわけじゃなく、ある程度は保たれていて、例えば日本風に言うと私立の学校にもそういうのがあるわけです。

堀江 新宗教なんかも、講に近いものから発生してきたと言えるわけですよね。

黒住 そうです。だから新宗教も、そういう意味では大事なのですね。だけど、僕は直接関係ありませんけど黒住教とか（笑）、幕末の民衆宗教のようなものは、最初、自立して広がっても、やがて国家に抑え込まれる構造に入ったと思うんですよね。出口王仁三郎の宗教にしても弾圧され破壊される。その抑え込まれ方は、今から思えばひどいと思うんですけど、その構造の中に、神道が中心のように入っていく。

堀江 神道は抑え込まれたととらえるのでしょうか、それとも抑え込む側だととらえるのでしょうか。

黒住 先に述べた明治一五年より、前年の「神道大会議」のあと、国家と直接関わるようなものと、そうでないものとの分類が発生してきた。もしも神道が本当に国家から自立したものだったら、朝鮮に行って、日本が負けても、そこでずっと居て働けばいいわけですよ。でも逃げてしまうわけです。

島薗 天理教だけ残った。

黒住 そうそう。だから天理教は残っていますよ。神道があのような形だったらいいんですけどね。

島薗 仏教もほとんど残らなかったですね。

黒住 そうです。その意味では、仏教も国家に入れ込まれていた。天理教とかはともかく、大抵は、国との関係こそあって、宗教は国内では税をはじめ優遇されている。ちゃんとみずからやっていると思っていても、国家に封じ込まれていないでしょうか。

堀江 戦後においては、国家からの自由度が高くなったと見ていますか。

黒住 いや、まだまだだと思いますね。

堀江 その辺は、島薗さんはどう思われますか。

島薗　中間集団というか、アソシエーションだとかゲノッセンシャフトだとかの中で、宗教が占める位置は日本でもかなり大きかったと思いますね。宗教組織は本山があって、その権威を借りながら、末寺とかその所属集団が、一定の自立性を持って存続している。これは封建集団、封建組織と、ちょっと並行するような関係だと思うんですけれども、その中には、京都の朝廷の権威に近いところとのつながりがかなり明確なものと、そこからは一定の距離を持っているものとがあったと思います。明治以前から朝廷の権威、あるいは幕府の統制からはみ出るものはかなり厳しく取り締まられたので、不受不施派とか、一向一揆も叩かれて従順なものになったということがあります。その前にはキリシタンの弾圧がありますよね。だから一六世紀から一七世紀にかけて、宗教が国家に従属する体制の第一次の基盤ができたと思いますね。それでも、講のような、末端へ行けば、あまり国家とは関係がないところで存在できるものは根強く存在し続けた。特に神仏習合系の組織、あるいは本山・末寺の組織につながりつつも、末端にあった信仰組織などは、一定の自立性を持っていたところもあったと思います。

黒住　僕の先祖が、日蓮宗不受不施派という（笑）。

堀江　そうですか。

黒住　不受不施派は、宗門の中に入らなくて、日本列島の色々なところに残って動いたものの一つです。

島薗　で、そういうのが、富士講なんかもそうだし、日蓮系の講なんかもそうで、これがかなり近代の新宗教の源流になっていますよね。

黒住　そうでしょうね。

国家からの超越性と責任

島薗　ですから、国家とは違う原理を掲げる宗教、さっき宗教の超越性って言いましたけど、そういうものは根強く存在し続けていると。

黒住　東北とか、それこそ沖縄だとか、色々なのがあったわけですよね。

島薗　仏教教団も、私のコンセプトで言うと正法というのを掲げると。つまりダルマ（正しい法）が国家の上位にあるという、そういう理念はずっとある。日蓮宗で言えば立正安国で、正しい法の下に国家が従わなければいけないという、そういう理念があったと思うんですよね。ですから、一方で民衆宗教的な天理、金光、大本など、王権神話とは違う神話を掲げる、神道系なんだけれども国家と別の超越性を持っている宗教と、日蓮系が非常に強い。仏教系の中でもダルマを掲げて、むしろ国家の指導理念を目指す仏教の動きはあった。日蓮系だけじゃないですよね。明治の初期には、仏教こそが国家をリードするんだという考え方はあったんですね。ところがこれが次第に国家の権威の下に屈服させられていく。

黒住　そこで知りたいのは、戦前、戦時中は、もう屈服してしまったということがあるとしても、戦後になってその問題をどうとらえるかというテーマがあると思うんです。ドイツの場合だと哲学者のヤスパースが、自分たちの責任とか罪責は何だということを、戦後はっきり考えます。日本でも田邊元など少しはあったけれど、すぐ消える。朝鮮戦争ぐらいのころから、戦時中の問題をとらえる人やはっきりした発言が無くなるということがあって、それは中国や朝鮮からは勝手だと見えると思うんですよね。日本の中にいる人は、何を中国人・朝鮮人は言うんだと思うけど、その空白性というか、問題そのものを消した形で動いていくことが、まさに問題です。

堀江　序章でも朝鮮戦争後の逆コース、冷戦下での教団の保守性は扱いました。本論では、靖国問題が「宗教と社会の戦後史」の転機になったということを、多くの執筆者の方々が指摘されていますが。

黒住　たしかに靖国問題はすごく大きいです。ただ、靖国問題を批判するときに自分たちの問題をどこかに投影してしまう、日本の場合は。本当は仏教だろうと神道だろうと、自分たち自身がやったと思えばいいわけです。だけど、自分たち以外の「誰か」がやったという構造になっているでしょう。

堀江　そうですね。本書でもキリスト教および仏教の戦争あるいは靖国問題に対する姿勢が論じられている小原論文、川村論文とも、結構悲観的というか批判的です。自分たちの暴力性の問題としてとらえていないということを指摘されていますね。

靖国とは別に、戦争責任の問題でよく聞かれるのは、戦前・戦時中はそういう時代だったから仕方なかったんだ、というものです。宗教は統制や弾圧の対象だったんだ、でも、それさえなければ、本来は平和的なんだと主張する、そのような弁明です。それによって平和主義を掲げる戦後の社会に、宗教は適応しようとしてきた。しかし、これも所詮は「時流」への適応にすぎない。戦時中は戦争協力をさせられ、戦後は戦争責任を反省させられているだけではないか、という疑いが生じます。社会の「時流」を超越した視点に立てば、たとえ戦時体制であろうと流されてしまったということへの責任を感じて、同じようなことが起こらないようにするという姿勢があってもよいと思います。むしろ宗教界全体が前のめりになっていた可能性があって、社会の「時流」が右傾化すれば、それまでは平和的な顔をしていた教団も、戦後の民主主義や平和主義は間違っていたという論調を強めかねない。

「国家神道」と対峙するもの
——地域・いのち・スピリチュアリティ

島薗　ただ多くの宗教団体は、なお平和主義はかなり掲げていて、また原爆反対、核実験反対ですよね。憲法第9条を支持し、また政教分離、信教の自由を主張し、そして核兵器も否定する。そういう意味で平和主義を掲げてきた。しかし、実際にその歴史的な経過を自ら振り返って、どこが間違っていたかを点検するという点では弱い。そういうことをやれている団体もあると思うけど、全般に弱いと思うんですが、しかし、平和主義の中に、戦前への批判の意図はかなりこもっていると思います。憲法9条が、これだけ日本の中へ強く根付いているのは、戦争のときの誤りを痛切に受け止めた世代の人たちの実感というか、信念ですよね。

黒住　そうなんだけど、例えば自民党なんか見ても、昔はそれを分かる人がかなりいたんですね。ところが、今はもう「そうは思わない」という人が中心になっている。まだ宗教の色々なグループが実際に平和主義を持てばいいと思うんですけど、それがどうなのかなあ。

補足で言いますと、神道の中でもそういうことを考える人がいて、それが折口信夫ですね。折口は、いわば国家神道系統のものが問題だったと言って、超越性と産霊《むすび》の両方を神道に求める。どっちかというとキリスト教、カトリックに近付く。勝手に連想させちゃいけないけど、ややマリアに近いと言われますけど、キリスト教とつながるような構造を、神道の中からも発生させている。ただ彼が昭和二八年に亡くなった後、ちょっと見えなくなる。鎌田東二さんなんかは、出口だとか折口なんかの系統を動かそうとしているといえますが。

島薗　それは、折口信夫だけじゃなくって、柳田国男も込みで考えていいと思うんですよ。それをさかのぼると、神社合祀反対運動に行き着く。

黒住　だから南方熊楠なんかもね。

島薗　そう、南方なんかも入ってくるよね。これは、要するに地域のコミュニティーやゲノッセンシャフト的なものとつなげて考える一つのやり方だと思いますね。

黒住　そうですね。

島薗　柳田国男は、そういうものを保持し続けなければならないということを、かなり強く思っていて、それが保守的な思想の一つの形態であったんですよね。ですが、戦後のもう一つの理念は、国体護持なんですよ。国体護持が、もう一つの戦後の理念なんです。

黒住　それは大きく言うと、神道の中に、国体へ行くのと、そうじゃないのとが、両方あるということですね。

島薗　その場合、神道と限定できなくって、私の言葉で言うと「国家神道」なんですけれども、まさに国家に飲み込まれていく考え方、国家を神聖化し、その神聖な国家の下に社会組織を一元的に構成していくというような考え方です。これが戦前、次第に強化されていって、戦後も引き継がれてあると思うんですが、産業界とか官僚とか、色々なタイプの社会組織の中にも、そういう考え方があると思います。ある意味では、それは現代の高度に組織化された資本主義と波長の合うところがあるんです。

黒住　ただ、今の天皇は、それじゃない面があると、僕は思うんです。戦後、クエーカーからの教育を受けています。近代の天皇としても、「五箇条の誓文」「宸翰」につながる供養を行う系統だと思います。しかし、今の天皇が辞めた後どうするかという議論に入ってきて色々発言する人には、今言われた国家神道系統の人が、ものすごく多いですね。それは近世のテキストでは本居宣長の『古事記伝』をベースにしている。それは『古事記』そのものでなく、『古事記』や天照からの系列がみんなつながってあるんだという考えが排他的感覚とともに結び付いている。それが、幕末的な危機意識に規定された水戸学風の儒学と結合する。それが近代においては神道と儒教の基本的なテキストみたいになった。でも折口にしても鎌田さんの好きな平田篤胤にしても、その国家中心化とは違うものを見ようとしている。

堀江　ちょっと整理をしたいんですけれども、神道の中にも、国家神道的なものと、そうでないものがあるというのが、先ほどから出ていると思うんです。私の理解では、ある種のローカリズムというか郷土愛というか、生まれた土地の神、産土の神を中心とするようなものがあり、実はそれが世界を生み出すような産霊《むすび》の神とつながっている。鎌田東二さんなんかはパワースポットを一九八〇年代から取り上げていますが、それを神社ばかりと結び付けず、世界各地のパワースポットとつながっているという形で構想しています。そこにはナショナリズムと結びつく以前の神道があると考えられている。

その延長線上には、神道だけでなく、自然との調和や共生を説く流れとか、あるいは最近ですと、平仮名で書く「いのち」を重視する流れが、日本の宗教団体の中にも見えてきています。生命やいのちという言葉は新約聖書でも頻出しますが、カトリック司教団はいのちをキーワードとして原発に反対しています。全日本仏教会もいのちという言葉を用いながら、「原子力に頼らない生き方を求めて」という声明を出しています。神道の中にも、神道はアニミズムや自然崇拝を基本とし、エコロジー志向だという主張がありますよね。しかし、原発事故後、神道界はそれほど反原発に動かなかった。これは政権との結びつきがあって、歯切れが少し悪いのだと思います。

しかし、神道関係者のなかには、原発推進に違和感を持っている人も多いことを、私は個人的に知っていますし、時おり勇気のある人は発言もしています（薗田 2012）。政権との過度な結びつきや、天皇のあり方にまで物申す「保守」系の言論人に違和感を感じている。ある神道関係者は、保守系の政治家や言論人よりも、自分たちのほうがローカルな信仰や伝統を大事に思っている、政治家たちはしょせん選挙で出入りする存在でしかないという自負をお持ちでした。

黒住　超越性と根源的なものとをどうするかというテーマは、戦時中から戦後にかけて、もうすごくはっきり出てきたと思うんですよ。西洋の思想史で言うと、アウグスティヌスが、ギリシアとかのコスモス観から出てきた人間性から考えて、単なる血縁とかじゃないものを人間は持つというふうになった。

それが「スピリチュアリティ」と今で言うような聖霊論になるわけです。だから本当の聖霊は血縁性じゃない。

堀江　そのスピリチュアリティと先生がおっしゃるのは、歴史の中で働く霊的なもの、精神的なものという、民族や国家につながっていくヘーゲル的なものより、永遠的なものとしての神につながる普遍的な人間の本質とかに近いということですね。

黒住　鎌田さんはまったく大丈夫だと思いますけど、例えば幸福の科学は国家主義的なものにぐっと入るじゃないですか。そもそも超越性と国家をめぐっても色々なテーマが戦後続いているにもかかわらず、従来の宗教は関係ないみたいに思っている。自己認識と関係付けて問題を考えてくれればいいのに、例えば地下鉄サリン事件なんかでも、全部自分たちから外して関係ないと考える教団が多かった。

堀江　そうですね。オウム真理教は、国家と対峙しつつ、結局は国家を模倣して、教団の中に省庁を置いたりした。グル絶対の上意下達だけど、それだけではなく幹部らによる忖度が働いていたとも言われています。国家主義を批判するにせよ、国家主義に肩入れするにせよ、社会より国家を意識していて、社会的組織やゲノッセンシャフトにならず、非民主的な上意下達の組織を作ってしまう。こういうのは、どの教団にも当てはまるかもしれません。その意味では、オウム的なものが自分たちにも当てはまるのではないかということは検討してもよい課題でした。でも、宗教に関する悪い事件が起こると、それは本来の宗教のあり方ではないというふうに言うんですよね。

黒住　あれは自分たちの問題だ、という責任感のようなものが、この戦後七〇年にちゃんとあればもっといいのになあと、僕は思いますね。それから「国家」という言葉そのものが、より近代的な用語です。歴史的には、「神国」また「天国」「天界」といった世界観が神道や仏教・キリスト教で用いられていました。それは「靖国」とは違います。折口信夫も、神道の靖国との結合をより神国に戻そうとしたともいえます（黒住 2018）。

「新しい社会運動」としての公共宗教

島薗　これは、他の論者に出てくるかどうかと思うんですけれども、要するに公共空間で、宗教が責任を持って何らかの立場を鮮明にするという、私の言葉で言うと、宗教の社会倫理に基づく社会参加なんですけれども、これが弱いですよね。一つの理由は、日本の宗教団体が非常にばらばらであると。多様で並立、乱立していると。そのために責任を自覚しにくいし、また社会参加するとしても力にならない。このことが一つあると思います。

堀江　一つの教団に入っていると、他の教団が見えにくくなるというのは、本当にありますよね。慈善事業的なことをやるとしても、社会に対して自分たちの教団はこれだけのことをやっているというアピールのためにやっていると、外部からは見えてしまいます。

島薗　それは逆に言うと、そのままではいけない、宗教は横に連携しなきゃならないという意識にもなってくるんです。それはまたポジティブな部分も持っている。五〇年代、六〇年代、ビキニ事件以後、平和運動が非常に盛んだったんですね。核実験反対運動も盛んで、石田雄さんの本の中に戦後の平和運動の歴史を振り返った議論があるんですけども（石田 1989）、彼ら政治学者に言わせると、六〇年代で平和運動はばらばらになって、いわば霧散してしまったと。で、核実験反対運動は、共産党系と社会党系と自民党系などに分かれたりして力を失ったということです。ところが、まさにその一九七〇年に、世界宗教者平和会議（ＷＣＲＰ）というのができた。それからもう一つは世界連邦運動なんですけども、これは宗教団体が平和理念を堅持して、それなりの社会的な自己主張というかサインを発信し続けてきた例なんですよね。とくに世界宗教者平和会議は、世界的に言っても、非常に有力な平和運動の宗教の連合体になっています。戦後は、宗教が国家から自立して公共空間に参与するというのが、可能性としてはあった。

もう一つは創価学会ですよね。創価学会も、ある段階までは国体護持とは非常に違う立正安国論的な路線だった。これはしばしば国立戒壇という理念と結び付いて、仏法こそが日本社会を指導する、つまり国家よりも仏法が上にあるということも提起していたと思います。これは戦前にはできなかった。つまり国体論を認めない限り、宗教が社会的に参加することができにくかった。内村鑑三のような例はあるんですけども、内村鑑三も不敬事件があって、社会的発言を抑えて後ろに下がった。

堀江　ただ、国体論をひっくり返して正法が上だという主張が、公共宗教のような役割を担うという自覚を持って公共性のある活動に結びつくのでしょうか。どの教団よりも、また一般社会よりも上に立つんだという優越性の自覚が前に出た場合は、教団のエゴや利害を第一にするような運動につながりますよね。

島薗　ですよね。創価学会の場合は、ある種の教団エゴイズムのような形、自己拡張のために政治を利用するという形に強化されざるを得ないようなことになったと思います。WCRPの場合ですが、これは靖国問題と非常に関係しています。靖国に対する反対運動と、WCRPの形成というのが、軌を一にしているんですよね。そういう公共宗教的な動きが戦後にはあって、今でもそれは、色々なときに現れてくるというように思います。

黒住　戦後に特に現れるのが、一九六〇年代から七〇年代ぐらいの学生運動とか、ナショナリズム的なまとまり方に収まらない動きですね。あのときの人は海外にも動いていくし、環境問題や平和的な動きをする人もいた。だから、六〇年から七〇年代には学生運動だけじゃなく、もう少し社会的な、国家だけじゃないという意味での社会的なグループが、だんだん見え始めたともいえますね。

島薗　その後も、NPOとか、新しいタイプの自立的な中間組織のようなものがずっと形成されてきて。

堀江　従来の社会運動には収まらない「新しい社会運動」と呼ばれるものですね。

島薗　その動きは続いてきているって感じですよね。

黒住　むしろ、より出てきているかも。いわゆる冷戦終結以後、出てきているとも思いますよ。

堀江　社会学などで「新しい社会運動」と呼ばれるものですが、これはある特定の階級でまとまる運動とは異なる運動ですね。話の流れを整理すると、六〇年代から七〇年代においても平和運動や環境運動など、狭い意味での労働者による社会運動からずれたものが出てきていて、さらにそれが社会的マイノリティやアイデンティティの承認を目指すような新しい社会運動に展開していくということですね。東日本大震災前の「無縁社会」に対応しようとする宗教者の動きは、震災後は被災者の救援や支援の活動につながっていく。環境運動や公害運動の流れは原発事故後の脱原発や反原発の運動につながっていきますが、宗教団体もそれに賛同していく。マルクス主義は、この論集ではあまり論点にはなっていないんですけれども、戦後は色々な宗教団体がマルクス主義を強く意識していて、自分たちは唯物論ではない、別の価値を打ち出すんだということを、盛んに主張してきたと思うんです。それが宗教団体を保守派の政治家とも結びつけた。しかし、唯物論を掲げた暴力的な社会運動ではなく、環境や平和や福祉など、経済第一よりも「いのち」の価値を大事にしようという「新しい社会運動」の場合は、宗教団体も参加できる。この場合、マルクス主義的な社会運動ではなく、マルクス主義を越えた社会運動という位置づけになります。

農業・産業・宗教

堀江　こういう、マルクス主義を意識した宗教団体の差別化とか「新しい社会運動」への合流などについて、何かご意見はありますでしょうか。

島薗　最初の黒住さんの整理で言うと中間団体的なものと、近代化あるいは近代主義というのが、ある時期までは結び付いていた。労働組合とか、それだけじゃなくて色々な組合的なもの、農協もあるし、農協の前には報徳運動もあった。そういう近代の、民衆が次第に自立しながら横に連携していったということが、社会的組織の基盤になる。それが民主主義の形成につながると。こういうのは、大正時代なんかはそれなりの支持を得たと思うし、戦後もあったと思うんですね。ところが冷戦の終わりの時代というのは、別の次元から見ると新自由主義の時代であるわけなんです。この時代は、一方で社会主義に対する信頼が失われ、また他方で近代化に対する信頼も失われてきた時代です。近代とともに形成されてくる世俗的なものを基盤とする横の連携組織はまた、国民国家の理念ともつながっていると思いますが、そういう連帯組織がばらけてくる。そういう時期だと思うんですね。連帯感も薄れてくる。

黒住　そのばらけてくるというのがはっきり見えてくるのが一九九〇年代です。それまでは経済成長がずっとあったから、あまり問題が見えなかったようです。ところが経済成長が止まった段階で、農協などもどうしていいか分からないような感じになる。そこからNGOなど、色々なグループができてきたんですけど、そのまだ十分には見えない連携の形がどうなるのかがいま課題です。

堀江　農協のことを出されたのは興味深いと思います。農協の歴史自体を見ると、日露戦争後の国家からの働きかけで起こった地方改良運動がまずあります[1]。これには先ほど島薗先生が言及された報徳運動も組み込まれる。神社合祀もこれと連動するもので、

「国家神道」的なものによって地域の祭祀が弱体化する契機にもなりました。それと農業の産業化、これは今日にも続いていますが、農業を近代化して産業に組み込もうとする動きがあった。具体的には戦前の「産業組合」では金融機関を持つようにもなりますし、協同組合主義を普及させるための『家の光』という雑誌を発行したりもしました。こんなふうに、国家への統合と農民の自立と連帯というのは、なかなか複雑に絡み合っているように思います。この雑誌は、今日も農協の雑誌として続いていますが、協同の精神の育成を掲げ、「いのち」の価値を前面に出しているので、今までの議論とも絡むところが多いと思います。戦後は全農民を含む形で農協ができますが、これは戦後の民主主義社会の中で、選挙を通じて一つの政治的なアクターとして力を持つことができました。

私は、明治以降の日本の近代化は、殖産興業政策に代表されるように、農業から工業へ、さらに七〇年代以降は第三次産業へという流れでとらえられると思います。この論集では扱えていませんが、これと宗教の関係もあると思います。農業を中心とする村落社会と地域の祭祀や民俗的信仰は、農業が弱体化し、人口が絶えず都市に流入していくなら弱体化せざるを得ない。創価学会のような戦後の新宗教は、農村から都市に流入した労働者たちに信仰共同体を与えることで拡大していったと宗教社会学では言われています。さらに、第三次産業が拡大していくと、こうした組織的な社会運動も弱くなっていく。それに対応するのは、セラピーやケアの側面を持った新しいスピリチュアリティの、より個人を重視する運動ということになるのではないかと思います。こうした、第一次産業から第二次産業、第三次産業へという動きも、宗教のことを見る上で、非常に重要な背景だと思うんですよね（堀江 2018）。

黒住　それは、本当にそう思います。

島薗　新宗教も、七〇年代に衰退が始まると思います。で、それはどういうことかというと、仲間の連帯がつくりやすかった時代ですね。生活組織と近いところで、横に仲間をつくるというのがやりやすかった。これは日本的経営の歴史とつながっていると思います。日本的経営というのは、大正時代ぐらいから一九七〇年代ぐらいまで。それと同じ時期に、新宗教も形成されて、大きな発展を遂げてきたというふうに言えるんだけども、その後そういうタイプの組織が凝集しにくくなってくるということですね。会社の後にみんなで飲みに行くとか、家庭に地域の仲間が集まって盛り上がるとか、これは国民的連帯と重なっていると思うんです。その時代と、社会主義の理想が生きていた時代もつながっている。

堀江　それが、労働運動も衰退するし。

島薗　そうですね。その後の時代は、新自由主義的な経済効率が優先されて、横の連帯を犠牲にしても、経済発展を遂げようと、こういう方向へ向かっていくんだと思うんですね。

黒住　だから、経済的な問題が、より強くなってきているということです。

島薗　ええ。つまり新自由主義の前の時代は、社会主義を気にしながら、要するにあまり格差を付けちゃいけないし、格差を付けるような政策を取れば支持が得られないので、田中角栄なんかは自民党なんだけど、ある種の平等主義を持っている人たちですよね。

黒住　そうですね。

島薗　ところが、その後の自民党は、格差を広げてでも経済的に成功することを優先するようになる。それは社会主義を気にしなくてもいいということですよね。そういうふうにして、横の連帯ができなくなってくる。さっきの黒住さんの図式で言うと、明治維新のあとに形成された上意下達的なものですが、私の考えでは、明治維新の後と前というところで、がたんと差が付くというよりは、江戸時代からそういう傾向があり、明治にまたどかっとそういう傾向が強まり、でもまだその時代それぞれに、仲間的、ゲノッセンシャフト的なものが、それぞれ生きてきた、戦後もそれは続いてきたと思いますね。で、新自由主義は、またそれを新たに解体して、そこでまた天皇制的、国家神道的なものが復興してきたと、こういうふうな流れじゃないかと思うんですね。

堀江　ちょっと気になるのは、黒住さんが、農耕に基づく循環型社会のようなものを再興しなければいけないんじゃないかとおっしゃっていたことなのですが、実際に再興するとしたら、その道筋についても議論してみたいですね。

黒住　グループ的なものはやはりただ遊びではなく、それは仕事さらに産業というもの、つまり生活の形態と結局は関係してきます。どういうふうに労働するかとか、社会的に働くかとか、お金ももらえるかとかね。それで、島薗さんが言われた時代には、農業がかなりベースにある。商業がその上で動いているけど農業はまだ壊れてない基礎段階だった。だから、グループをつくろうという人も田舎出身ないしそれを知る人だから可能だったわけです。だが、その後の世代はそういう根となるものがない。今の若い人は、もうふるさと感覚なんかないでしょう。ということは逆に言うと、そういう基礎のようなものをあらためて再構成しなきゃいけない。

受苦のスピリチュアリティ

島薗　その循環的なものへの回帰というのは、私には今のところなかなか見えにくくて、ますます大都市集中の動きが強まっているんですが。

黒住　そうですね、今そちらが主流になり出していますね。

島薗　ただ、少し違う傾向が幾つかあると思います。で、いい例は、水俣だと思うんですね。

黒住　ええ、そうですね。

島薗　水俣は、巨大な産業被害に対するレメディ（救済策）を目指してきたわけなんですが、最初は

「被害者」対「加害者」という構造で何十年かやってきた。ところが、そうではないような理念を求める動きが出てきたと思うんです。この間に、地域再興があって、環境都市宣言をしたりしたのですが、そこから「もやい直し」（絆の結び直し）というのが起こってきます。その中には、精神的な価値がかなり重要な要素を占めていますよね。「わびる」「謝る」というのがあるんですが、何に対して謝るのかということを真剣に考えていくうちに、そもそも環境を破壊し、人間同士の関係を破壊してきた「私たち自身」を見直すんだという動きになってきました。

それで汚れた海を埋め立てたんですね、ヘドロなんかで。そういう土地に野仏を造ったのが「本願の会」なんですが、この人たちは、古里の神仏を掲げているんです。これは、南方熊楠、柳田国男、折口信夫、あるいは天理教や大本教につながるような、新しい神道と言えないこともないと思うんですね。その本願の会の発起人のひとりでもある石牟礼道子の作品の中には、苦しんだ人の魂、それから魚たち、傷められた自然、そういうものが一体になって出てくるわけですよね。

黒住　石牟礼は、本当に大きいですよね。

島薗　緒方正人という人もいるんですよね。この人が、中学しか出てない人ですけども、彼も先頭になって闘っていたのが、三〇代中ごろで抜けてしまうんですね。一種の狂気状態で、狂ったと自分でも言っているけど、それを通して、「そういう自分こそチッソだ」って言うんだけどね。

黒住　うん、そうですね。あの言い方、考え方がとてもすごい。

島薗　水俣には鶴見和子さん、色川大吉さん、栗原彬さんらが、早くから注目していたんだけど、これはいい例だと思います。似たようなことは、福島なんかにも起こるかもしれないし、広島とか長崎についても、長期的に見ていくと、そこにどのような精神的な価値があったかが見えてくる。これを、宗教団体を中心にして見てきた「宗教」とは違う、戦後のスピリチュアリティの歴史の見えにくかった一面として見直していく。苦難から和解へ、その和解という意味は、単に加害者と被害者の和解じゃなくって、人間と世界環境の和解のようなものですね。

堀江　水俣にせよ福島にせよ、その度に田中正造などが、再評価されて、参照されてきましたよね。花崎皋平さんも石牟礼道子と田中正造を、ともにスピリチュアリティの思想家として位置づけていますㅤ(花崎 2010, 2012)。私自身の論考でも、東アジアの権威主義的な社会で急激な経済成長が起きると、「いのち」より経済が重視される悲惨な状況が起こりやすい。でも、それに対して、経済成長よりも「いのち」の方が大事だということを確認するような思想が立ち上がっていく。そこに連帯の可能性があるということを指摘し、その重要な例として田中正造の思想をあげました（堀江 2017）。渡良瀬川流域、水俣その他の公害被害地、そして福島と、明治からの一五〇年史は、確かに科学技術が人々の生活を豊かにしてきたものなのですが、同時に人々のいのちを犠牲にする歴史でもあり、それに対して様々な宗教的背景を持った人が、被害者たちに寄り添い、その結果、特定の宗教教団の教義に収まらないスピリチュアリティが立ち上がってきたと見ることができます。

黒住　今言われたのは、罪とか色々な問題のようなものを、自分の中にぐっと入れ込むような感覚が、宗教の根っこのところにあって、例えばキリシタンなんかにもある。キリスト教だったら受肉とか托身って言います。仏教の中にもそういう感覚はある。

島薗　韓国の「恨」にもつながりますよね。

黒住　そうです。だから韓国には基礎がまだ残っているのかと思いますね。

堀江　「受苦」とも言われたりしますね。苦しみを自分自身のなかに受けていくような宗教性、あるいはそのようなスピリチュアリティというか。

黒住　そういう意味でのパワーのようなものが、ところどころあって。

堀江　これは戦争という罪を引き受けるという、先ほど議論した責任の問題にもつながってくるように思われます。

自己無化・自己犠牲と他者への強制

堀江　お二人の歴史観について、ちょっと確認したいのですけれども、黒住先生は、明治以前の循環型社会とか持続可能な社会に回帰するという立場でよろしいんですかね。

黒住　そこに戻るというより、僕は、ある種の世界観として、そういうのが大事だということを言っているんです。江戸時代、近世を見ると、まさにキリシタン史がそうなんですけど、あの当時の徳川幕府は受難するものをすごく嫌うんですよね。ただ、その前にはあったんですよ。和辻哲郎が、「熊野の本地」（熊野権現の縁起物語）には苦しむ神、蘇りの神がある、元来の日本にはそういうものがあったと指摘しています。世阿弥などにもそういう要素があったのですが、この苦しむ神、蘇りの神が鎖国によって排除された、と（和辻 1951=1962）。日本の場合は、近世の世俗化で、そういうのを強く排除する。周縁の宗教や文芸などのなかにはそれが流れてもいますが、表立った制度としては、まったく見えなくなります。

堀江　つまり、江戸時代の循環型社会の世界観は良いけれども、受難や受苦のスピリチュアリティについては、それを排除する形での世俗化が江戸時代に始まってしまった。そのため、先ほどから見てきたように、それが狭い意味での宗教とは違う形で出なければならなかった。それが今日に至るまでずっと続いている。そのような歴史観になりますね。先生がおっしゃるその「受難するもの」ですが、それは具体的に言うとどのようなものでしょう。

黒住　大きく言うと、それは宗教における十字架の問題になるようです。もともとの十字架は、磔《はりつけ》になった人間、男性です。僕は三島由紀夫があれを好きなのは嫌なんですけど、宗教の奥の中にああいうものがある。それで一六一四年一月（慶長一八年一二月）に徳川幕府が禁教令を出すときには、「刑人〔処刑された人、殉教者〕あるを見れば、すなわち欣《よろこ》び、すなわち奔《はし》り、自ら拝し自ら礼す。これを以て宗の本懐となる。邪法にあらずして何ぞや。実に神敵仏敵なり」といっています。そこで「急ぎ禁ぜずんば後世必ず国家の患ひあらん」と号令を下します。すると「わが正法昌《さか》んならん」と。十字架って言葉そのものは使っていないけど、あの死んだ刑人を信者が敬うのが邪教そのものだと、そうしないものが「正法」だ、とはっきり言っています。そこに神・仏・儒が合体させられ、そこに入るのが近世の主流になります。

島薗　その受難というのを自己犠牲と考えると、仏教の菩薩の中にはすごくあって。

黒住　ええ、ありますよね。

島薗　阿弥陀如来の前身である法蔵菩薩にも、自らが仏になることを犠牲にして全ての衆生を度す〔彼岸に渡らせる〕というものがある。法華経の中には、そういう受難のメッセージが非常に強くあって、これは信長や秀吉、家康から見ると、一揆を起こすような危ないものである。けれども、抑えても抑え切れず、潜在して、近代になると新宗教にもつながってくると思いますよね。一尊如来きのが出てくるのが、一八〇〇年ごろなんですね。もう彼女なんかは、本当にそういう受難の信仰ですよね。あれはキリシタンの影響ではないかと憶測されたりするんだけど、恐らくそれはなくて、むしろ浄土教や法華経の中にあるものじゃないかと。

黒住　そういう意味では出口なおはすごいですよ。そういう体験そのものみたいなものが、結構ある。

島薗　安丸良夫先生がそこを描き出しましたよね。

堀江　「勝者の歴史」に隠れた「犠牲者の歴史」の

ようなものがあるということですね。今あげられた方は名も知られない犠牲者たちの苦しみを一身に受けて立ち上がって、様々な人がそこに思いを寄せることができた、キリシタンの場合、自らも殉教という形で自己犠牲に突き進んでいく人が出てきた、それを為政者は非常に恐れた、ということだと思います。

しかし、小原論文ではその落とし穴のようなものも指摘されています。つまり、「犠牲の論理」はキリスト教の中にもあるけれど、靖国にもある、と。あるいは逆に、靖国は国家のための犠牲を顕彰し、さらなる犠牲を呼びかける「犠牲の論理」だが、それはキリスト教の中にもあるということを、哲学者の高橋哲哉さんが指摘した（高橋 2005）。キリスト教者はそれまで靖国を問題視していたけど、それが非常に重い指摘となったということを小原論文は書いています。一方で、民衆の間には犠牲が至るところで起きています。それに対する共感や、またそこから連帯が生まれる。そのもう一方で、「自己犠牲を他者に強いる」という装置が出来上がっていくわけです。この体制が、明治以降は強固になってゆくわけですよね。小島毅さんの『靖国史観』によると、明治維新の根本には薩長のテロリズムがあり、それが政権簒奪に成功したところから靖国が作り出された、という（小島 2014）。これまでの言葉で言い換えると、「勝者の歴史」に「犠牲者の歴史」が回収されるという事態です。実際に細かく見ていけば国家の一部の人々の判断ミスが積み重なって多くの人々が犠牲になっているのに、犠牲者たちは自らを犠牲にして突き進んだ、だから後に続けという物語になってしまう。しかし、これが成り立つ背景には、民衆の間にもすでに仲間のための犠牲を良しとする心性があったのではないか。そこが非常にパラドクシカルだな、と思います。

島薗　戦争になると、必ず大量の死者が出るわけで、それを正当化する。そして美しい死にするということは、その後の人たちにも、それを強いることにな る。それが非常に極端な形まで広まっていって、特攻だとか玉砕だとか、兵隊じゃない人たちまで、生きて帰ってはいけないというようなところまでいく。一九四一年に「戦陣訓」というのができると、捕虜になってはいけない(「生きて虜囚《りょしゅう》の辱《はずかしめ》を受けず」)とか、こういうふうに犠牲を強いる論理が、どんどんどんどん極端に強調されていった。これは、私の言い方で言うと国家神道、天皇崇敬の歴史ですね。

黒住　和辻なんかは、戦時中は、まさに言葉として「滅私奉公」という言葉を実際に言っていますね。それから僕が嫌なのは「無」という言葉ですよ。昭和の一〇年代ぐらい、ちょっと前から「無」という言葉を、西田幾多郎から田邊元も使って、それにみんなが入れ込まれる。概念自体も、概念の流行り方も、海外から見たらめちゃくちゃに見えると思いますけどね。

島薗　ただ戦争のときに、宗教的な犠牲とか受難が、国家に都合のいいように利用されるのは、日本だけのことじゃなくて、世界的にあると思いますよね。でも日本の場合は、それが極端な形で展開したというのはある。

堀江　自己の無化と他者への強制という二つの局面があると思いますが、それがとてつもなく大きな暴力に結びついていくという問題ですね。前者について、「近代の超克」の座談会の中で、西谷啓治が「主体的無」という概念を我が国の伝統的な国家精神だと提示したことが、川村論文で指摘されていますね。それからオウム真理教でも「聖無頓着」という言い方をしますが、そのような心境で凶悪な犯罪を淡々と実行することが可能になったということがあります。オウム事件後、岡野守也さんは『自我と無我』(岡野 2000)という本のなかでご自分の関わっていたトランスパーソナル心理学を含めて、ニューエイジ的なもの、あるいは今日だとスピリチュアリティと呼ばれるもののなかに、自我の超越や無我を賞賛するようなものがあったと指摘しています。そして、戦時中の仏教の戦争協力において、「無我」が「滅私奉公」に翻案されていったと指摘しています。世界的に考えると、確かに仏教的無我だけでなく、神の前に自分を無にすることを理想化する要素はキリスト教をはじめ様々な宗教の中にあります。それが自己犠牲だけでなく、他者への暴力性と結び付くことがありますよね。本来は、無になって奉仕する行き先は、国家ではなくてもっと超越的なものでなければならないということも、宗教学や倫理思想史では様々な人が指摘してきたと思いますが。

黒住　もともと「無」という語が出てきたときは、天地観のようなものがあって、自分というものにこだわるのをやめて、その中に入れ、合一しろという思想だったと言えます。ただ、近代になると、この回帰するような概念にとどまらない「社会」という問題が出てきたと思われます。まさに「宗教と社会」ですね。

島薗　西田哲学は今なお絶大な人気があって、仏教と結び付けて、いまだに日本の形而上学の基本がそこにあると見なされたりするわけだけど、そこからどういう社会倫理が引き出せるかという問題についての考察は弱いんじゃないかと思います。市川白弦がそのことを明晰に述べています。

批判と反省

黒住　近代史で言うと、哲学系統では大西祝がいて、日清戦争の頃、「社会」の意味を述べています。戦争になって判断がない全体主義が動くのを見たのでしょう。ただ早死にしました。

島薗　彼がいたらよかったんだね。

黒住　あの人は批評とか、現代的に言うと批判が重要だと言っていて、なおかつ社会民主的なものの重要性を言い出します。日清戦争の前から直後ぐらいまでね。だけど批判したら口封じされるのが主流になってしまう。

島薗　それは戸坂潤とか、三木清にもあるんじゃないですかね。

黒住　そうですね。そういうのが戦時中までいたんですよね。

島薗　戦後は市川白弦などの流れがあったし、戦後の曹洞宗のある時期は、批判的なものが非常に強調された時期もあった。それから浄土真宗の戦争責任を問う流れには、そういうものがあったと思いますよね。だからそれを、もっと深めなくてはいけないと思うんですけれども。

黒住　そうそう。批判とか批評は、ある意味で反省する運動でもあります。何かにズボッと入り込んでいくだけでなく、そういう反省する思考の動きもあった。戦後六〇年代半ばころから改めてよりでてくる。

島薗　この主題は、すごく重要だと思うんですよ。宗教教団がどういうふうに反省したかということもあるけれども、近代日本の精神史の中で、思想レベルで、どこまで反省ができたかということですよね。市川白弦は非常に大きいと思います。これは臨済宗妙心寺派で、山田無文とか、今も健在の河野太通とか、こういう人たちは、禅の理念と社会的良心がどう関わっているかを問おうとした重要な流れですよね。しかし現在、西田哲学に希望を託す人たちが、その問題をどう考えているかですね。例えばハイジックとかは、『ルード・アウェイクニングズ』(いやな覚醒＝品位なき悟り)という本を書いてます。「近代の超克」の反省もそうなんだけど、西田流の日本的形而上学のようなものが超国家主義と一致してしまう可能性をどこに見て、それを克服していく道をどう見るのかということを主題化していますね(Heisig 1995)。なぜ国体論・皇道論的なものが支配力を及ぼしたのかを理解する手立てをもっていなかったことが大きいでしょう。

黒住　近代史で言うと、批判が十分できなくなった後、ある種の内面主義や観念論が発達してきて、文学だったら私小説とかが日本ではすごくはやるんですよね。海外の人からは、変だなあとか言われるんだけど。あの西田哲学も、幸徳秋水が死刑になったときに善とか宗教を論じている。そういう観念論的な形而上学の運動が、知識人の支持を得る形になった。この問題はもっと考えた方がいいと思うんですよ。

島薗　大逆事件に三人の僧侶が関係していますね。最近の中外日報の社説に出たんですけども、曹洞宗の内山愚童と真宗大谷派の高木顕明と臨済宗妙心寺派の峯尾節堂ですね。いずれも国家の裁判の方は取り合わなかったけど、宗派内での名誉回復は、最近になってようやく実現しているわけですね。それは歴史的な研究が進んでいるからできるようになるということもある。こんなふうに深まってくるものもある。それは、この本の主題、戦後の公共空間で、宗教のあり方を自覚してくる流れとつながっていると思うんですね。

黒住　戦後七〇年の歴史からも何かが出てくると思われますね。

堀江　一方で「批判」が悪くとらえられる風潮もあります。例えば自民党の参議院議員の今井絵理子（SPEEDというアイドルグループ出身の歌手）は、「私は『批判なき選挙、批判なき政治』を目指して、子どもたちに堂々と胸を張って見せられるような選挙応援をします」とツイッターに書き込んで、話題になりました。

黒住　そんな議員がいるんですか（笑）。

堀江　あと個人的なことでショックだったのですが、息子が一年間カナダに留学して帰ってきて。

黒住　いや、海外から来るとびっくりしますよ。日本じゃ批判してはいけない、っていう空気があるから。

堀江　高校の「現代社会」の教科書を使って民主主義の説明をしていたときに、「あれ？　日本って民主主義なの?」って聞かれたんです。カナダの学校と比べると、日本の学校は完全に民主主義じゃないし、会社も民主主義じゃない。で、日本って民主主義なのと。

島薗　すごい子だな(笑)。期待できるね。

堀江　でも、そう言われて、すごくショックだったんですよね。

黒住　ショック? 良かったなあと思えばいい(笑)。でも、日本がそういう状況だということについてはね。

堀江　そうですね。確かに子供たちの学校の状況を聞くと、とても民主主義だって実感できない状況です。同級生の間でも批判がしにくい。もちろん話し合う機会を与えられたりもするのですが、そこで誰かが何か意見を言ったら、「それな」〔若者の間で使われる同意の言葉〕という感じでみんなそれに賛成していく。でも、あとから陰で文句を言っていたりするらしいです。

黒住　批判をしないのに、いじめが見えないところであったりする、すごく変な形ですね。

儒教と神道の結合

堀江　そこで、島薗さんの歴史観について確認したいところがあるんです。先ほど冒頭の方で、黒住さんが、大日本帝国憲法あたりから、非常に上意下達的なものが、国家から下ろされてきたという受け止め方が始まるんだということをおっしゃっていました。一方で島薗さんは、そうはいっても憲法を立てるというのは立憲主義の始まりであり、そこから大正デモクラシー、それから戦後の憲法へとつながる線があるんだとお考えのようです。

島薗　大日本帝国憲法は、立憲主義の側面と神権的国体論の側面の折衷のようなものですよね。そもそも欽定憲法です。さっきの五箇条の御誓文も、内容的には「公論」とか「天地」とかあるかもしれないけども、最初に儀式が付いていますよね。五箇条の御誓文の前には、ちゃんと皇室の祖神に誓っている。御誓文というのはそもそも誓文であって、誓約と言っても、社会契約的な誓約じゃなくて、天照大御神、また皇祖皇宗に対する誓文、誓約です。それは大日本帝国憲法も同じなんです。さらに、その憲法に並んで、皇室典範と教育勅語が、ほぼ同時にできているわけですよね。これは共に、神聖な天皇の地位を、国家的に強化する、確認する、そういう制度ですよ。そして教育勅語は、非常にそれを有効に、社会制度、まさにその上意下達的な社会の根幹をつくっていった文章だと思いますね。ですから、教育勅語は国家神道の柱になる文章だというふうに、私は見ているんです。また学校教育が、民主主義的な個人と共同社会の形成を目指すものである以上に、天皇の臣民が「億兆《おくちょう》心《こころ》を一《ひとつ》に」するためのものになるようにしたという点で、非常に宗教的なものです。

黒住　天皇像をどうとらえるかということが、あると思われます。僕は五箇条の誓文の天皇像と、教育勅語とか大日本帝国憲法の天皇像はかなり違うと思います。そしてまた、完全に賛成じゃないんだけど、和辻の天皇論が、天皇は受け身の態度だって言うんです。彼は記紀神話の神をいくつか分類し、伝説において中心となっている神々は、「究極的な神」自体ではなく、「ただ背後にある無限に深い者の媒介者」であり、その媒介によって神になっている。「神々は祀られるとともに常に自ら祀る神である」として、この祀られるが常に何かを自ら祀る神があるとし、その系統に天皇を関係づけます。そしてこのような天皇に基づく日本史では、武威の「権力」は交替するが、この祀り祀られる天皇の神威の通路となる「権威」は持続している、ととらえるわけです（和辻 2011: 92 など）。この権威を、農業とまでは言ってないけれど、天皇による色々な仕事と関係付けています。そしてこの文化的・宗教的な「権威」を政治的な「権力」と結び付けた天皇像は間違っている、と考えます。もともとの天皇は、エンペラーではないじゃないか、と。
島薗　女性的な面がありますよね。
黒住　女性的だし、それからイタリアの法王と似ているというんです。戦前から「それ〔天皇〕に幾分近いのは中世のローマ法王のほかにない。王政復古によって権力と権威とが再び統一せられたにしても、天皇の本質は権威にあるのであって権力にあるのではない」と述べています（和辻 1935=1962）。
島薗　戦後に、天皇の責任を免除するタイプの論者は、みんなそういう話をする。
堀江　女性的というと、河合隼雄さんの説かれた「中空構造」的な日本社会論もその線ですね(4)。
島薗　石井良助の「不親政の伝統」みたいな(5)。
黒住　ええ、石井本もそうですね。ただ、大きな歴史からは当たっているけど、近代の問題そのものを十分見ていないと思うのです。近代史は、戻ればいいということでは、もう済まないと思いますよ。天皇が何かという問題がそこにあります。
島薗　天皇の人間宣言のなかに、かなり長く五箇条の御誓文の引用があるんですね。あれは、昭和天皇の意思がかなり働いていて。
黒住　そうでしょうね。
島薗　元の原案では、もっと天皇の神聖性を抑えるはずだった。しかし昭和天皇は、天皇の神聖さを回復する方向で、案を修正した。一つは五箇条の御誓文を入れること。それからもう一つは、天皇の現人神は否定したんだけれども、「我至高ノ伝統」という言葉を使って神的な系譜は否定しなかったんです(6)。それで平成の明仁天皇の二〇一六年八月八日の言葉は(7)、一九四六年一月一日の「人間宣言」から七〇年後の七カ月七日違いなんです。一月一日と八月八日で、たぶん意識して出されていまして、国民と天皇の関係が「信頼と敬愛」によるということを非常に強調している。人間同士の関係としてあるということを強調していて、これはもう明らかに昭和天皇の人間宣言を意識して、それを引き継ぎながら、もう一歩バージョンアップしている。つまり神聖な神格というのを外していく方向を示したと見るべきじゃないかと思いますね。

黒住 さっきの天皇の系譜について言うと、折口信夫が、万世一系がいけなかったとはっきり言っていますね。

島薗 柳田も折口も、近代の神道は儒教的なものを入れておかしくなった、という。国家神道で新たにできた神は人間、つまり天皇と天皇に尽くした人たちなので、これは宗教というよりは、「廟」に近い。明治一五年には「祭教分離」があるんですけども、その場合の「教」は神道の中の宗教的なもので、自然を崇拝するという側面、さまざまな神が現れて神威を表すという教え、あるいは死者の弔いをするということだった。

黒住 黒住教もそれだった。

島薗 そうそう、教導職と国家祭祀の分離が後の教派神道につながった。それに対して祭祀を扱うのが神社神道だった。この「祭祀」というのは非常に中国的なアイデアです。会沢正志斎の『新論』では、そういうタイプの祭祀を国の柱にすべきだとある。これは儒教的な国家に尽くした存在、あるいは国家を支えた存在を尊ぶという世界です。

黒住 でも、儒教の場合は「国家」があるけれど、「天下」が重要なんですよ。まず近世初めに広がった『大学』の八条目としてほとんど暗記されたものに「格物・致知・誠意・正心・修身・斉家・治国・平天下」があります。これを解説した箇所には「物事〔の善悪〕が確かめられてはじめて知〔道徳的判断〕がきわまる。知がきわめられてはじめて意〔念い〕が誠実となる。意が誠実になって初めて心が正しくなる。心が正しくなってはじめて身が修まる。身が修まってはじめて家がととのう〔和合する〕。家がととのってはじめて国が治まる。国が治まってはじめて天下が平〔平安〕となる」とあります（金谷訳注 1998: 36）。このように天下と関係した君主は、治国をしなければならない。それが君主の務めで、それがなされないなら、革命が起こるわけです。が、幕末の『新論』ではこの天下・革命は消えて、「神州」の「天祖」である天皇が「万国」に君臨することになります。この日本の近代で使われる儒教は、天を消してしまい大日本帝国に入れ込んだ儒教ですよね。だから、中国や韓国から見ると何なんだと当然見えるわけです。

堀江　天という超越的なものとの関係を欠落させたということですね。

黒住　はっきり言うと、そもそも元来の儒教だったら革命が出てくるのですよ。天があるから、天と違う世の中があったら、革命でひっくり返してもいいという。

堀江　会沢正志斎なら、革命による王朝交代がないから日本の方が優れているのだと言うのでしょうね。神州（神国）日本では君臣の分を守ることが義とされたので皇統が一つだったが、唐土（中国）はそうではないために易姓革命（天子の姓が易《か》わり国家の天命が革《あらた》まること）が起こった、と（会沢 1933: 201）。

島薗　ただね、「神聖な国家」というのは、儒教と日本の国家神道の共通の基盤なんです。

黒住　それを重ねるんですよね。水戸学とか、儒教と神道中心とを重ねますね。だから折口も「祖」という言葉を使うなと言っています。系列の中に自分たちがいて、そこにお上がいるんだといった、そうした系列観が間違っており、良くないんだととくに戦後主張しています。しかし、対して西田長男という人は、神道史のなかに受難を見ており、それを特別だと見るべきではない、と主張しています。「『神の苦しみ』……があって、はじめてその病禍を祓ぎ祓うことが、乃至はその病禍より救い出すことが可能となるのである。それは、かの仏教にいう『代受苦』やキリスト教にいう『代贖』やと何の渝《かわ》りもないのである」といいます（西田 1962）。今の神道系統の主流派は違うと思いますが、戦後にかけて、折口とか西田とか、何人かそういう人がいることはいるんですよね。

堀江　支配的な権力とは違うものを見出しているんですね。あと、本来の革命思想だと、天命が革《あらた》まって天子が交代するということなので、天が非常に超越的なものとしてあるわけですけれども、系列的な「祖」というものは、親子の系譜としてつながっているということですよね。それは「万世一系」とかともつながっていますね。

黒住　万世一系が広く言われる初めは、それと国が関係する、近世より少し前からで、もともとそんなにあったわけじゃない。南北朝の危機感とともに著述された北畠親房（一二九三―一三五四）による『神皇正統記』が知られています。そうした考えや、『古事記伝』的な思考があったとしても、ある一部分のグループが万世一系を唱えていただけで、それを国家全体に広げるというのは新しい。やはり一八世紀後半の本居宣長が大きな役割を果たしたといえます。

堀江　そうですね。今までの話に儒教を位置づけるというのは、実はけっこう大きなテーマですね。

島薗　難しい。

堀江　儒教の中でも、ある種の家族的な、いわば疑似家族的なものとして国家をとらえる部分もあれば、もっと「理」とか「天」とか、超越的なものを重視する部分もありますよね。

黒住　ああ、その問題は確かにあります。中国や韓国の人から言われることですが、日本の儒教は理がない、と。理の大きな傾向がなくなって、「気」が中心になっていく傾向がある。これは近世の一七世紀の伊藤仁斎の「一元気」論から始まっています。ただ、天理を語る人もずっといたのです。国家の功利より民を安んじることに重きを置く理想的政治が行われていたという「三代」（夏・殷・周）をモデルととらえ、五箇条の誓文に影響をあたえた横井小楠などはそうです。が、彼の考えはその後、主流ではありません。

島薗 水戸学は朱子学を日本風に翻案して、武士的な君臣関係を強調して国家のレベルへ持っていったので、本来の儒教とはだいぶ違うものになっていると思いますよね。

黒住 まさにそうですね。

島薗 小島毅さんが盛んに最近言っていることだけども、封建時代から近代国家にいくときに、神聖な国家の理念、国家を支える神聖な理念を強調する。それによって、国家の統合を保とうとする。これは明、清の中国とつながる路線なんだと。だから「中国化」って言っているでしょ、與那覇潤さんもそうです。明治維新の背後には、日本の中国化があると、彼らは言うんだけど。それも、儒教をどういうふうに取るかが問題ですね。色々な取り方がある。

堀江 この論集の中でも、小島さんの章だと、靖国神社には朱子学の歴史認識が入り込んでいるとおっしゃっています。つまり実際の歴史とは別に、例えば『三国志』の時代については、蜀の方が正しいから蜀を王朝とするというように、自分たちにとって正しいか間違っているかで歴史を変えてしまう。そういう歴史観が靖国の中にあって、「怨親平等」ではなくて、「怨親差別」につながっていると。で、それは神道というよりは、朱子学のある部分を引き継いでいるということを論じていらっしゃいますね。

島薗 徳川光圀流の朱子学なので、大義名分というところに力点が置かれた。

明治一五〇年をどうとらえるか
――富国強兵と環境破壊

堀江 色々と議論をしてきたわけですけれども、「未来」についてどう考えるのかを話したいと思います。私も結論があるわけではないので、まずお二人の考えを伺えたらなと思うのですが。

黒住 山本義隆さんの『近代日本一五〇年――科学技術総力戦体制の破綻』という本を持ってきていま

す（山本 2018）。この本はなかなかよくできている。自由民権とかプラスのものよりも、マイナスと山本さんが見ているものが近代国家を動かしてきたんだということを、「一五〇年そうだった」という言い方でまとめています。例えば「科学技術」という言葉ですが、もともとは学問とか知識は自立しているにもかかわらず、その時々の必要な技術に入れ込まれていって、学問でも物理より工学系統の方が重要だと言われるようになる。文科系もそうだと思うのですけど、理科系ではそれにお金や権力の分配なども大きく関わっていった。そこから戦争によって一つの「総力戦体制」ができていった。日清戦争、日露戦争と。では、大正期に本当にデモクラティックになったかというと、そうではなく、恐慌を経て軍国化する。この構造は、戦時中はまさにそうだったのですが、それが戦後もずっと続く。朝鮮戦争や、今度は原子力と結び付いた形で露呈したんだと。原子力という問題が出てきたときに、それをはっきりとらえられないような構造があった。それは、大国主義的なナショナリズムと経済力が重なった形の戦後の運動です。戦前の武力による人々のまとめ方とか動かし方が、戦後は経済力や原子力による動かし方へとつながっていると彼は見ています。そしてその間違った問題そのものが、原発事故によって見えたことを彼は「破綻」と言っているんです。

では、どうすればいいかということは、それほど書かれてません。けれども、環境と連関した経済が重要だし、資本主義と結び付いた科学技術じゃなくて、ちゃんとした論理を考えるような学問が必要だと書かれています。また、この人はあまり言っていませんけど、その周囲の人には、経済成長によって「生物の多様性」がどんどんなくなっていくなど、片方でものすごく壊れているものがあるとの指摘があります。原発の後でのごみがよく言われますけど、それだけじゃない。使っている段階でもものすごい破壊があるんですよね。

ただ、日本が戦争だったとき、また直後は、やられたっていう他に投影して足下の罪を見ない感覚が主流だった。けれど、原発の場合は、自分自身がやったということがはっきり見えるようになった。その自己意識をはっきり持つことが意味として重要で大事ですね。

島薗　ロバート・ベラーが「集団功利主義」とか「政治的価値の優越」と言ったのは、集団の目標を定めて、そのためにさまざまな力を結集し、効率的に成果を上げていくということです。そこでは、個人の自立よりも、集団の目標が優先される。こういう構造が近代日本を導いてきて、それをよく表す言葉が「富国強兵」だった。そのスローガンには誰も抵抗できない感じがあってうまく機能した。ところが一九四五年に「強兵」の方は壊れた。だけども「富国」が残ったので、戦後は富国の目標の下に突っ走ってきた。明治維新の時期と戦後の共通点は、追いかける相手がはっきりしている。明治には西洋列強、それから戦後はアメリカ、あるいはソ連などの経済力に追い付こうとした感じですよね。その明確な目標を追いかけている間は「破綻」が見えにくい。『坂の上の雲』もそんな感じなんだけど、ある時期まではうまくいっているように見えるということですね。そのモデルの方も、なかなか健全であると。戦前の列強の帝国主義が健全かどうかは別として、少なくとも民主主義的な政体という目標はあったということですよね。

ところが、自分なりに目標を定め直さなければならなくなってくると、目標を設定する能力がない。それは形而上学的な理念がないってことにつながるんです。それで破綻へ向かって自己崩壊していくと。一九四五年は、もう大破綻ですよね。戦後の経済成長期は、エズラ・ヴォーゲルに言わせると、MITI、通産省こそが成功原因であり、それと日本的経営があった。日本的経営と、それを束ねる通産省の連携組織のようなものが、世界の経済組織や国家組織より優れているという議論が、一九八〇年の『ジャパン・アズ・ナンバーワン』です。

堀江　その場合は、繁栄が自己目的化しているんですね。

島薗　そうです。国家が経済的繁栄に向かって団結して進んでいくと。それにみんな協力するという。そのかじ取りは通産省がやっている。その通産省、経産省のやり方が、原発事故を起こした。国家の目標に沿って原発を造り、それが国の基盤を揺るがすようなことにまで至ったわけです。だから、富国強兵のうち残った方だった「富国」も破綻を来したのが福島原発事故だ、と言えると思うんですね。これは、三谷太一郎さんもそう論じていたと思います。

黒住　「破綻」とはどういうことか。島薗さんが言われたように、目標とか目的が、要するに金もうけになっているんですよ。でも、「経済」というものは、江戸時代では、環境の中での循環した経済運動だともともとは考えられています。大きく言うと、「天人相関」観の中で国家によるのではない相互関係による経済運動です。経済の中でも、循環型経済が重要だとなると、自然とか天地とかが目標としてはっきり見えてくる。というか、見なければいけない段階に来ていると思うんです。

堀江　ええ。私も、林業とか森のことに興味があるのですが、江戸時代に森林がかなり収奪されていくわけですよね。木は建築物にも使うし、あと燃料にも使う。それが人口の急激な増大によって使われる量も増えていく。それからあと、先生は農耕を非常に評価されるけど、人口爆発を支えるための新田開発や河川改修は、環境を大きく変えました。農耕もまた、ものすごく自然を収奪する面があります。肥料を使いますから草肥などのために低木を刈るので、今日二次的自然として注目されている「里山」は実はハゲ山状態だった。で、江戸時代の途中から、日本は、中国の農書の影響もあり、植林の技術を進歩させていくという話があるんですね（タットマン

1998）。そうなると、江戸時代の循環型経済というのはかなりギリギリの状態だったのではないかと思います。

その話の延長でいくと、明治に入ると石炭や石油などの化石燃料が出てくることで、森は燃料としては需要が下がってくる。さらに化学肥料も出てくるので、肥料の面でも必要がなくなってくるんですね。そうすると今度は何が起こるかというと、神道史の人たちが盛んに調べていますけれど、「鎮守の森」が、もともとは神殿の建材のストックのために針葉樹しか持っていなかったのに、手つかずの広葉樹や照葉樹のようなものが原始の姿だったんだというふうにロマン化されて、今日では日本は昔から森が豊かだったということが言われるようになってくるんですね。

しかし、戦後の一九五〇年代が、日本の森林は一番枯渇していたと言われているんです。それは戦時中の需要による荒廃が大きいけれど、戦後も木造家屋の建設は続いたからです。そこで、大規模な植林事業が行われます。ところが、その後、東南アジアの木材が非常に安く入るということで、日本の林業は中途半端なところで衰退していくんですね。放置された森は一見すると豊かな「自然」に見える。そこで日本人の頭の中に、自然を大事にしてきた日本というイメージが作られていく。しかし一方では、東南アジアの処女林をどんどん伐採して、安く輸入して、資源を収奪していると、そういう側面があるんです。だから、これから国内の農村でエネルギー供給も含めた地産地消の循環型経済を目指そうとして、それが出来上がったように見えても、本当に循環型と言えるのかよく分からないところがあるんですよね。

黒住　ということは逆に言うと、従来は国家って枠で森林を収奪していたけど、戦後は他国から収奪するようになったということで、大きく言うと地球という問題がよりはっきり出てきているわけじゃないですか。

堀江　そうですね。ですから、この「一五〇年史」は、富国強兵を軸とした工業の時代だととらえるなら、戦後は「平和」だと言うんですけども、形を変えた東南アジアの植民地体制が構築されており、決して「平和」だと威張れない。中国、韓国・朝鮮からは手を引いたけど、東南アジアの国々とは経済協力をするという形で表面的には「和解」しているように見せているけれども、それは金をやるから資源と労働力をよこせ、過去の戦争犯罪には目をつむれという形になっているわけです。むしろ経済的には、ある種の支配関係、植民地体制を構築してきたとも言えるわけですよね。中国、韓国・朝鮮との戦争責任の問題もさることながら、そういう東南アジアも含めたアジアとどういう関係を持つのかが、今後は非常に重要なのかなと思います。

黒住　そのためにも大事なのは自己意識です。まずは日本の中ででもいいから、広い意味で地球と関係するようなテーマをはっきり持ってその意義に向かって自己主張すればいいと思うんですね。アメリカや中国のまねするとか軍事関係ばかり考えるのでなくて、原発事故までやったわけだから、この国内にある意味で地球的な問題が集中して出てきている、その自己意識を持つべきだ、といえます。

堀江　それは、破局とかリスクに関する原発事故後の議論とリンクしてきますね。島薗さんが先ほど、経済的な繁栄が自己目的化してきて、多少問題があっても、例えば公害があってももっと成長すればいいとか、あるいは格差があってももっと経済成長すれば、それは帳消しになるとか、そういう歴史に言及されたわけですけれど、ウルリッヒ・ベックに言わせれば、それは産業社会、つまり利益の方がリスクよりも上回っていて、リスクを覆い隠していく段階に対応します。でも原発事故後、新たに意識されたのが、日本は災害が多いということです。とりわけ人口が集中しているところで、災害に対して非常に脆弱になっています。そこで、リスクとか、あるいは破局に対して、日本人はたえず意識するようになってきました。そこから、未来の破局を先取りするような意識で、未来をつくっていかなければいけない、というふうに思うんですよね。破局が起きつつある、それを意識したときに人間が取るべき態度を、まだ破局が起きていない時点で取ることによって、破局に備え、少しでも和らげ、受け入れ可能なものにするということです。これは、宗教に特有な終末論的意識にも近いものです。オウム真理教事件のせいで終末論は一般的に危険だと認識されているかもしれませんが、こうした破局については、宗教教団も、問題意識は非常に強く持っているんじゃないかと思うんですね。

黒住 「終末論」「神の国」といった概念はかなり重要です。「千年王国」もそうです（鈴木編 1982，三石 1991）。安丸良夫さんは出口なおにもそれを見ていいます（安丸 1999：第三章）。「神の国」は近代日本史では体制にも反体制にもイメージされています。戦後日本の「神の国」は、アメリカでしょうか、何かの力でしょうか。

島薗 日本は相変わらず対米追従で、アメリカがそもそも未来への展望を失っていて、自己へ閉じこもって、乱暴な対外政策を取るというようなことが目立つようになっているんですが、その中で二〇一七年に二つの点でアメリカとは違うという姿勢が見えかかったことがありました。一つは、イスラエルの、エルサレムに大使館を移すというアメリカの決定に対して、日本は中東情勢の悪化に懸念を表明して一線を画したと思うんですね。これはやはりイスラム圏、アラブと築いてきた日本なりのアジア外交の成果もあるし、文化的な多元性についての認識もあると思いますよね。西洋一辺倒ではない方向へ、曲がりなりにも歩いてきたと。

それからもう一つは、核兵器禁止です。政府はアメリカなど安保理事国の立場への共鳴を示したけれども、日本の大勢はそれに反対であり、核独占の体制に批判的ですよね。ＩＣＡＮは被爆者と連携しているし、創価学会もＩＣＡＮのかなり重要なメンバーです。ＩＣＡＮはノーベル賞をもらっているわけですから、これはグローバルな市民社会の方へ日本が寄っていく路線です。核大国やアメリカに追従するという路線と、グローバルな市民社会の意向を反映する国連とかノーベル賞の方へ近付いていく路線と、このような選択肢が見えてきたと受け取れると思うんですね。

さらに二〇一八年には日中関係の改善が見えてきました。アジアの未来をどう展望するかということがないと、日本の未来は見えないと思うんですね。ずっと西洋諸国を見てきた、目標としてきた。続いてアメリカやソ連、特にアメリカを目標としてきた。それが破綻を招いた。その後に、じゃあ、どういう目標を見出すか。まさに地球であり、その地球を構成する身近なアジア諸国との関係を展望する。

その点からの宗教の動きを見直していく必要があると思うんですね。ＷＣＲＰ（世界宗教者平和会議）とか創価学会インターナショナルとかもそうですし、日本の仏教界がアジア諸国との間でこれまで積み上げてきたものにも一定の意味があるし、キリスト教もアジアでの交流を重んじてきたと思うんですすよね。そういうものの可能性がある。

また、神道にもこの二、三〇年の傾向として、先住民文化とつながるものとして神道をとらえるものがあります。「アニミズム」という言葉、さっき出てきた「鎮守の森」、照葉樹林文化論のなかでもそういうのがありますけど。そういうふうなグローバルなものとつながる神道の側面ですよね。これが今後の一つの希望の方向じゃないかなと思いますよね。

アジアとの関係、移民受入、排外主義

堀江　グローバルなものとの関係で私がずっと気になっているのが、少子高齢化、人口減少と移民の問

題です。日本はこれから人口が少なくなってきますが、一方では移民が必要だという議論が経済界からあり、政府はそれを受け入れる形です。二〇一八年の一二月には改正入管法が成立し、事実上の永住が可能な新たな在留資格ができました。それに対して、非人道的な処遇や人権侵害を懸念する慎重派の議論がむしろ左派から出ているという不思議な現象があります。かと思えば、実際の外国人の犯罪率は日本人と比べものにならないくらい低いのですが、治安悪化につながるから移民には反対するという右派からの差別的な言説があります。これらと共闘するかどうか分からないのですが、ＡＩが労働力を代替するから移民は必要ない、あるいは労働力不足をＡＩ導入のチャンスとするべきだという議論があります。移民とは別に、国際的には難民が増大していますが、日本は受け入れに消極的ですよね。難民はともかく、今後は確実に移民が増えるでしょう。その場合、宗教にも変化が出てくるでしょう。国内のこれまでの宗教のあり方とは違った信仰を持った民族集団ができてくる可能性があります。この人口減少や移民の問題についてはどのようにお考えですか。

島薗　もう既に海外の宗教組織はかなり入っていますよね。移民、外国人の割合も、かなり増えてきています、既にね。労働力と消費力を確保するという必要性もありますし。観光客を必死に呼んでいて、もちろんそれはある程度の経済効果はあるかもしれないけど、観光客だけじゃ足りないでしょうね。特に介護なんかの面で言ったら、絶対労働力が必要だし。

堀江　観光客は消費するだけですが、移民の場合は生産と消費の両面に関わってきますよね。

島薗　それとは別に、優秀な外国人、「高度人材」は受け入れるという体制をとってきましたよね。それは外国人の貧しい人の流入を防ぐということを狙ったのかもしれないけど、日本の貧しい人にとっては屈辱的になりかねない。排外主義の大きな原因になりうる。しかし、技能等のある人材も低賃金の労働力もどちらも少ない。そこで、一方で貧困化を進め、選択的に外国人を受け入れる。

堀江　低賃金労働力を確保するために格差が意図的に作り出されているという見方もありますね。「単純労働力」に従事する人が増えれば、その分、賃金の上昇は抑えられて、国内の雇用状況は改善されない。しかし、「単純労働力」と呼ばれる人が日本を嫌って韓国などに行くという流れもあります。また、日本人の大学生がグローバル企業への就職活動では中国人留学生に負けてしまう。中国語も英語も日本語もできる人材に、語学力のない日本人大学生が勝てるわけがないですよね。さらに、研究者を養成する国内の大学院においても、中国からの留学生の割合が高くなっています。

島薗　ノーベル賞を取る人も、今は圧倒的に日本が多いんだけど、三〇年後はどうなるか分からない。

黒住　僕が大学を辞めるときに、化学の先生が言っていたのは、今ちょっとした技術にばかり金ばらまいて、学問そのものへの基礎的な研究費をどんどん減らしている日本では、ノーベル賞なんか昔のもので、もうどんどんなくなる、ということでした。文科系でも、アメリカとか色々なところで動いている中国人がたくさんいるから、もう日本は追い掛けても無理だと言っている人もいます。

堀江　留学でも、アメリカに行けなかったから、仕方なく日本に留学したという中国人がいますね。

島薗　日本研究でも、外国人の方がいい業績を出す傾向が強まっていますよね。

黒住　日本研究の場合、日本では人材は減っていますが、方法というか、やり方の伝統があるんですよ。だからいい学生は、日本で学ぶといいみたいなことを考えます。だけど、それをやる日本人はどんどんいなくなっています。

島薗　アジア諸国と交流して、アジア諸国と磨き合いながらお互いに高め合うというふうな意識を持たないと、ますますコンプレックスを抱くようなまずい関係になってしまうと思いますね。

黒住　学問は、大学にしても文化にしても、大きな歴史で見ると、真理への運動です。その在り方や方向が、近代では切れちゃって、金もうけとか、勝つか負けるかとかになっている。

島薗　もちろん近代にもそういう面があったんだけど、特に新自由主義で、真実よりも利益、さまざまな価値よりも力が重んじられるようになったのが大きいと思います。その力は選挙で勝つことであったり、経済的な富であったり武力であったり、そういうものの優位という思考が、ずっと強くなってきていると思います。

黒住　科学関係で言うと、吉岡斉さんという人がいます。亡くなられた方ですが、この人は、『原子力の社会史』という本を書いた（吉岡 2011）。そこで、批判ということを、学問はやらなきゃいけないと言っています。ただ反対だと言ってぱっと距離を置くだけだったら、正逆、反対するか一緒になるかみたいな運動になってしまう。けれども、そうではなく、こっちも批判するし、向こうも批判することで実際のコミュニケーションができるということが、重要だと言っています。この吉岡さんの論理は大事です。

島薗　先ほどの自民党議員が「批判なき政治」って言っている場合の「批判」は、連帯とか共同性、あるいは友愛のない批判、あるいは相手に対する敬意を失った批判ですよね。力による支配と結び付いた批判が、今増えているのは、確かです。バッシング的な。

黒住　そうですね。で、そのときに、何か悪いものを、どっかに投影してしまう。だから、北朝鮮が悪いとか中国が悪いとかって言うときって、手元に変なことがあるのに、それを見させないようにしているのかなと思いません？（笑）

堀江　ちょっと陰謀論的な（笑）。

島薗　スケープゴートみたいに、悪を何かに背負わせる、そういう志向が非常に強くなっている。

黒住　それは、江戸時代にもあった武家的な思考だけど、またそれが主流になっていて、戦前の日本と似ているなあとか思っちゃいますよね。

堀江　排外主義、レイシズムという問題につながりますね。

黒住　何か悪いものをどこかに投影することで、自分が権力と結び付いていてそれがいいような気がする、この思考のなさが問題です。

島薗　共有できる理念がなくなっていると感じられているんですよね。近代化の過程では、西洋が切り開いてきた近代の中に、人類の未来を支えるある理念があると思ってきた。しかし、どうもそうじゃないというふうになった。そうすると、今度は社会主義が崩壊して新自由主義になり、経済や競争で勝ったものが正義だというふうなことになっている。そうなると、そもそも共有できる認識がない。真理がないということ、真実とか真理がない。これはフェイクニュースとか、ポスト・トゥルースとかの話になるんですけども、力の支配がもたらしていることなんですよね。ですからそれを越えていくのは、まさに宗教であったり哲学であったり、人文学であったり、そういう学や文化の役割でもあると思いますね。宗教、学、文化という。

堀江　力の支配を超える宗教や文化の役割ということですね。災害を契機として他の国と連帯するということも、実際にありますよね。ネパールの地震とか。

島薗　そうですね。色々な意味で、国際的な連帯が強まっている面もあるわけです。

堀江　ええ。あるいは慰安婦問題とかでも、日本のキリスト教は、結構関心が高いですよね。

島薗　宗教間の対立も目立つんですけども、協力、融和、対話しなきゃならないという意識も、だいぶ強まっているんだと思うんですね。

国家共同体を超える公共性のスピリチュアリティ

堀江　そうですね。さらにそのように宗教が協力できる場面というのは、教団に限らない人道的なもの、ネットとかにも現れるような、傷ついたり、弱ったりした人を助けようとするある種の共感的な空気というか、「スピリチュアリティ」といってよいようなものが災害や原発事故や戦争などの人道危機に際して立ち上がってきたと思います。でも、ネットで立ち上がる空気のなかには、民族主義から、人種差別、レイシズムに向かうものもあり、それと神道を核とするような文化的なプライドがつながっている可能性もあります。瞬時に犠牲者的な人と連帯して権力に立ち向かう力として働く面と、犠牲者的な人をさらに叩いて権力と同一化しようという面と、その両面が見えているかなというところですかね。

黒住　キリスト教の場合は、近代においても「神の国」を目指した社会運動があって、こういうものがいいというイメージに向けて社会運動するのです。また、最近キリスト教の方では、プロテスタントとかカトリックだとか教派の枠を、もうそろそろ消して、越えてもいいんじゃないかと言われ始めている。仏教とか神道とか、そういうものも含めて、枠を越えた形のようなものをつくるということがあってもいいのじゃないかなと思われます。もともとの人間の体験において、初めはそういう分類枠はないわけです。後になって色々できるわけですから、元来の体験に立ち戻ってもいいはずです。

堀江　ある種の絶望とか破局の向こうにある希望のようなもの、キリスト教なら「神の国」と呼ばれるようなものですが、それぞれの宗教に理想社会のイメージはあると思うんです。宗教を超えて「これが望ましい」と一致するようなゴールというのは、意外に直感的に分かり合えたりしますよね。それは信仰と関係なく、市民社会の理想と一致することも多いと思います。たぶん色々な信念とか思想を持った人が、共同で希望を模索していけるようになればいいのかなと思いますけど。

島薗　マザー・テレサとか、ダライ・ラマ14世とか、ティク・ナット・ハンとか、あるいは南アフリカのマンデラとか、ああいう人たち、アメリカのマーティン・ルーサー・キング・ジュニアも入れてもいいし、ガンジーまでさかのぼってもいいと思いますが、そういう人たちが示してきたような、二〇世紀から二一世紀に受け継いでこられたスピリチュアリティというのが、一定の力を持って、未来の方向性を照らしているというふうにも、言ってもいいのではないですかね。

堀江　それは、商業主義的で新自由主義的なスピリチュアリティを厳しく批判したキャレットとキングが「エンゲージド・スピリチュアリティ」と呼んだものとまさしく一致します（Carrette and King 2005）。要するに自分に閉じこもるスピリチュアリティではない。ナルシシズムでもなければ、競争と力による支配を賞賛するナショナリズムでもない、もう少し利他主義的なスピリチュアリティという感じでしょうか。

島薗　利他主義というと、的確でないかもしれませんけどね。

黒住　いずれにしても、そういうものはもともと真面目な宗教には息づいていたはずです。

島薗　公共性に通じるようなものでしょう。

堀江　公共性に通じるようなスピリチュアリティということですね。そういうものを、日本の今後の宗教と社会が目指す、いや日本という枠にとらわれずに、人類という枠で、そしてとくにアジアという枠で、共同で探求していこうということが、今後の方向性として見えてきたように思います。今日の座談会は、国家との同一化による権威主義と、自律した社会的組織というゲノッセンシャフトの解体という所から始まったわけですが、この公共性のスピリチユアリティは、国家を超えるグローバルな枠でゲノッセンシャフトを再構築していこうという動きになるのかもしれません。宗教には国を越えて広がる力がありますからね。本日は、ありがとうございました。

(1) 日露戦争後、内務省を中心に取り組まれた町村改革運動。一九〇八年報徳思想に基づく戊申詔書を発布し、日露戦争の戦費負担で疲弊した町村財政を再建し、行政村と自然村（部落）の二重構造を解消して行政村を強化するために、部落有林野や神社の統一、小学校統合などが進められた。農事改良の推進、産業組合の奨励、青年会の育成などが合わせて取り組まれ、優良町村は模範村として表彰された（『岩波日本史辞典』より）。

(2) 後に「排吉利支丹文」と題され、『日本思想大系25 キリシタン書 排耶書』（一九七〇年）などに収録。

(3) 中外日報社説「107年前の処刑『平和人権の誓い』確立を」（二〇一八年一月二六日）。

(4) 河合（1999）参照。西洋社会のように父性的な権力が中心にあって統合するのではなく、中心にあるはずの神が何もしないという構造として日本社会をとらえたもの。

(5) 石井（1950）参照。女王卑弥呼のような不親政が天皇本来のあり方であると主張したもの。

(6) 「我国民ガ其ノ公民生活ニ於テ団結シ、相倚リ相扶ケ、寛容相許スノ気風ヲ作興スルニ於テハ、能ク我至高ノ伝統ニ恥ヂザル真価ヲ発揮スルニ至ラン」（『官報号外 昭和二一年一月一日 詔書［人間宣言］』大蔵省印刷局、一九四六年）。

(7) 「象徴としてのお務めについての天皇陛下のおことば（ビデオ）」（宮内庁、二〇一六年八月八日）。

【文献】

会沢正志斎 1933『下学邇言』高須芳次郎編『會沢正志集（水戸学全集 第二編）』日東書院。

有沢広巳・玉野井芳郎編 1973『近代日本を考える——日本のインテレクチュアル・ヒストリー』東洋経済新報社。

Carrette, Jeremy and Richard King 2005 *Selling Spirituality: The Silent Takeover of Religion*, Abingdon: Routledge.

藤井貞文 1977『明治国学発生史の研究』吉川弘文館。

花崎皋平 2010『田中正造と民衆思想の継承』七つ森書館。

花崎皋平 2012『天と地と人と――民衆思想の実践と思索の往還から』七つ森書館。
Heisig, James W. 1995 *Rude Awakenings: Zen, the Kyoto School, & the Question of Nationalism*, University of Hawaii Press.
堀江宗正 2017「経済優先から〈いのち〉の連帯へ――原発事故を契機として」『死生学・応用倫理研究』二二号、四五―七〇頁。
堀江宗正 2018「変わり続ける宗教／無宗教」堀江宗正編『いま宗教に向きあう1　現代日本の宗教事情』岩波書店、一―二二頁。
石田雄 1989『日本の政治と言葉（下）「平和」と「国家」』東京大学出版会。
石井良助 1950『天皇――天皇統治の史的解明』弘文堂。
金谷治訳注 1998『大学・中庸』岩波書店。
河合隼雄 1999『中空構造日本の深層』中央公論新社。
小島毅 2014『増補　靖国史観――日本思想を読みなおす』筑摩書房。
黒住真 2018「天皇を中心とする『神の国』形成と歴史的体験」稲垣久和編『神の国と世界の回復――キリスト教の公共的使命』教文館。
三石善吉 1991『中国の千年王国』東京大学出版会。
西田長男 1962「古代人の神――神道より見た」（初稿）『古事記大成』第5巻「神話民俗論」平凡社。
岡野守也 2000『自我と無我――〈個と集団〉の成熟した関係』ＰＨＰ研究所。
薗田稔 2012「改めて神道の自然観を問ふ」『神社本庁総合研究所紀要』一七号、一四五―一五八頁。
鈴木中正編 1982『千年王国的民衆運動の研究――中国・東南アジアにおける』東京大学出版会。
高橋哲哉 2005『靖国問題』筑摩書房。
タットマン、コンラッド 1998『日本人はどのように森をつくってきたのか』築地書館。
和辻哲郎 1935=1962「日本精神」『続日本精神史研究』『和辻哲郎全集　第4巻』岩波書店。
和辻哲郎 1951=1962「埋もれた日本」『和辻哲郎全集　第3巻』岩波書店。
和辻哲郎 1952=2011『日本倫理思想史』（一）岩波書店。
山本義隆 2018『近代日本一五〇年――科学技術総力戦体制の破綻』岩波書店。
安丸良夫 1999『一揆・監獄・コスモロジー――周縁性の歴史学』朝日新聞社。
吉岡斉 2011『原子力の社会史――その日本的展開』［新版］朝日新聞出版。

［付記］　この章は二〇一八年二月五日におこなわれた座

談会をもとに、その後の政治や社会の動きを踏まえて、加筆修正したものである。

年表・宗教と社会の戦後史

作成：堀江宗正，協力：中野毅・佐々木弘一

年	国家・政党 （天皇・靖国関係含む）	宗教 （教団の政治活動を含む）	社会・文化 （宗教意識含む）
1945	8.14 御前会議でポツダム宣言受諾を決定，8.15 玉音放送で天皇が戦争終結の詔書を放送，9.2 ミズーリ号艦上で降伏文書に調印，10.4 自由の指令（人権指令）：自由を抑圧する制度の廃止，10.15 私立学校における宗教教育を文部省が許可，12.15 **神道指令**（国家による神道の保護などを禁止），12.28 宗教団体法廃止（沖縄・南西諸島をのぞく），宗教法人令施行	8.16 北村サヨ（天照皇大神宮教）説法をはじめる（1948 頃「無我の舞」をマスコミが「踊る宗教」として取り上げる），10.9 宗教犯の釈放（ひとのみち，ほんみち，きよめ教会，ホーリネス教会，セブンスデー・アドベンチストなど），10.21 日本戦時宗教報国会が日本宗教会と改称（文部大臣が会長），▲天理教「復元」運動	10.12 岸本英夫（東京帝大・宗教学者）進駐軍総司令部民間情報教育局の顧問に，以後，神社を宗教として存続させる方針で働きかける，12.17 岸本英夫 NHK で「国民の手に移る神社」放送，▲教派神道連合会が発足
1946	1.1 天皇人間宣言（「新日本建設に関する詔書」，GHQ 指示，幣原首相起草），2.2 神祇院官制の廃止（神社の国家管理の終わり），宗教法人令改正（神社も宗教法人となれるように），2.3 **神社本庁**設立，2.19 昭和天皇による全国巡幸の開始（天皇の「あっ，そう」が流行語に），11.3 日本国憲法公布	多くの教団が宗教法人に，3 月「創価学会」再建，2.3 神社本庁設立（伊勢神宮を本宗とし，各都道府県に神社庁を設置），2.7 大本教，愛善苑として再建，6.2 **日本宗教連盟**が政府指導の日本宗教会を改組して設立（以下，**日宗連**），6.9 日本基督教団が戦争責任を反省・懺悔・悔改，9.29 PL 教団立教	▲ルース・ベネディクト『菊と刀』（米戦時情報局による日本研究の成果），柳田国男『新国学談』『先祖の話』，北森嘉蔵『神の痛みの神学』，田辺元『懺悔道としての哲学』，永末世論調査研究所調査で 76.5%が信仰あり
1947	3.31 学校教育法により国定教科書制度から教科書検定制度へ，5.3 日本国憲法実施（象徴天皇制，政教分離，信教の自由），このとき厳しく制限されていた君が代の斉唱が許される，11.26 宗教団体の農地を原則政府が買収，▲日本遺族厚生連盟設立（のちの日本遺族会）	1.21 璽光尊（長岡良子）天変地異の予言などで世人を惑わすとして検挙（双葉山など有名人も），4.20 第 1 回参議院議員選挙が行われ，一灯園，生長の家，天理教などの候補者が当選，5.5 全日本宗教平和会議「宗教平和宣言」を採択，この年は各地方で宗教平和会議開	12.22 民法改正で**家制度廃止**，▲沖縄仏教会主催の遺骨収集運動開始

年	国家・政党（天皇・靖国関係含む）	宗教（教団の政治活動を含む）	社会・文化（宗教意識含む）
		催，8月 日本観音教団（のちの世界救世教）創立	
1948	1.1 戦後初の一般参賀（2日間で13万人訪問），1.6 ロイヤル陸軍長官演説で非軍事化・民主化政策の修正「日本を反共の防壁とする」，4.30 文部省，宗教団体は公職追放の枠外と通告，7.20 国民の祝日制定，紀元節廃止，10.7 米国が占領政策を経済復興に重点移動し「逆コース」へ，A級戦犯だった岸信介が釈放，10.12 GHQ が文部省における宗務課の存続を認める．	1.22 伊藤真乗がまこと教団設立（のちの真如苑），5.8 日蓮党結成，5.17 日本基督教協議会（以下 NCC）結成，11月 戦後初の宗教政党「第三文明党」（京都の伝統仏教を中心とする）発足（中野論文参照），11.25 日宗連がA級戦犯処刑執行に対し平和祈願，▲北村サヨが東京で無我の舞，「踊る宗教」と話題に	▲「新興宗教」ブーム，中村元『東洋人の思惟方法』
1949	1.1 マッカーサー，日章旗の使用を自由とする	8.25 日本観音教団家宅捜索（金塊とダイヤの隠匿），11.4 霊友会家宅捜索（金塊とコカインの秘匿）	▲ハワイで日本の宗教が伝道開始（曹洞宗，生長の家，本願寺派，キリスト教団など），『きけ わだつみのこえ』（学徒兵たちの遺書）
1950	5月 マッカーサーの共産党非合法化示唆声明，6.4 参院選で真宗大谷派3名と天理教2名が当選，6.25 **朝鮮戦争**，7.24 GHQ が新聞社に共産党員と同調者の追放を指示，**レッドパージ**が本格化，共産党が武装闘争方針，8.10 警察予備隊創設，10.17 文部省が国旗・君が代をすすめる通達	4.2 身延山久遠寺の「同日三幅本尊」が盗まれ，5.11 霊友会から戻される，5.29 世界救世教本部捜索（脱税・贈賄など），7.2 放火により金閣寺炎上，8.20 伊藤真乗まこと教団事件で逮捕（信者間にリンチ事件），9.7 霊友会捜索（脱税），11.8 ほんみち本部家宅捜索（脱税容疑）	7.5 日本宗教学会など第1回八学会連合総合調査（対馬），▲岸本英夫ら自由宗教連盟，海外戦死者の遺骨収拾始まる，北原怜子が隅田公園貧窮者奉仕で「蟻の町のマリア」と呼ばれる
1951	9.4-8 **サンフランシスコ講和会議**，9.8「日本国とアメリカ合衆国との間の安全保障条約」（旧安保条約）調印，11-12月読売新聞の	4.3 **宗教法人法**公布，5.3 戸田城聖が創価学会第2代会長に就任し折伏大行進を宣言，8.6 谷口雅春，公職追放解除，8.14 NCC 再軍備	▲朝鮮特需，3月 浅草で空襲犠牲者の幽霊の噂

年	国家・政党（天皇・靖国関係含む）	宗教（教団の政治活動を含む）	社会・文化（宗教意識含む）
	連載を機に**「逆コース」**が流行語に	反対の公開状，10.17 新日本宗教団体連合会（以下，**新宗連**）結成	
1952	4.28 講和条約・日米安全保障条約が発効（米軍駐留を条件に独立），7.21 破壊活動防止法公布，6.3 天皇と皇后が戦後初の伊勢神宮参拝，7.31 に明治神宮，10.16 に靖国神社も参拝，10.15 保安隊発足，▲日本遺族会靖国神社国家護持決議	4.2 日宗連に新宗連が参加，5.21 大本愛善苑が大本に改称（宗教法人），▲この年に多数の教団が宗教法人に	5.1 血のメーデー事件，▲和辻哲郎『日本倫理思想史』
1953	7.27 朝鮮戦争休戦協定が成立	10.30 霊友会小谷喜美逮捕（赤い羽根募金横領容疑），日宗連など三団体共催で戦没者慰霊（3.21 太平洋諸島，7.27 北方戦域）	3.11 財団法人日本遺族会認可，8.28 日本テレビが民法初の本放送開始，▲水俣病発生
1954	7.1 自衛隊発足，7.16 新潟県で隊員有志の建てた**自衛隊内神社**（天照皇大神宮と靖国神社）が視察した陸将に違憲の疑いを指摘され，取り壊される，12月 日宗連理事長安藤正純（真宗大谷派）が文部大臣に	3.25 NCC が原子力問題に関する決議を発表，4月 ビキニ水爆実験に対し日本山妙法寺・仏教者平和懇談会など**原水爆禁止平和宣言**を決議，6月 全日本仏教会創立（以下，**全日仏**），10.17 新宗連が「原子力の武器利用とその実験反対に関する決議」を採択	3.1 第五福竜丸，ビキニ水爆実験で被災
1955	偏向教科書キャンペーンで教科書検定が強化，7.27-9 日本共産党で武装闘争方針を放棄，8.6 原水爆禁止世界大会広島大会開催，10.13 社会党統一，11.15 自由民主党結成で保守合同（いわゆる 55 年体制が確立）	2.10 自衛隊内の神社問題に関して日宗連が協議，3.19 日本青年館で厚生省主催で南太平洋における戦没者遺骨追悼式，ついで日宗連その他の共催で合同慰霊祭，4.23 統一地方選挙で創価学会が政治進出（52 名当選），8.1 世界宗教会議，東京で開催，代表全員が伊勢神宮参拝，▲北海道知事がアイ	6.7 日本母親大会開催（「生命をうみだす母親は，生命を育て，生命を守ることを望みます」が合い言葉に），12.7 國學院大學宗教学科が神道学科に改称を決定，▲神武景気（1957 中まで），ノイローゼが流行語に

年	国家・政党（天皇・靖国関係含む）	宗教（教団の政治活動を含む）	社会・文化（宗教意識含む）
		ヌの「イヨマンテ」（熊送り）を野蛮な行為として禁止（2007年に廃止）	
1956	自由民主党「靖国神社法草案要綱」，5.31 参議院法務委員会が宗教団体の人権侵犯行為の根絶について政府に申し入れ，7.17 経済白書「もはや戦後ではない」論争に，10.10 教科書調査官を設置して検定強化へ	3.28 谷口雅春の提唱で日本宗教政治連盟，4.30 立正交成会の庭野日敬が衆議院に喚問（読売新聞が本部地取得における疑惑を報道したため），10.11 延暦寺大講堂などが放火により焼失，11.20 最高裁が加持祈禱行為を詐欺恐喝により有罪と判決，▲創価学会員による選挙違反多数	1.1 新潟県彌彦神社初詣で将棋倒し124人死亡，▲太陽族，一億総白痴化，水俣病公式発見，井上光貞『日本浄土教成立史の研究』，丸山真男『現代政治の思想と行動』，三島由紀夫『金閣寺』
1957	5.19 **建国記念の日法制化**，衆議院で可決，参議院で審議未了，11.15 昭和天皇が戦後はじめて総持寺住職に禅師号を贈る	5月 生長の家が新宗連を脱退，7.3 池田大作逮捕（公職選挙法違反），7.6 東京谷中の天王寺五重塔が心中放火により全焼	▲東京都の人口が851万人で世界一となる，「ストレス」が流行語に，赤松俊秀『鎌倉仏教の研究』
1958	2.1 歴史学者を中心に紀元節問題懇談会が結成され紀元節に反対，3.18 文部省が小中学校の「道徳」の授業の実施要綱を通達	1.5 立正交成会「真実顕現の時代」宣言（教学の強化へ），1.13 神社本庁が各神社庁に紀元祭執行を通知，6.15 世界基督教統一神霊協会が日本布教を開始	7.28 国際宗教学宗教史学会，日本で初開催，▲国民性調査で「宗教を信じている」は35％，村上重良『近代民衆宗教史の研究』
1959	1.30 自民党の宗教法人問題特別委員会設置（伊勢神宮の非宗教法人化，靖国神社国家保護），身元不明遺骨を納骨する**千鳥ヶ淵戦没者墓苑**を国が宗教宗派にかかわりないものとして創建	7.10 三重県警がヤマギシ会を捜査	4.10 皇太子結婚式がきっかけでテレビ購入急増，9.26 伊勢湾台風で伊勢神宮など被害，▲岩戸景気で輸出量が戦前水準に回復，高木宏夫『日本の新興宗教』
1960	1.19 日米安全保障条約調印，5.19 日米安保条約強行採決，6.15 国会議事堂正門前で樺（かんば）美智子死，6.19 条約自然成立，7.19 第1次池田勇人内閣，9.5 所得倍増	1.15 安保改定に抗議するキリスト者の集会，仏教者平和協議会を中心に抗議デモ，5.3 池田大作が創価学会第3代会長に就任，5.21 キリスト者会議など安保強行採決	▲「マイホーム主義」が流行語に，カラーテレビ本放送開始，四日市ぜんそく問題，『カトリック大辞典』全5巻完結

年	国家・政党（天皇・靖国関係含む）	宗教（教団の政治活動を含む）	社会・文化（宗教意識含む）
	などの政策発表（政治の季節から経済の季節へ）▲地方議会で靖国神社国家護持決議が相次ぎ，反対運動も	反対，5.23 全日本宗教政治連盟「岸内閣の総辞職と現国会の解散を要求する」声明，6.1 立正交成会が立正佼成会に改称，6.9 東本願寺の大谷瑩潤が新安保に反対して自民党離脱，▲多くの教団が新安保に反対	
1961	前年の深沢七郎「風流夢譚」（天皇家処刑の場面を含む夢をつづったシュールレアリスム的短編）を受けて，2.1 右翼少年が中央公論社の社長宅を襲撃し，2人殺傷，2.22 神社本庁が不敬罪制定請願運動を始める	9.19 日宗連が「核兵器反対声明」発表，11.27 創価学会が公明政治連盟を結成	▲映画『釈迦』，旅行ブームで神社仏閣への参詣・巡礼が増加，『思想の科学』天皇制特集号の発売中止，西谷啓治『宗教とは何か』
1962	1.17 創価学会政治連盟が公明政治連盟に	4.11 日本宗教者平和協議会結成（クリスマス島核実験反対声明），4.29 日宗連・新宗連などが千鳥ヶ淵戦没者墓苑での戦没者合同慰霊ならびに平和祈願式典に参加，10.11 第二バチカン公会議開幕（1965 まで）	▲東京都が世界初の 1000 万都市に，東京でスモッグが深刻化
1963	8.15 政府主催の第 1 回全国戦没者追悼式（日比谷公会堂）	5.15 加持祈禱による患者死去は信教の自由を逸脱と最高裁判決，9.14 庭野日敬ら，核兵器禁止宗教者平和使節団，欧米を訪問	1.3 明治神宮への正月三が日の初詣者数が約 150 万人に，▲圭室諦成『葬式仏教』
1964	2.19 靖国神社国家護持の請願署名が 582 万人に，8.15 靖国神社で政府主催の全国戦没者追悼式，天皇・皇后参列，▲東郷神社再建	8.28 政治結社「生長の家政治連合」が結成され帝国憲法復帰を目指す，11.17 創価学会，公明党結成	10.10 東京オリンピック開催
1965	6.12 家永三郎が教科書検定を違憲とし民事訴訟を起こす	2 月～ 宗教団体のベトナム反戦運動，犠牲者追悼が盛んに	4.24 ベ平連が初のデモ，11.10 東海村原子力発電所が発電，▲新潟水俣病，公害が流行語に

年	国家・政党 （天皇・靖国関係含む）	宗教 （教団の政治活動を含む）	社会・文化 （宗教意識含む）
1966	10.19 日本学術会議が建国記念日を2月11日とするのは不適当と報告	5.25 西新井大師本堂が放火全焼，7.20 京都大徳寺が放火で一部焼失，5.31 カトリック教会と日本基督教団がエキュメニカル懇談会	6.29 ビートルズ来日
1967	2.11 初の「建国記念の日」，7.24 教育課程審議会が小学校教育課程の社会科に神話・伝承を導入するよう答申，9.14 神社本庁が文部相に正しい神話教育の採用を要望，10.31 海上自衛隊2000人が伊勢神宮に集団参拝（憲法違反として問題視）	1.29 公明党が衆院選で25名当選，3.26 第二次大戦下における日本基督教団の責任についての告白，4.10 世界救世教が新宗連を離脱，7月 原理運動が学生に広がり家出など社会問題に，▲全日仏が靖国神社国家護持法案に反対	5.29 彌彦神社参拝者死傷者事件（124人死亡）で最高裁が神職3名を過失致死罪に，2.4 政府初の原爆被爆者調査，4.5 イタイイタイ病は排水が原因と発表，9.1 四日市ぜんそく患者訴訟，▲「核家族」という言葉が広まる
1968	5.31 文部省の指導要領案で神話の導入と天皇への敬愛を強調	1.22 日宗連が靖国神社国家護持法案に反対，4.1 **国際勝共連合**が結成，会長は統一教会出身者，名誉会長は笹川良一，4.24 新宗連が靖国神社法案に反対決議	▲GNP第2位に，水俣病・イタイイタイ病が公害病として認定，翌年にかけて東大紛争
1969	1.18-19 東大安田講堂事件，2月 佐藤栄作内閣東大入試中止，6.30 自民党「靖国神社国家護持法案」を国会に提出（廃案，以後，首相の公式参拝を推進）	4.8 大宇宙神光会（のちにGLA）発足，5月 全日仏・新宗連・日本キリスト教連合・教派神道連合など67の団体が靖国神社法案に反対，8.7 大本が安保継続を打ち出す，10.8 全日仏が伊勢神宮国家保護に反対▲神道政治連盟の発足	▲テレビ受信台数が1269万で世界一に，藤原弘達『創価学会を斬る』に対する創価学会の言論妨害問題，マックファーランド『神々のラッシュアワー』
1970	4.14 靖国神社法案国会提出（廃案，以下略），5.20 小学校社会科教科書での神話復活が公表，▲前年末から赤旗などで批判されてきた創価学会・公明党による出版妨害が国会でも取り上げられる	5.3 池田大作創価学会会長が出版妨害問題を反省，公明党と分離し，国立戒壇論放棄を宣言，5.17 全日仏が靖国神社の宗教法人離脱声明に対して抗議，10.16 京都で第1回**世界宗教者平和会議**（WCRP）開催，▲イエスの方舟の家出信者が問	3.14- 大阪万博，▲市川白弦『仏教者の戦争責任』，村上重良『国家神道』，櫻井徳太郎『日本民間信仰論』，宮家準『修験道儀礼の研究』，三島由紀夫『行動学入門』（「革命哲学としての陽明学」を収録），11.25 三島

年	国家・政党 （天皇・靖国関係含む）	宗教 （教団の政治活動を含む）	社会・文化 （宗教意識含む）
		題視	由紀夫割腹自殺
1971	1.22 自民党議員による靖国法案提出，4.16 天皇・皇后が初めて広島原爆慰霊碑に参拝，5.14 名古屋高裁が津市地鎮祭に違憲判決，5.22 建設省が地方建設局などに神式地鎮祭をやめるように通達（ただし業者が独自におこなうものは黙認）	2.15 神社本庁が神社の森保持の調査，10.1 キリスト教関係者が中心となり東京で「いのちの電話」開設	7.30 自衛隊機と全日空機が岩手県上空で衝突し 164 人死亡，▲この年から翌年にかけて連合赤軍事件
1972	2.19-28 浅間山荘事件，5.15 沖縄本土復帰（「宗教団体法」の最終消滅），7 月 第 1 次田中角栄内閣	5.6 佛所護念会教団が新宗連を脱退，靖国神社国家護持と自主憲法制定を目指す，5.15 沖縄県神社庁発足	▲ウッダード『天皇と神道――GHQ の宗教政策』，井門富二夫『世俗社会の宗教』
1973	1.22 死亡した自衛官の妻が夫の護国神社合祀に対し山口地裁に取り消しを提訴	7.10 建設大臣が日光東照宮太郎杉伐採断念を表明（国道拡幅のための伐採計画をめぐる対立に終結）	10 月 翌年にかけて第 1 次オイルショック，▲**オカルト・ブーム**，五島勉『**ノストラダムスの大予言**』，映画『エクソシスト』
1974	5.25 自民党が衆院で靖国神社法案を単独で可決（参院で廃案）	4.2 日本を守る会が発足（愛国心，国旗・国歌の制定を目指し保守色が強いが，この時点では伝統仏教やキリスト教も所属），12.28 共産党と創価学会が相互不干渉・共存などに合意	1.3 川崎大師で正月三が日の初詣者数が 413 万人に，3 月 ユリ・ゲラーのスプーン曲げがテレビで放映され**超能力ブーム**，4.9 富士山頂は浅間神社神体と最高裁認める，▲村上重良『慰霊と招魂――靖国の思想』，安丸良夫『日本の近代化と民衆思想』，この年から原発運転中止相次ぐ
1975	8.15 三木首相が靖国神社を参拝，日本キリスト教団等が抗議，10.31 天皇が原爆について「やむをえない」と発言，11 月 昭和天皇が靖国神社に最後の親拝	2.8 日本人男女 1600 人を含む原理運動信者がソウルで合同結婚式，7.27 創価学会と日本共産党との合意についての協定（**創共協定**），12.23 日本共産党が信教の	4.24 東海村動燃で 10 人被曝，▲中村元編『仏教語大辞典』

年	国家・政党（天皇・靖国関係含む）	宗教（教団の政治活動を含む）	社会・文化（宗教意識含む）
		自由を擁護することを決議.	
1976	1.6 平安神宮が放火で焼失, 6.22 日本遺族会・神社本庁など, 靖国神社国家護持を目指し,「英霊にこたえる会」を結成, 法案成立から国民運動へ方針転換	1.21 南無の会が辻説法を開始	1.10 **安楽死協会**が発足（1983 尊厳死協会に改称）, 8.25 安楽死国際会議で安楽死に関する東京宣言, ▲戦後生まれが総人口の過半数に, 毎日新聞社編『宗教を現代に問う』全4巻, 岩田慶治『コスモスの思想』
1977	6.8 文部省が君が代を国歌と認定, 7.13 津市地鎮祭訴訟で地鎮祭は宗教活動ではないとして合憲に, 11.1 生政連の玉城一郎参議院議員が「宗教政治研究会」を設立, 新宗連や生長の家, 仏所護念会, 霊友会と関係のある国会議員が多数参加	10.27 神社本庁が過激派による時限爆弾で被害（この時期に神社への爆弾事件や放火が相次ぐ）, 11.2 東本願寺大師堂が爆破される	8.16 日本いのちの電話連盟が設立, ▲村上重良『天皇の祭祀』, 小中学生の自殺増加
1978	1.7 イランでイスラム革命始まる, 8.15 福田首相靖国神社参拝（内閣総理大臣と記帳）, 10.17 **靖国神社が「A級戦犯」を合祀**, 12.7 クリスチャンの大平正芳が首相に, ▲第2次オイルショック	3.6 神社本庁が全国の神社に植樹勧奨	11.11 無限連鎖講（ネズミ講）防止法公布, 12月「口裂け女」の噂が全国へ拡散, ▲国民性調査で宗教を信じない人が66%に, **精神世界**の本がブームに, 宗教社会学研究会『現代宗教への視角』
1979	1.4 大平首相伊勢神宮参拝, 2.11 ホメイニ師指導の下でイラン・イスラム革命完成, 4.19 **靖国A級戦犯合祀が判明**, 4.24 元号法制定（元号に法的根拠を与えるという目的だが, 国民主権原則に反するという意見も）	4.24 池田大作が創価学会名誉会長に, 9.3 第1回東西霊性交流で僧侶51名が欧州の修道院で修道生活, 9.3 世界宗教者平和会議で全日仏理事長が日本には部落問題が存在しないと発言し, 宗教界での部落差別が問題化, 12月に全日仏が同和問題特別委員会を発足	▲天中殺など**占いブーム**, 内閣府調査でこれからは「心の豊かさ」と答える人が「物の豊かさ」を超え, 以後今日に至るまで上昇
1980	8.15 鈴木首相靖国神社参拝	7.3 イエスの方舟の千石イ	▲佐木秋夫『宗教と政治

年	国家・政党 （天皇・靖国関係含む）	宗教 （教団の政治活動を含む）	社会・文化 （宗教意識含む）
	（私人として），10.28 政府が閣議で靖国公式参拝は違憲という見解を示す	エスが女性多数との失踪から出現して逮捕，10.22 部落解放キリスト者協議会開催，▲1970 年に起きていた宮本顕治宅盗聴事件で創価学会に損害賠償を求める	反動』
1981	2.18 米国でレーガノミクス発表，3.16 臨時行政調査会が「小さな政府」を目指す第 1 次答申，4.8 防衛庁「防衛研究」を鈴木首相に提出，8.15 鈴木内閣の全閣僚が靖国参拝	3.17 同和問題にとりくむ全国宗教者結集集会，数千人が集まる（以後，諸教団で同和問題への取り組み），4.7 創価学会教義に関する訴訟で裁判所の判断は不適と判決，10.15 天皇京都御所お茶会に宗教関係者招く	4.18 敦賀原発放射能漏れ，以前の事故の隠蔽も明らかに，11.9 日本初のホスピスが聖隷三方原病院に開設，▲癌が死因の第 1 位に，『新宗教研究調査ハンドブック』
1982	6.26 中国「侵略」を「進出」と書き換えさせた教科書検定が報道され，7.26 中国が抗議，8.26 政府の責任で是正すると表明，8.15 鈴木首相靖国参拝	3.21「平和のためのヒロシマ行動」19 万人参加，5.10 核による破滅から聖なる生命を救う宗教活動家世界会議がソ連で開催，5.23「核兵器廃絶と軍縮をすすめる 82 年平和のための東京行動」に空前の 40 万人参加，6.1 核軍縮連絡協議会（公明ほか中道 4 党）・新宗連・日本カトリック司教団による反核・軍縮の署名が総数 8000 万人に	▲宗教者による**反核・核軍縮運動の高まり**
1983	1.19 中曽根首相「日本列島不沈空母化」発言，8.15 中曽根首相靖国参拝，11.9 レーガン米大統領がキリスト教会の批判により靖国参拝中止，11.14 自民党が靖国公式参拝を合憲とする見解	1.17 新宗連が新宗連政治連合を結成，楠正俊（自民党）を支援，8.15 生長の家が生政連の活動を停止	11.20 中沢新一『チベットのモーツァルト』，▲日本初の試験管ベビー，世界各地で反核運動高まる，平井和正の『幻魔大戦』アニメ映画化
1984	1.4 中曽根首相伊勢参拝（以下首相による新年の伊勢参拝は恒例化），1.5 には現職首相として戦後初の靖国新	▲麻原彰晃が「オウム神仙の会」を，半田晴久（後の深見青山・深見東州）がコスモコア（後のコスモメイ	▲映画「お葬式」がヒット，独居老人 100 万人突破，外国人指紋押捺が問題視

年	国家・政党 （天皇・靖国関係含む）	宗教 （教団の政治活動を含む）	社会・文化 （宗教意識含む）
	春参拝，8.15 中曽根首相靖国参拝	ト，ワールドメイト等）を開く	
1985	2.11「建国記念の日を祝う会」に首相が初めて出席，3月 ソ連書記長ゴルバチョフがペレストロイカを基本方針に，8.9 超宗教・宗派の20団体が「靖国公式参拝に抗議する緊急集会」，8.15 **中曽根首相が靖国神社を首相として公式参拝**（戦後初，中国政府が批判し「靖国問題」が顕在化），9.5 文部省が日の丸君が代の徹底を教育委員会に通知（戦後はじめて），10.18 中曽根首相が中国等の批判を考慮し靖国神社秋の例大祭参拝を見送る，11.8 神社本庁が神道政治連盟（以下，**神政連**）を発足，11.28 靖国公式参拝訴訟（姫路・竜野）	6.17 谷口雅春死去，生長の家は「日本を守る会」から脱退し政治活動から撤退，6.6 エホバの証人の両親が交通事故に遭った10歳男児への輸血を拒否して死亡	10.30 教皇庁科学アカデミー報告で脳死を死の基準とする，▲日本の対外純資産が世界一に，いじめ問題，「新人類」が流行語に，延暦寺が継承者のいない人のために永代供養墓を発売，雑誌『ムー』に前世の知人との文通を希望する投稿が増える（翌年まで），**前世ブーム**に，宗教社会学の会『生駒の神々——現代都市の民俗宗教』
1986	6.7「日本を守る国民会議」の日本史教科書に中国・韓国内で批判，7.13 靖国神社遊就館再開，8.13 日本遺族政治連盟が首相の靖国参拝見送りに抗議，自民党からの離脱通告，8.15 首相をのぞく閣僚が靖国参拝（以降，閣僚の参拝は常態化）	10月 大川隆法が幸福の科学を設立	4.26 **チェルノブイリ原発事故**，5.4 国内で放射能検出，汚染の恐怖広がる，▲細木数子などの占い本ブーム
1987	5.3「赤報隊」による朝日新聞阪神支局襲撃（未解決），8.15 閣僚17人（前日参拝を含む）が靖国神社参拝	4.28 オウム神仙の会がオウム真理教と改称，4月 全日仏が同和推進部を設置，8月 比叡山宗教サミット，12.23 真宗大谷派が本山である「本願寺」と同一の宗教法人に一本化，▲各地で巨大仏が建立される	▲葦津珍彦『国家神道とは何だったのか』，鎌田東二『神界のフィールドワーク』，井上順孝・阪本是丸『日本型政教関係の誕生』

年	国家・政党 （天皇・靖国関係含む）	宗教 （教団の政治活動を含む）	社会・文化 （宗教意識含む）
1988	6.1 **自衛官護国神社合祀事件**で亡き自衛官の夫を合祀したのは信教の自由に反すると訴えたクリスチャンの妻の訴えが退けられる，9.22 自民党が高校英語教科書の日本軍の残虐さの記述を非難，▲宗教法人への課税強化の動き，2006 年発見の宮内庁長官メモによれば，天皇がA級戦犯靖国合祀に不快感	8.26 日本バプテスト連盟「戦争責任に関する信仰宣言」	1.3 正月三が日の初詣者数が明治神宮で 399 万人に，9.19 昭和天皇の容体急変，以後国内各地で「自粛」
1989	1.7 **昭和天皇崩御**（各種行事，弔旗掲揚問題，憲法・天皇制論議が盛んになると同時に，批判者への脅迫相次ぐ），2.10 文部省が国旗と国歌を入学式・卒業式で指導すべきと規定，2.24 昭和天皇大喪の礼（国が支出），6.4 天安門事件，11.9 ベルリンの壁崩壊（冷戦終結へ）	2.3 東郷神社で過激派による爆破放火事件，8.16 オウム真理教が真理党を結成，8.22 事故で重体の高校生への輸血をエホバの証人信者の家族が拒否して高校生死亡，11.3 坂本堤弁護士一家失踪（オウム真理教による殺害）	▲森岡清美『新宗教運動の展開過程』
1990	4月 小中高の入学式で日の丸君が代が義務化，6.23 沖縄全戦没者追悼式に首相初の参列，10.3 東西ドイツ統一，11.12 今上天皇即位の礼，11.22-3 大嘗祭（公金支出についての議論が起こる），▲この年に**神社を対象としたテロ・ゲリラ**相次ぐ（右欄参照）	2.11 オウム真理教衆院選で 25 人全員が落選，3.19 都内の神社三カ所が同時放火で全焼，4.22 大嘗祭反対を唱えたキリスト教系四大学の学長の一人である弓削達フェリス女学院大学学長宅に銃弾，7.9 大嘗祭に新穀を捧げる秋田県の護国神社が放火，7.31 奈良県の神社 3 カ所（皇室にゆかりがある）が同時放火で全焼，10.21 神戸護国神社放火，10.22 熊本・山梨でオウム真理教教団施設が国土法違反で家宅捜索，10.27 大嘗	10.15 岡田莊司『大嘗祭』，▲大学・短大進学者の女子の割合が男子の割合を超える，『新宗教事典』，渡辺治『戦後政治史の中の天皇制』，葬送の自由をすすめる会が発足，**バブル崩壊**の始まり

年	国家・政党 （天皇・靖国関係含む）	宗教 （教団の政治活動を含む）	社会・文化 （宗教意識含む）
		祭を支持する村松喬宅が放火で全焼，10.28 乃木神社別邸放火，11.21 竹駒神社放火，11.22 天降神社放火，23 日にかけ一府五県で駅舎・神社など 8 カ所放火，30 日未明に関西 8 カ所（神社を含む）放火	
1991	1.17 湾岸戦争開始，6.30 教科書検定結果が発表され，小学校社会科教科書に「日の丸」が国旗「君が代」が国歌と明記，8.25 ソ連共産党解散	2.6 湾岸戦争に対する全日仏の平和アピール，3.7 幸福の科学が宗教法人に，全日仏「首相及び閣僚の靖国神社公式参拝中止の要請」提出，9.6 幸福の科学が講談社『フライデー』を名誉毀損で告訴し抗議デモ，11.28 日蓮正宗大石寺が創価学会と SGI を破門	7.12 ラシュディ『悪魔の詩』の訳者五十嵐一が殺害される，10 月 葬送の自由をすすめる会が船から散骨，▲マスコミで「**新新宗教**」という言葉が注目される
1992	7.6 政府が従軍慰安婦募集・慰安所管理への関与を公式に承認，10.23 天皇夫妻初の訪中，戦争への反省を表明	3.28 真宗大谷派で初の女性住職，8.26 日本バプテスト連盟「戦争責任に関する悔い改め」，8.25 統一教会の合同結婚式（桜田淳子・山崎浩子ら参加）がマスコミで報道される，▲**カルト**が流行語に	1.22 臨時脳死及び臓器移植調査会が脳死を人の死とする，5.1 本格的なビハーラ施設を備える長岡西病院が開かれる，
1993	2.16 箕面忠魂碑慰霊祭訴訟で最高裁合憲判決，8.4 慰安婦に関する**河野談話**でお詫びと反省を表明，8.9 非自民 6 連立の細川内閣で自民党 38 年政権に終止符，公明党の連立政権参加，8.10 細川首相が先の戦争を侵略戦争と明言，8.23 深い反省とおわび	4.21 合同結婚式に参加した山崎浩子が「統一原理はすべて間違い」と記者会見し「マインドコントロール」が流行語に，4.25 京都仁和寺など 4 カ所で放火，9.7 創価学会が独自の本尊を授与すると発表し大石寺と断絶	2 月 藤井正雄『祖先祭祀の儀礼構造と民俗』，12.9「法隆寺地域の仏教建造物」世界遺産に，▲「**宗教と社会**」**学会**発足，井門富二夫編『占領と日本宗教』，S. ハッサン『マインド・コントロールの恐怖』，菱木政晴『浄土真宗の戦争責任』
1994	2.12 天皇が硫黄島で戦没者慰霊碑に拝礼，6.23 **四月会**	6.27 **松本サリン事件**（7 人死亡，オウム真理教によ	4.21 カトリック系の聖ヨハネホスピス完成，12.15

年	国家・政党（天皇・靖国関係含む）	宗教（教団の政治活動を含む）	社会・文化（宗教意識含む）
	（信教と精神性の尊厳と自由を確立する各界懇話会）設立総会（創価学会が反発），10.8 米 CIA が 50-60 年代に左翼弱体化資金を自民党に数百万ドル援助していたことが判明，11.1 MOA 議員連盟発足（自民党地方議員 1188 名で構成）	る）	「古都京都の文化財」世界遺産に，▲阪本是丸『国家神道形成過程の研究』
1995	4 月に全日仏の「仏教国会議員懇話会」発足，5.30 四月会が創価学会の祭政一致を批判，11.10 宗教法人法改正案を可決	1.17 阪神・淡路大震災，生田神社拝殿などが倒壊，2.25 日本カトリック司教団が戦争責任を表明，3.20 **オウム真理教地下鉄サリン事件**，3.22 警視庁などがオウム真理教関連施設を一斉捜査，5.16 麻原彰晃を殺人容疑で逮捕，6.30 東京都知事と東京地検がオウム真理教の解散命令申し立てを地裁に提出，10.2 日本女子大学がオウム真理教に好意的な論評をしていた島田裕巳教授に休職命令	▲7.5 祈禱師江藤幸子が除霊として信者 6 人を殴打し死亡させる，▲読売新聞調査で宗教を信じている割合が 20.3％に低下，文科省スクールカウンセラー導入
1996	1.4 村山富市首相（社会党）ら 9 閣僚が伊勢神宮に参拝，1.31 最高裁がオウム真理教解散は合憲とする，7.20 明治天皇が汽船で東北・北海道巡幸から帰朝したことにちなんで海の日制定，9.15 宗教法人法一部改正（複数都道府県に施設を持つ宗教法人の所轄は文部省へ）	3.8 剣道実技を信仰上の理由で拒否した生徒の退学処分を最高裁が違法とする，11.14 法の華三法行の元信者ら 291 人が修行代返還をめぐり損害賠償を求める訴訟，▲巣鴨霊園「サイバーストーン」（ネット上に故人の記録を保存）	12.5「厳島神社」世界遺産に，▲教団がホームページなどを開設しインターネット利用が一般化，菅田正昭『日本宗教の戦後史――踊る宗教からカルト教団まで』，小松美彦『死は共鳴する――脳死・臓器移植の深みへ』
1997	1.31 オウム真理教への破壊活動防止法適用を公安審査委員会が棄却，4.2 靖国神社への愛知県の玉串料をめぐる訴訟で最高裁が違憲判	9.18 最高裁が統一教会の献金勧誘行為（霊感商法）を違法として賠償責任を認める，11.8 神慈秀明会が MIHO MUSEUM を開館	3.22-4 ハーバード大学で世界宗教研究所主催・神社本庁協力でシンポジウム「神道とエコロジー」が開かれる，5.27 神戸市

年	国家・政党（天皇・靖国関係含む）	宗教（教団の政治活動を含む）	社会・文化（宗教意識含む）
	決，5.8 アイヌ文化振興を国と自治体の責務とするアイヌ新法が成立，最高裁統一教会献金勧誘違法上告棄却，5.30 **日本会議**設立，8.29 家永教科書裁判第3次訴訟で最高裁は731部隊を含む計4カ所の記述削除を「国の裁量権逸脱」とする	（梅原猛館長）	小6男児殺害事件（頭部が正門前で発見され 6.28 に14歳の少年が殺害容疑で逮捕），6.17 **臓器移植法**が成立，▲教会式結婚式（40.1%）が神前式を上回る，宮崎駿『もののけ姫』，**癒しブーム**，「アダルトチルドレン」が注目される
1998	3.6 国が初めて不活動宗教法人の解散命令請求を地裁に申し立てる（神道石鎚派），5.12「全国宗教人・日本共産党を支持する会」結成（仏教やキリスト教，神道や天理教などの宗教家ら約40人）	5.26 日本聖公会が女性司祭を承認	4月 老年人口が子ども人口を上回る，完全失業率が初の4%台に，8月 東京23区のホームレス急増，11.1 宗教情報リサーチセンター（ラーク）開設，12.2「古都奈良の文化財」世界遺産に，▲**自殺者が初めて3万人を超える**，石井研士『戦後の社会変動と神社神道』
1999	8.9 日の丸・君が代を国旗・国歌とする法律が可決，10月 **公明党，自民党との連立に参加** 10.21 箕面市遺族会補助金訴訟で最高裁が宗教的活動に当たらないとして原告側の上告を棄却，12.7「無差別大量殺人行為を行った団体の規制に関する法律」「特定破産法人の破産財団に属すべき財産の回復に関する特別措置法」が公布（**オウム新法**），▲自自公連携の動きに四月会，新宗連，立正佼成会などから政教分離に反すると意見表明	3.26 日弁連「反社会的な宗教活動にかかわる消費者被害等の救済の指針」，9.29 オウム真理教が活動を休止し教団名称の一時停止を発表，9月末 宗教法人法改正で義務づけられた書類を提出しない928団体が行政罰を科される，11.11「ライフスペース」によるミイラ化した遺体の放置が発覚，12.1 法の華三法行に家宅捜索，12.16 霊視商法事件を起こした明覚寺への解散命令を国が請求（犯罪行為では初めての解散命令請求，オウムは都による）	8.13 外国人への指紋押捺義務が全敗，9.30 東海村JOC施設で臨界事故2名死亡，12.1 派遣対象業務が原則自由化，12.2「日光の社寺」世界遺産に，▲ローリング『ハリー・ポッターと賢者の石』
2000	4.9 石原都知事が「三国人」	1.18 オウム真理教がアレフ	▲西山俊彦『カトリック

年	国家・政党 （天皇・靖国関係含む）	宗教 （教団の政治活動を含む）	社会・文化 （宗教意識含む）
	という言葉を用いて外国人犯罪への不安をあおり，以後ヘイト活動が活発化，5.15 森首相が神政連の国会議員懇談会で「日本はまさに天皇を中心とした神の国」と発言，5.17 日本宗教者平和会議が森首相の辞任を求める，8.15「みんなで靖国神社に参拝する国会議員の会」のメンバーと石原慎太郎都知事らが靖国参拝	と改称，1.20 海江田塾でミイラ化した2人の幼児の遺体が発見，1.31 公安審査委員会がオウム真理教（アレフ）に対し観察処分，2.22 ライフスペース元代表が保護責任者遺棄致死容疑で逮捕，4月 オウム真理教分派のケロヨンクラブの信者が温熱修行中に死亡，5.9 法の華三法行の福永法源ら幹部が詐欺容疑で逮捕	教会の戦争責任』，金峯山寺で「役行者ルネッサンス」のテーマで各種記念行事，また聖護院，醍醐寺とともに，1300年遠忌を慶讃する史上初の三山合同大法要を大峯山本堂でおこなう，この時期から修験道の修行への一般参加者が増える
2001	1.26 四月会が解散へ，自民党との関係修復を目指す教団が出たため，4.3「新しい歴史教科書をつくる会」主導の中学歴史教科書が検定合格，8.13 小泉首相靖国参拝，9.11 **米同時多発テロ**，10.7 アフガニスタン空爆	1.25 日本弁護士連合会が，全国19自治体にオウム信者の転入届を受理するよう人権救済の勧告，2.9 統一教会に対する損害賠償を求めた「青春を返せ」訴訟で教会側の敗訴が確定	9.27 宮崎駿『千と千尋の神隠し』観客動員数日本記録，▲ブライアン・アンドルー・ヴィクトリア『禅と戦争——禅仏教は戦争に協力したか』，玄侑宗久『中陰の花』で芥川賞受賞
2002	7.31 文部科学省は卒業・入学式での君が代斉唱と日の丸掲揚実施校数を発表，実施率は全国平均で99.9%を超えた（過去最高）	1.24 霊視商法詐欺事件で明覚寺への解散命令が決定，10.17 統一教会霊感商法訴訟，教会側が19億円支払で和解（和解額は同様の訴訟で過去最高）	▲田中伸尚『靖国の戦後史』，田中丸勝彦『さまよえる英霊たち——国のみたま，家のほとけ』
2003	3.19 **イラク戦争**開始，6.26 オウム信徒の転入届受理についての最高裁判決で，受け入れを拒絶した自治体側が敗訴する，▲12月から翌年1月にかけて自衛隊イラク派遣をめぐり反対運動が巻き起こる	2.15 **イラク戦争反対デモ**広がり，この日，新宗連も千鳥ヶ淵戦没者墓苑で平和を祈る集い，4月 白装束の団体「パナウェーブ研究所」（千乃正法）のメンバーが林道占拠，4.28 自治体から退去要請	▲ケネス・ルオフ『国民の天皇』，中野毅『戦後日本の宗教と政治』，岩田重則『戦死者霊魂のゆくえ』，川村邦光編『戦死者のゆくえ』，ネット自殺多発，**自殺者最多の3万4427人**に（翌年から下がる）
2004	3.31 東京都教育委員会が，卒業式で「日の丸・君が代」の通達に従わなかった	1.21 創価学会有志の「イラク派兵に反対して平和憲法を守る会」が署名を公明党	7.7「紀伊山地の霊場と参詣道」世界遺産に，10.15 水俣病は国・県に

年	国家・政党（天皇・靖国関係含む）	宗教（教団の政治活動を含む）	社会・文化（宗教意識含む）
	都立校教職員171人を懲戒処分，4.7 小泉首相の靖国参拝に福岡地裁が違憲判決，4.8 日本人3人がイラクで人質，4.9 閣僚から「自己責任」論，6.8 小泉首相が多国籍軍への自衛隊参加を表明，10.28 天皇が日の丸・君が代は強制しないことが望ましいと発言	本部に提出，しかし26日公明党は派遣を容認，2.27 オウム真理教の松本智津夫に死刑判決，3.30 全日仏が「比例は公明に」と呼びかける候補者を推薦しない方向に，6.8 真宗大谷派が教育基本法改正に反対，9.10 ケロヨンクラブ信者が修行中の殴打で死亡	責任があると判断され原告の実質勝訴が確定，▲国際宗教研究所編『新しい追悼施設は必要か』
2005	1.12 NHK プロデューサーが慰安婦に関する番組内容を政治家（安倍晋三など）の圧力で改変させられたことを告発，「新しい歴史教科書をつくる会」主導の中学歴史教科書・公民教科書が検定合格，4.9 小泉首相の靖国参拝に抗議する反日デモが北京で1万人規模に，6.28 天皇・皇后がサイパンを慰霊訪問，8.1 自民党の新憲法草案で国などの宗教的活動を禁じた部分に「社会的儀礼の範囲内にある場合を除き」という文言，9.30 大阪高裁が小泉首相靖国参拝に違憲判断，10.25「皇室典範に関する有識者会議」女性天皇及び女系天皇を認める（12.2 神社本庁が批判），11.9 議連「国立追悼施設を考える会」発足	1.2 アーレフ男性幹部が「温熱修行」中に死亡，教団は同修行を禁止，2.22 日宗連が第1回宗教と生命倫理シンポジウム「いま，臓器移植の行方を考える」を開催，9.2 西本願寺に刃物を持った右翼団体代表が侵入し阿弥陀堂の畳に灯油（靖国参拝反対への抗議）	2.19 内閣府は，死刑制度を容認する人が調査開始以来初めて8割を超えた（81.4％）との世論調査の結果を発表，12.10-11 第1回癒しフェア開催（約2万5000人の来場者），▲高橋哲哉『靖国問題』
2006	高校地理歴史・公民科で沖縄集団自決に日本軍の強制があったとする記述に修正意見が付され，撤回を求める議会決議が沖縄各地で起こる，8.15 小泉首相靖国参	4.21 延暦寺で山口組歴代組長法要，その責任をとって5.18 に執行部全員が辞任，9.15 麻原彰晃の死刑が確定	4月 高野山大学でスピリチュアルケア学科開設（2009年度で募集停止），▲西村明『戦後日本と戦争死者慰霊』，阪本是丸編『国家神道再考――祭

年	国家・政党 （天皇・靖国関係含む）	宗教 （教団の政治活動を含む）	社会・文化 （宗教意識含む）
	拝，12.22 **教育基本法改正**で道徳教育・愛国心教育が明記される		政一致国家の形成と展開』
2007	4.2 イヨマンテ（熊送り）を野蛮な行為として禁じる道知事通達が廃止，4.17 伊藤一長長崎市長が銃撃され翌日死亡	1.11 顕正会会員が大学生への入会強要で逮捕，8カ所が家宅捜索，5.7 アーレフ元代表の上祐史浩「ひかりの輪」発足，6.1 江戸時代のキリスト教殉教者188人がローマ教皇によって列福，12.15 伝統仏教8宗派による法要を中心とする「東京ボーズコレクション」，約1万人の観客，12.20 神奈川県警警視が「神世界」の霊感商法に関わったとして解任	7.30『大正新脩大蔵経』のテキストデータベース化の完成をうけ，東京で完成記念大会，▲江原啓之の番組がゴールデンタイムで放映され，癒しフェアの来場者が3万人を超えるなど**スピリチュアル・ブーム**，故人が墓にはいないと歌う秋川雅史「千の風になって」がヒット
2008	3.28 新学習指導要領で愛国心教育を強調，小学校国語で神話を読み聞かせることに，5.23 国公立小中学校による靖国訪問を禁じた1949年の文部事務次官通達は失効していると閣議決定，6.6 アイヌは先住民族と国会で決議	8.27 最高裁で「法の華三法行」の元代表福永法源に詐欺罪で懲役12年の実刑判決，7.17 東京都で動物供養施設への課税取り消しを求め寺院側勝訴，9.12 愛知県でペット供養への課税取り消し求め寺院側敗訴，9.16 除霊として信者6人を殴打し死亡させた祈禱師江藤幸子が殺人罪で死刑確定，10.3 徳島市の創価学会施設ドアが爆破される（単独犯によるテロ），12.30 北大准教授が「神世界」に自宅を提供し，勧誘していたため解雇処分，▲夏にエホバの証人信者が1歳男児への輸血を拒否したが，児童相談所が親権を一時停止し，男児が救命される	1.21 放送倫理検証委員会がフジ系列番組で江原啓之が出演者の許可を得ずに霊視したのは倫理違反とする，9.7 鷲宮神社でアニメ「らき☆すた」のキャラクターをあしらった御輿が登場し担ぎ手が殺到，9.15 リーマン・ショック起こる，11.17 駒澤大学が資産運用に失敗し154億円損失したことが判明，11.30 日本仏教心理学会設立総会，12.30 東京日比谷公園に**「年越し派遣村」**開設，▲大原康男『現代日本の国家と宗教——戦後政教問題資料集成』，映画「おくりびと」（翌年に米アカデミー賞外国語映画賞）

年	国家・政党（天皇・靖国関係含む）	宗教（教団の政治活動を含む）	社会・文化（宗教意識含む）
2009	6.22 ハンセン病患者の名誉を回復し追悼するための国主催の初の式典，8.30 衆院選で民主党政権誕生，公明党が小選挙区で全員落選，幸福実現党は全候補者が落選，全日仏が推薦した自民党候補 67 人の 35 人が当選，民主党候補 49 人の 48 人が当選，11.10 民主党の小沢一郎幹事長が「キリスト教は排他的」と発言，12.3 民主党議員約 30 人が「宗教と民主主義研究会」を発足	1月 **初詣参拝者数が 9939 万人（過去最高更新）**，3.31「国宝阿修羅展」90 万人の来場者，**仏像ブーム**へ，4月 身寄りがない人のための「葬送支援ネットワーク」発足，5.25 幸福実現党結党，6.18 カトリックが聖職者が裁判員候補者に選ばれた場合，辞退するよう促す，11.10 不安を煽り祈禱料を詐取したとして「高島易断霊心館総本部」代表を詐欺容疑で逮捕（被害は約 1300 人，8 億 6000 万円）	3月 約 50 の大学間でカルトの勧誘情報を交換するネットワーク，7.13 臓器提供の年齢制限を撤廃する改正臓器移植法成立，**11.20 日本の貧困率が 15.7% と先進国中最大に，生活保護世帯が過去最多に**，▲道元の生涯を描いた映画『禅 ZEN』，村上春樹『1Q84』（カルト集団が登場する小説），国民性調査で「あの世を信じる」と答える人が 20 代で 49% に
2010	1.20 二つの神社への市有地無償提供を争う砂川政教分離訴訟で最高裁が一方は違憲もう一方は合憲の判断，3.30 小学校国語の全ての教科書に神話が導入，8.15 に首相も閣僚も靖国参拝せず（1980 年以来初めて），10.8 厚労省の旧日本兵遺骨収集事業でフィリピン人遺骨が大量に含まれる疑い，10.22 足立区が「反社会的団体の規制に関する条例」を施行（アレフの進出を受けたもの），▲伊勢神宮内宮と外宮の合計参拝者数が 1895 年の統計開始以来最高に	5.10 流通大手のイオンが葬儀で僧侶を紹介するサービスを開始し布施の目安を明示（7.9 全日仏が意見書，イオンは金額目安を HP から削除），9.1 真宗仏光寺派で女性門主が就任，9.16 霊視や除霊ができると称し（後に嘘と判明），女性信者にミニスカートをはかせ，暴力や脅迫で支配していたロマゾフィー協会の代表とその妻が傷害容疑で逮捕，9.26 マニ教の宇宙図が国内で発見（世界初），11.24 アレフ信者女性が元夫に刺殺される（2 人の娘の目を覚ますためと供述）	1月 明治神宮の清正井が**パワースポット**とされ数百人の行列ができるように，1.31「NHK スペシャル **無縁社会**～“無縁死” 3 万 2 千人の衝撃～」放送，8.24 医療忌避を引き起こすホメオパシーに対して日本学術会議が科学的根拠や治療効果はないと談話発表，8.25「日本動物葬儀霊園協会」発足（社団法人格を持つ業界初の団体），▲島薗進『国家神道と日本人』，安丸良夫・喜安朗編『戦後知の可能性――歴史・宗教・民衆』
2011	3月 育鵬社による中学歴史・公民の教科書採択の声明，3.16 天皇が東日本大震災に際して国民にビデオメッセージ，5.30 教育現場での国歌起立斉唱の職務命令	3月 震災後に遺体が運び込まれた斎場で僧侶が読経ボランティアする姿が報じられる，4.1 宗教者災害支援連絡会設立，4.11 鶴岡八幡宮で「大震災追善供養復	1.3 浅草寺の初詣参拝客が最高記録，3.11 **東日本大震災・福島第 1 原発事故災害**，3.14 石原都知事「津波は天罰」と発言し翌日謝罪，3.22 東松島市

年	国家・政党（天皇・靖国関係含む）	宗教（教団の政治活動を含む）	社会・文化（宗教意識含む）
	が必要・合理的であれば思想・良心の自由の制約も許されると最高裁が合憲判断，6.3 大阪府議会が公立学校教職員に国歌斉唱時の起立を義務づける全国初の条例案を可決	興祈願」，諸宗教から約 240 名の宗教者，1 万人の市民が参列，5 月 宮城県宗教法人連絡協議会，仙台キリスト教連合会などが悲嘆ケアを行う「心の相談室」開設，9.27 女子中学生に「除霊」と称して暴行を加え窒息死させたとして中山身語正宗僧侶と少女の父親を傷害致死容疑で逮捕，12.1 全日仏「原子力発電によらない生き方を求めて」と題する宣言文を全会一致で採択	で震災・津波の犠牲者を仮埋葬（のちに掘り起こして火葬，改葬は 11.19 に終了），4.12 初めて 15 歳未満の脳死臓器移植，5.20 国内最大のキリシタン墓地が臼杵市で発見，6.26「平泉　仏国土（浄土）を表す建築・庭園及び考古学的遺跡群」世界遺産に，7 月 秩父市がモデルのアニメの影響で来訪者が増え「聖地巡礼ブーム」，11.13 宗教文化士第 1 回認定試験
2012	5.27 神奈川県警察官らがカトリック貝塚教会に令状なしで立ち入り外国籍信徒を逮捕，11.13 ダライ・ラマ 14 世が参院議員会館で講演（国会内での講演は初めて），10 月 女性宮家創設に関する論点整理を民主党政権が報告したが，12.16 衆院選で**自公連立政権第 2 次安倍内閣誕生，以後，戦前回帰の動きが強まる**，発足後すぐに女性宮家創設を検討しないと発表，▲地理・公民の全教科書が竹島（独島）問題を取り上げる（韓国政府が抗議）	1.26 SGI 池田大作名誉会長が平和提言の中で「原子力発電に依存しないエネルギー政策への転換を早急に検討」すべきと発言，4 月 東北大学に宗教者ら対象で死期の迫った患者や遺族の心のケアを行う**臨床宗教師**を養成する「実践宗教学寄付講座」が設置，6.12 真宗大谷派が大飯原発再稼動に「強く遺憾の意を表明」，6.18 立正佼成会「真に豊かな社会をめざして――原発を超えて」，7.13 京都市内で宗教者約 50 人が原発の廃止を求める声明を発表，12.4 NCC の呼びかけで「原子力に関する宗教者国際会議」が「NO！原子力　福島からの信仰宣言 2012」を採択	6.3 日本文化興隆財団が第 1 回神社検定（神道文化検定）試験を実施，7.16「さようなら原発 10 万人集会」（代々木公園）に 17 万人参加，▲岡崎匡史『日本占領と宗教改革』学術出版会，都市で寺院の音楽イベント，僧侶とのトークイベントなどに信徒以外の人々が集まるようになる，**大飯原原発再稼働反対デモ**がソーシャルメディアを通じて広がる，12 月にマヤ暦の切れ目があり，地球が**アセンション**（次元上昇）し，以後，大規模な戦争や災害が起こると国内外で信じられる
2013	8.15 閣僚 3 人のほか議員 102 名（昨年より 47 人増）	5.8 臨床仏教師養成プログラムが東京大学仏教青年会	4 月 新型出生前診断が始まる，3.17 第 1 回お寺検

年	国家・政党 (天皇・靖国関係含む)	宗教 (教団の政治活動を含む)	社会・文化 (宗教意識含む)
	が靖国参拝，10.2 伊勢神宮内宮で式年遷宮「遷御の儀」安倍首相と8閣僚が参列，11.14 宮内庁が天皇・皇后の死後は火葬とする意向を方針を発表，12.6 **特定秘密保護法**成立，12.26 安倍首相が現職総理大臣として7年ぶりの靖国参拝	館で開始，5.10 出雲大社で約60年ぶりの平成の大遷宮で本殿遷座祭，▲伊勢神宮の式年遷宮とも重なり，パワースポットブームが**神社ブーム**に移行	定試験が開催，6.26「富士山——信仰の対象と芸術の源泉」世界遺産登録，9.15 スピリチュアルケア師の第1回認定書授与，▲国民性調査で「あの世を信じる」割合が40%に（20歳代女性では1958年は16%だったが2013年では65%に）
2014	2.20 米議会調査局が安倍首相の靖国参拝を批判，7.1 **集団的自衛権行使容認**の憲法解釈変更の閣議決定，7.22 天皇がハンセン病診療所全国14カ所全ての入居者との面会を達成（1968年以来続けてきた），10.6 警視庁は「イスラム国」に戦闘員として参加しようとした北大生に対し私戦予備・陰謀罪の疑いで事情聴取，翌日中田考元大学教授の自宅を家宅捜索	3.10 立正佼成会「日本国憲法の解釈変更による集団的自衛権の行使容認に対する見解」を安倍内閣に提出，3.26「平和を作り出す宗教者ネット」が公明党に「武器輸出禁止三原則」の遵守を要請，4.9「宗教者九条の和」が集団的自衛権の解釈改憲による行使容認に反対する集会，5.17 創価学会が解釈改憲ではなく「憲法改正手続きを経るべき」と従来の政府見解を支持，公明党はコメントを避けた，▲社寺の御朱印を自分専用の御朱印帳に集める**御朱印ブーム**	5.20 NHK 日本人の意識調査で天皇に対する尊敬の念が過去最高の34.2%に，7.14 死亡後にネット上のデータを消去したりメッセージを送ったりする「Yahoo! エンディング」サービス開始，8.28 開運商法被害の業者からの請求額の平均が百万円で過去最悪，10.31 **ハロウィーン**の日に渋谷に仮装をした人々が大勢押し寄せる現象がこの年から目立ってくる，▲島薗進・磯前順一編『宗教と公共空間』
2015	1月～2月 イスラム国が日本人人質2人を殺害，3.27 **道徳の教科化**を告示，4.9 文科相が国立大学の入学式・卒業式での国旗掲揚・国歌斉唱を要請，4.10 **文官統制を全廃する改正防衛省設置法**が成立	2.25 カトリック中央協議会戦後70年司教団メッセージ「平和を実現する人は幸い～今こそ武力によらない平和を」，5.24 日本聖公会京都教区が1980年代からの牧師による性的虐待と教区ぐるみの事実隠蔽を認め謝罪，7.24 超宗派の僧侶ら約300人が参議院議員会館前で安保関連法案に抗議，	10.11 朝日新聞調査では仏教9派で過去10年間で434ヵ寺が消滅，12.24 全日仏が「Amazon」僧侶手配サービスを宗教行為の商品化と批判，▲塚田穂高『宗教と政治の転轍点』，島田裕巳『戦後日本の宗教史——天皇制・祖先崇拝・新宗教』

年	国家・政党（天皇・靖国関係含む）	宗教（教団の政治活動を含む）	社会・文化（宗教意識含む）
		7.27 **全日仏が仏教界の過去の戦争協力について反省**，8.27 原発廃止や安保関連法案廃案を訴える「呪殺祈禱僧団四十七士」結成記念祈禱会，9.1 世界基督教統一神霊協会が世界平和統一家庭連合に名称変更，9.19 安保関連法に真宗大谷派，立正佼成会，孝道教団，新宗連，日本カトリック正義と平和協議会，日本宗教者平和協議会，念仏者九条の会など反対	
2016	1.1 各地の神社で憲法改正署名の呼びかけがおこなわれる，5.28 伊勢神宮にG7各国首脳が訪問（御垣内参拝だという報道もあり），6.3「ヘイトスピーチ解消法」が施行，6.9 靖国神社の徳川康久宮司がインタビューで賊軍・官軍の区別を批判，7.10 参院選の結果，改憲勢力が衆参で3分の2以上に，8.2 公職選挙法違反の買収の疑いで警視庁が幸福実現党本部を家宅捜査，8.8 天皇が存命中の退位の意向を示唆する「象徴としてのお務めについての天皇陛下のおことば」というビデオメッセージを公開，9.23 天皇の公務の負担軽減等に関する有識者会議」の設置，10.12 亀井静香・石原慎太郎など90人の政財界人が靖国神社に「賊軍」戦没者の合祀を求める	3.4 僧侶を定額で派遣する「お坊さん便」に対して全日仏が中止を求める，5.31「『戦争法』廃止・憲法改悪阻止をめざす宗教者・信者全国集会」，6.9 生長の家が参院選前に「与党とその候補者を支持しない」と声明，6.13 門徒が消滅し寺院活動が約10年間おこなわれていなかった本願寺派の観勢寺（富山県）が建物を親鸞会に引き渡す，7.14 アレフが札幌市に最大規模の施設を確保，8.29 開運商法被害者が加害二寺院の総本山である仁和寺と善通寺の監督責任を問う初の訴訟，11.4 創価学会が会則に「創価学会仏」の文言を付加，11.11 日本カトリック司教団が世界に向け「原子力発電の撤廃を」を発表	1.19 開運グッズ会社「天照舎」が計7億5000万円をだまし取っていた疑いで経営者を逮捕，2.16 通販会社「幸せ工房」が「開運ネックレス」で購入者の不安をあおり，計約2億5000万円をだまし取っていたとして3人を逮捕，2.28 公共の場で心のケアに当たる宗教者の組織「日本臨床宗教師会」設立，3.25 北大がアイヌ民族の墓から持ち去った遺骨を返還し，和解が成立，7.22 拡張現実の技術を使ったゲーム「ポケモン Go」が発売され，出雲大社，伊勢神宮などの神社が境内での使用を禁止，8.22-4 エンディング産業展，▲鵜飼秀徳『寺院消滅』，12.1 イオンライフが墓じまいサービスを一律19万8000円で

年	国家・政党 (天皇・靖国関係含む)	宗教 (教団の政治活動を含む)	社会・文化 (宗教意識含む)
			代行▲オリオン・クラウタウ編『戦後歴史学と日本仏教』，菅野完『日本会議の研究』
2017	1.6 菅野完『日本会議の研究』で宗教法人元幹部への名誉権の侵害を認めて東京地裁が販売禁止を決定，3.31 異議審で決定取り消し，6.15 改正組織犯罪処罰法（**共謀罪**を含む）成立，8月 神社本庁が川崎市の職員寮を不動産業者に格安で売却し，見返りを得た疑いがあると内部告発した幹部が解雇などの懲戒処分を受ける，8.15 首相と全閣僚が終戦記念日の靖国神社参拝を見送る（2011 年の菅内閣以来初めて），8.24 関東大震災時に虐殺された朝鮮人を追悼する式典への都知事の追悼文を取りやめ，批判噴出，▲**森友学園問題**が起こり，生長の家の信徒で日本会議と関係があるとされる籠池泰典夫妻の国粋主義的な教育，園児へ安倍晋三崇拝の教育，国有地売却 8 億円値引きに首相夫人からの働きかけがあったかどうかが問題になる	1.12 女優の清水富美加が幸福の科学に「出家」，1.26 さいたま市は 5 カ所の宿泊所を経営し，生活保護費を受給者から不当に徴収して住まわせていた完永寺に新規入居者の受入を禁止，2.16 テロ等準備罪（共謀罪）法案に反対する「宗教者緊急集会」，4.8 天理教平和の会が共謀罪法案に反対，5 月～ 在日大韓基督教会，日本聖公会，真宗大谷派，日本キリスト改革派，カトリック，本山修験宗，本願寺派などが**共謀罪に反対**，9.25 東京地裁が「ひかりの輪」（オウム真理教の後継分派団体）の観察処分更新決定を違法とする，11.13 アレフ信者が教団名を名乗らず勧誘し書面を交わさず入会させたとして，北海道警察が家宅捜索，12.7 富岡八幡宮宮司の富岡長子が元宮司の弟夫妻に斬殺，夫妻は自殺	2.28 人工知能学会が AI 研究開発の倫理指針を公表，AI 自身も守るべき条項を含む，4.4 ウェブ番組「かみさまさんぽ」（神社の紹介等）放送開始，7.9「『神宿る島』宗像・沖ノ島と関連遺産群」が世界遺産に，8.24 寺院への供物のお下がりを貧困世帯に分け与える「おてらおやつクラブ」が NPO 法人化，12.17 長野県でドライブスルー葬儀場，▲スコセッシ監督『沈黙』（遠藤周作原作），四国八十八ヶ所霊場を歩き遍路で結願した人が初めて 1 割を超える，粟津賢太『記憶と追悼の宗教社会学――戦没者祭祀の成立と変容』，吉馴明子・伊藤彌彦・石井摩耶子編『現人神から大衆天皇制へ――昭和の国体とキリスト教』，新教出版社編集部編『戦後 70 年の神学と教会』
2018	2.28 靖国神社の徳川康久宮司が退任（賊軍・官軍の区別を批判する発言が原因とみられる，定年前の退任は異例），6.20 靖国神社宮司の小堀邦夫が天皇をは靖国を参拝せず戦地で慰霊ばか	4.1 浄土宗がウェブ版『新纂浄土宗大辞典』を公開，5.29 時宗僧侶が韓国人を差別するツイート，6.27 に時宗が謝罪，7.6 **オウム真理教の麻原彰晃ほか 7 人の死刑が執行，7.26 には教団幹**	3.5『認定臨床宗教師』146 人が誕生，6.30「長崎と天草地方の潜伏キリシタン関連遺産」が世界遺産に，10.31「おてらおやつクラブ」がグッドデザイン賞を受賞，

年	国家・政党（天皇・靖国関係含む）	宗教（教団の政治活動を含む）	社会・文化（宗教意識含む）
	りしていると批判，10.10 に辞任，7月の靖国神社みたままつりで「創価学会」名義で提灯が献灯され，創価学会側は業務妨害罪で警視庁に訴え	**部ら6人の死刑が執行**，13人の死刑囚がほぼ同時期に執行されるのは戦後初めて，10.25 本願寺派の僧侶らが自然エネルギーを推進する電力小売り事業「TERA Energy」を発表，▲浄土宗寺院「日新窟」，在日ベトナム仏教信者会への取材で外国人実習生の栄養失調や自殺での葬儀がこの3年間で増えていることが報じられる	10.31 前後の渋谷のハロウィーンで多数の逮捕者，11.29「来訪神　仮面・仮装の神々」がユネスコ無形文化遺産に，12.3 日本語訳聖書「聖書協会共同訳」出版，12.25 中国でゲノム編集を受けた双子が誕生したことに日本哲学会・日本倫理学会・日本宗教学会が「人類全体の未来に関わる重い倫理的問題だ」と声明，▲『いま宗教に向きあう』（全4巻），山口輝臣編『戦後史のなかの「国家神道」』

【参考文献】

菅田正昭『日本宗教の戦後史』（三交社，1996）
井上順孝編『現代宗教事典』（弘文堂，2005）
中野毅『戦後日本の宗教と政治』（大明堂，2003）
『岩波日本史辞典』（岩波書店，1999）
『日本宗教史年表』（河出書房新社，2004）
『現代史年表』（小学館，2009）
宗教情報リサーチセンター「宗教記事年表（国内）」（2000-）

小原　克博（こはら・かつひろ）
同志社大学神学部教授.
[主要著作]『一神教とは何か』(平凡社, 2018年),『ビジネス教養として知っておきたい 世界を読み解く「宗教」入門』(日本実業出版社, 2018年).

川村　覚文（かわむら・さとふみ）
関東学院大学人間共生学部講師.
[主要著作]『他者論的転回』(共編, ナカニシヤ出版, 2016年), "Yanagida Kenjuro: A Religious Seeker of Marxism," (*Confronting Capital and Empire*, Viren Murthy, Fabian Schaefer, and Max Ward, eds., Leiden: Brill, 2017).

井上　順孝（いのうえ・のぶたか）
國學院大學名誉教授.
[主要著作]『社会の変容と宗教の諸相』(編, 岩波書店, 2016年),『世界の宗教は人間に何を禁じてきたか』(河出書房新社, 2016年).

黒住　　真（くろずみ・まこと）
東京大学大学院総合文化研究科名誉教授.
[主要著作]『近世日本社会と儒教』(ぺりかん社, 2003年),『複数性の日本思想』(ぺりかん社, 2006年),『文化形成史と日本』(東京大学出版会, 2019年).

執筆者一覧（執筆順）

堀江　宗正（ほりえ・のりちか）
編者．奥付頁参照．

上村　岳生（うえむら・たけお）
元国際宗教研究所研究員．
[主要著作]「天台性悪説の考察」（『東京大学宗教学年報』第 27 号，2009 年），「『公共宗教』論の射程」（『現代宗教 2011』秋山書店，2011 年）．

伊達　聖伸（だて・きよのぶ）
東京大学大学院総合文化研究科准教授．
[主要著作]『ライシテ，道徳，宗教学』（勁草書房，2010 年），『ライシテから読む現代フランス』（岩波書店，2018 年）．

中野　　毅（なかの・つよし）
創価大学名誉教授
[主要著作]『宗教の復権』（東京堂出版，2002 年），『戦後日本の宗教と政治』（大明堂，2003 年，原書房，2004 年）．

島薗　　進（しまぞの・すすむ）
上智大学大学院実践宗教学研究科教授・東京大学名誉教授．
[主要著作]『国家神道と日本人』（岩波書店，2010 年），『原発と放射線被ばくの科学と倫理』（専修大学出版局，2019 年）．

小島　　毅（こじま・つよし）
東京大学大学院人文社会系研究科教授．
[主要著作]『増補　靖国史観』（ちくま学芸文庫，2014 年），『儒教の歴史』（山川出版社，2017 年）．

西村　　明（にしむら・あきら）
東京大学大学院人文社会系研究科准教授．
[主要著作]『戦後日本と戦争死者慰霊』（有志舎，2006 年），『いま宗教に向きあう 2　隠される宗教，顕れる宗教』（編，岩波書店，2018 年）．

編者略歴
1969 年　生まれ
2000 年　東京大学大学院人文社会系研究科博士課程単位取得退学
2008 年　東京大学大学院人文社会系研究科　博士（文学）
2001-2013 年　聖心女子大学専任講師・准教授
2013 年-現在　東京大学大学院人文社会系研究科准教授
専門は宗教学，死生学，スピリチュアリティ研究

主要著作
『歴史のなかの宗教心理学』（岩波書店，2009 年）
『スピリチュアリティのゆくえ』（岩波書店，2011 年）
『いま宗教に向きあう 1　現代日本の宗教事情（国内編 I）』（編，岩波書店，2018 年）

宗教と社会の戦後史

2019 年 4 月 19 日　初　版

［検印廃止］

編　者　堀江宗正《ほりえのりちか》

発行所　一般財団法人　東京大学出版会
代表者　吉見俊哉
153-0041 東京都目黒区駒場4-5-29
http://www.utp.or.jp/
電話　03-6407-1069　Fax 03-6407-1991
振替　00160-6-59964

組　版　有限会社プログレス
印刷所　株式会社ヒライ
製本所　誠製本株式会社

ISBN 978-4-13-010412-8　Printed in Japan